Almut Löbbecke (Hrsg.)

Fundgrube für den Ethik- und Religions-Unterricht

W0041296

Die Autoren

Almut Löbbecke unterrichtet an einem Gymnasium in Ratingen. In Marburg und Münster studierte sie Germanistik, Evangelische Theologie und Pädagogik. Neben ihrer praktischen Lehrerinnentätigkeit interessierte sie von Anfang an der theoretische Hintergrund des Religionsunterrichts und seine Bedeutung im Fächerkanon der Schule. Sie begleitete die Entstehung von Richtlinien und beteiligte sich an der Diskussion um die Fächer Religion, Ethik, Werte und Normen, LER und Praktische Philosophie. Sie ist in der Lehrerfortbildung tätig, hat Unterrichtsmaterialien erstellt und an Schulbüchern mitgearbeitet.

Günter N. Abels studierte Erziehungswissenschaft, Geschichte und Germanistik, später noch Sozialwissenschaften. Er unterrichtet an einem Gymnasium in Ratingen. Mit Projekten zur kommunikativen Kompetenz und zur Führungsfähigkeit ist er auch für die Lehrerfortbildung tätig. Ein weiterer Schwerpunkt liegt in der Aggressionsforschung und Gewaltthematik; im Rahmen seines „Nebenberufes" als Stabsoffizier der Bundeswehr ist er diesbezüglich nah dran. Nebenher arbeitet er als „Hobby-Rockmusiker" und Leiter mehrerer Schülerbands an einem Musical.

Peter Krüger wurde in Wernigerode/Harz geboren, wuchs in Oberhausen auf, studierte in Köln Deutsch, Religion und Kunst und arbeitet heute als Lehrer und Seminarausbilder für den Bereich der Sek. I zwischen den Domstädten Aachen und Köln. Er beschäftigt sich besonders mit der Welt der Jugendlichen und publizierte zu diesem Themenbereich. Wichtig ist ihm die Verknüpfung von Inhalten und Methoden seiner drei Fachbereiche.

Gesa Löbbecke hat Vergleichende Religionswissenschaft, Islamwissenschaft und Anglistik studiert und als Tutorin mit Studenten unter anderem das Thema „Ethik in den Religionen" behandelt. Als Lehrerin für Deutsch als Fremdsprache konnte sie ihr Interesse für Menschen aus anderen Kulturen mit ihrem Spaß am Unterrichten verbinden. Weitere Erfahrungen sammelte sie bei Aufenthalten im Nahen Osten und im Bundesvorstand des Deutsch-Israelischen Jugendforums. Bis 2000 arbeitete sie als Kulturreferentin bei einer Botschaft und nun bei einer Stiftung.

Ursula Mueller studierte Evangelische Theologie, Kunst-/Werkerziehung und Pädagogik in Duisburg. Das gemeinsame Lernen von und mit Menschen unterschiedlicher Kulturen und Religionen und die Museums- bzw. Ausstellungspädagogik wurden bereits während des Studiums zu ihren Interessensschwerpunkten. Nach ihrem Examen leitete sie zunächst ein kirchliches Jugendheim, seit 1985 unterrichtet sie Kunst und Evangelische Religion an einem Düsseldorfer Gymnasium, seit 1986 arbeitet sie in der Projektgruppe Sek. I im Pädagogisch-Theologischen Institut in Bonn an Unterrichtsmaterialien mit.

Hans Müskens, zunächst Industriekaufmann, studierte Germanistik und katholische Theologie und unterrichtet Deutsch und Religion an einem Gymnasium in Ratingen. Ein besonderes Forschungsgebiet hat sich seit der Studienzeit bis heute erhalten: Friedrich Spee und seine Zeit. Hans Müskens hat in Düsseldorf die Friedrich-Spee-Gesellschaft mit gegründet und ist ihr Vorsitzender. Er publizierte Aufsätze und einen didaktischen Leitfaden zu Spee. Seit vielen Jahren leitet er einen ökumenischen Gesprächskreis. Er schreibt meditative Texte und Gedichte.

Almut Löbbecke (Hrsg.)

Die Fundgrube für den Ethik- und Religions-Unterricht

Das Nachschlagewerk für jeden Tag

Bildnachweis: ap, Frankfurt am Main, S. 11; Deutsche Jugendpresse e.V., S. 130; Diamant Verlag, München/Zeichnung von Janet Brooke, S. 58; dpa, Berlin, S. 31 oben; Hoa Qui, Paris, S. 26; Michael Irmer, S. 224 (mit freundlicher Genehmigung des Künstlers); Reinhard Löffler, Dinkelsbühl, S. 138; Ann und Perry Peerless, Kent, S. 31 unten; Rheinische Post, Düsseldorf, S. 28, 53, 55, 136, 174; Jan Tomascheff, Düsseldorf, S. 199; Ullstein-Bilderdienst, Berlin, S. 30 oben. Weitere Abbildungen stammen von den Autoren und den beteiligten Schülern. Nicht in allen Fällen war es uns möglich, den Rechteinhaber ausfindig zu machen. Berechtigte Ansprüche werden selbstverständlich im Rahmen der üblichen Vereinbarungen abgegolten. Wir bitten um Verständnis.

Cornelsen online http://www.cornelsen.de

Gedruckt auf chlorfrei gebleichtem Papier
ohne Dioxinbelastung der Gewässer

Die Deutsche Bibliothek – CIP-Einheitsaufnahme

Die Fundgrube für den Ethik- und Religions-Unterricht:
das Nachschlagewerk für jeden Tag / Almut Löbbecke (Hrsg.) –
Berlin : Cornelsen Scriptor, 1999
   ISBN 3-589-21246-2

Dieses Werk berücksichtigt die Regeln der reformierten
Rechtschreibung und Zeichensetzung.

| 5. | 4. | 3. | 2. | | € | Die letzten Ziffern bezeichnen |
| 04 | 03 | 02 | 2001 | | | Zahl und Jahr der Auflage. |

Redaktion: Gabriele Teubner-Nicolai, Berlin
Herstellung: Brigitte Bredow, Berlin
Umschlagentwurf: Bauer + Möhring, Berlin
unter Verwendung einer Zeichnung von Klaus Puth, Mühlheim
Satz: FROMM MediaDesign GmbH, Selters/Ts.
Druck und Bindung: Clausen & Bosse, Leck
Printed in Germany
ISBN 3-589-21246-2
Bestellnummer 212462

Inhalt

Ich und die anderen – Wahrnehmungs- und Interaktionsübungen *(G. Abels)* 186

Die nicht namentlich gekennzeichneten Abschnitte stammen von der Herausgeberin.

Vorwort

Eine Fundgrube über „Gott und die Welt"? Themen und Inhalte der Fächergruppe Religion/Ethik/Philosophie sind so umfangreich, dass es unmöglich ist, sie in einem Buch „abzuhandeln". Lessings Vergleich der Wahrheit mit einer Kugel veranschaulicht das: Man kann sie nie gleichzeitig von allen Seiten und von innen und außen erfassen, sondern man kann sich ihr nur von verschiedenen Seiten annähern oder an ihrer Oberfläche gleichsam mit den Fingern entlang fahren und sie so „erfahren". In dieser Fundgrube werden Zugangsweisen vorgestellt und Themen „ins Licht gerückt", um an ihnen exemplarisch Wesentliches zu vermitteln.

Die *Autorinnen und Autoren* kommen aus unterschiedlichen Bereichen und vertreten verschiedene Fächer. Gemeinsam ist ihnen, *heutigen Jugendlichen* einen Zugang zu Fragen unseres Daseins, zu Möglichkeiten der Auseinandersetzung und zum Einsatz für eine humane Welt nahe zu bringen.

Unsere Gesellschaft wird geprägt von Menschen aus verschiedenen Religionen und Kulturen, aber auch von zunehmender Profanität (Kapitel 1). Das Zusammenleben der unterschiedlichen Menschen muss „geübt" werden (Kapitel 3). Wegen der zunehmenden Unübersichtlichkeit ist projektartiges, fächerübergreifendes Lernen angebracht (Kapitel 4). Damit der ganze Mensch im Blick bleibt, ist das Lernen mit Kopf, Herz und Hand unverzichtbar (Kapitel 2).

Was findet man in der Fundgrube? Man findet keine ausführlichen Abhandlungen über theologische, philosophische oder gesellschaftliche Themen, statt dessen Methoden, Medien und Inhalte, die zur Erschließung solcher Themen beitragen. Man findet kreative und meditative Zugangsweisen, Vorschläge für Unterrichtsreihen, Ideen für handlungsorientiertes Lernen und Beispiele von Projekten und Aktionen. Ausgangspunkt ist die Unterrichtspraxis, Leitgedanke die Praktikabilität.

Wie kann man mit der Fundgrube arbeiten? Das Buch soll zum Blättern anregen, man kann sich schnell orientieren und sehen, ob der Vorschlag für den eigenen Unterricht geeignet ist. Das Inhaltsverzeichnis bietet eine detaillierte Übersicht, Querverweise im Text ermöglichen eine Verknüpfung, im Stichwortverzeichnis kann man nach Themen oder Methoden suchen. Die meisten methodischen Vorschläge kann man auf verschiedene Themen anwenden. Probieren Sie es aus!

Viele Ideen verdanke ich den Kolleginnen und Kollegen aus den Projektgruppen und Medienworkshops des Pädagogisch-Theologischen Instituts der Evangelischen Kirche im Rheinland, besonders Herrn Dozent Jürgen Kluge. Ein besonderer Dank gilt den Schülerinnen und Schülern, die die Verwirklichung der Ideen möglich machten und die Ergebnisse ihrer Arbeit zur Verfügung stellten.

Obwohl mein „feministisches Herz" für die Verwendung weiblicher Sprachformen ist, haben wir uns (nur!) aus Gründen der besseren Lesbarkeit für die Verwendung der männlichen Formen entschieden. Wenn von Schülern und Lehrern die Rede ist, sind also auch Schülerinnen und Lehrerinnen gemeint.

Almut Löbbecke

Kapitel 1

Spiegelungen von religiösen und ethischen Themen

Heiliges und Profanes

Was ist Religion? Diese Frage steht im Hintergrund des Kapitels. Es gibt keine eindeutige Antwort darauf. Vielleicht, weil Religion selbst eine Frage an die Welt ist? Aus dieser Frage ergeben sich weitere Fragen: Was ist heilig? Welchen Sinn hat die Welt? Wer ist Gott? Warum ...? Lehrerinnen und Lehrer, die Fächer unterrichten, die sich mit Existenz-, Sinn- und Wertfragen beschäftigen, sollten sich zusammen mit Kindern und Jugendlichen auf die Suche nach solchen Fragen begeben. Sie sollten ihnen helfen, diese Fragen einzuordnen und ihre Relevanz für das eigene Leben zu bedenken. Das Ziel kann dabei nicht sein, Antworten zu liefern, sondern *Orientierungshilfen* anzubieten. Kinder und Jugendliche dürfen einerseits nicht allein gelassen werden in einem Durcheinander von Fragen, deren mögliche Antworten der Beliebigkeit preisgegeben sind, andererseits dürfen sie aber auch nicht durch fertige Antworten in ihrer eigenen Suche nach Sinn behindert werden. „Der Weg ist das Ziel" gilt auch für diesen Bereich der Wirklichkeitserfahrung: *Wirklichkeit wird erfahren, indem Wahrheit gesucht wird.*

Heiliges und Profanes wird in unserer Gesellschaft zunehmend vermischt. Es kann nicht Aufgabe der Lehrer sein, diese Bereiche wieder zu trennen. Aber sie können den jungen Menschen Hilfe anbieten, diese Bereiche zu entdecken: Heiliges in der Profanität und Profanes in den „klassischen" heiligen Bereichen.

In der Welt der Jugendlichen spielt Religion eine Rolle, auch wenn sie sich dessen nicht immer bewusst sind. Sie werden mit Symbolen und Inhalten aus verschiedenen Religionen konfrontiert. Das Christentum ist für sie nur *eine* Art des Glaubens. Andere Religionen stehen als gleichberechtigtes Angebot daneben oder werden mit ihm vermischt. Zwei Bilder aus Videoclips von Madonna machen das deutlich: Madonna als Göttin Kali und Madonna betend unter dem Kreuz.

Warum lässt sich Madonna so darstellen? Sie und ihre Manager werden wissen, dass Religion ein „modernes" Thema ist. Die Gedankenwelt der verschiedenen Religionen kommt bei den Menschen unserer Zeit an, besonders bei Jugendlichen.

Aufgabe des Religions- und Ethikunterrichtes ist es, die Jugendlichen bei der *Wahrnehmung des religiösen Hintergrundes* zu unterstützen und ihnen bei der *Einordnung* zu helfen. Dabei ist es wichtig, ihnen die *Herkunft* der verschiedenen Darstellungen zu verdeutlichen. Jugendliche können ihre eigene Kultur nur dann

Madonna präsentiert sich wie eine indische Göttin

wahrnehmen, wenn sie die Bereiche, die aus anderen Kulturen kommen, erkennen können. Um die eigene Identität und eventuell auch Halt in der eigenen Tradition zu finden, müssen sie auch das Fremde als Fremdes identifizieren.

Was ist Religion?

Münster im Oktober 1998: Eine Gruppe aus deutschen und israelischen Jugendlichen unternimmt eine Stadtführung. Die deutsche Studentin, die sie durch die Stadt führt, erzählt von der Christianisierung der Sachsen durch die Römer. Auf die Frage eines Israelis, welche Religion die Sachsen denn vorher gehabt hätten, sagt die Stadtführerin: „Sie waren Heiden, das heißt, sie hatten gar keine Religion." Hätte die Studentin eine ähnliche Aussage über Muslime, Juden oder Hindus gemacht, wäre sie damit sicher auf großen Protest oder Unverständnis gestoßen. Mittlerweile hat sich herumgesprochen, dass das Christentum nicht die einzige Religion auf Erden ist. Dass auch die alten Sachsen wie alle Völker des Altertums eine Religion ausübten, scheint dagegen weniger bekannt zu sein. Doch auch moderne Gruppierungen kämpfen darum, als Religion anerkannt zu werden.

Nach welchen Kriterien kann man entscheiden, ob etwas Religion ist oder nicht? Was ist Religion? Was macht einen religiösen Menschen aus? Wann ist eine bestimmte Vorstellung „nur" Weltanschauung, wann wird sie zur Religion? Die

Diskussion um den Religionsunterricht an deutschen Schulen und das Fach Ethik wirft ähnliche Fragen auf. Gibt es Ethik ohne Religion? Oder ist Ethik ursprünglich immer religiös begründet? Gibt es Religion ohne Ethik? Die in Brandenburg gewählte Bezeichnung für das Schulfach LER – Lebensgestaltung, Ethik, Religionskunde – suggeriert, dass die Bereiche in engem Zusammenhang stehen. Mit Jugendlichen kann man sich diesen Fragen stellen, aber sicher keine abschließenden Antworten erwarten. Man kann sich mit dem Religionsbegriff nur annäherungsweise beschäftigen.

Einstieg ins Thema „Religion"

Jahrgangsstufe: ab 10
Zeitaufwand: 1 Doppelstunde
Material: Arbeitsblatt
Intentionen: Annäherung an den Religionsbegriff, verschiedene Definitionen kennen lernen, über die eigene Beziehung zur Religion nachdenken
Thema: Was ist Religion?

Man schreibt die folgenden Satzanfänge an die Tafel, die die Schüler schriftlich vervollständigen sollen.

Religion ist, ...
Religion bedeutet für mich ...
Ein Mensch ist dann religiös, wenn ...

Beispiele von Schülerantworten (Kl. 10)

Religion ist ...
- der Glaube an etwas Allmächtiges, an die Schöpfung und Wiedergeburt. Religion ist fast alles, was man nicht beweisen kann.
- der Glaube des Menschen an einen Gott und eine Lebensweise, die ihm durch diesen Glauben auferlegt wird (die 10 Gebote).

Religion bedeutet für mich ...
- nicht viel. Ich glaube weder an Gott noch an sonst welche Mächte. Ich habe alles durch eigene Leistung erreicht. Vielleicht ist das meine Religion?
- Halt in schwierigen Situationen. Sie gibt einem Kraft, etwas durchzustehen.

Ein Mensch ist dann religiös, wenn ...
- er den Glauben an etwas Höheres hat (Teufel, Gott).
- er an irgendetwas glaubt und sich an dessen Gebote oder Richtlinien ein Leben lang hält.

Verschiedene Definitionen von Religion

Das Wesen der Religion besteht im „Gefühl der schlechthinnigen Abhängigkeit". Religion ist Sinn und Geschmack fürs Unendliche.
(FRIEDRICH SCHLEIERMACHER, 1768–1834)

Religion ist das erste Selbstbewusstsein des Menschen. […] Der Mensch ist der Anfang der Religion, der Mensch ist der Mittelpunkt der Religion, der Mensch ist das Ende der Religion. (LUDWIG FEUERBACH, 1804–1872)

Die Religion ist der Seufzer der bedrängten Kreatur, das Gemüt einer herzlosen Welt, wie sie der Geist geistloser Zustände ist. Sie ist das Opium des Volkes. Die Aufhebung der Religion als des illusorischen Glücks des Volkes ist die Forderung seines wirklichen Glücks. […] Die Kritik der Religion ist also im Keim die Kritik des Jammertales, dessen Heiligenschein die Religion ist.
(KARL MARX, 1818–1883)

Religion ist im weitesten und tiefsten Sinne das, was uns unbedingt angeht.
(PAUL TILLICH, 1886–1965)

Religion ist der im Denken, Fühlen, Wollen und Handeln bestätigte Glaube an das Dasein übernatürlicher persönlicher oder unpersönlicher Mächte, von denen sich der Mensch abhängig fühlt, die er für sich zu gewinnen sucht oder zu denen er sich zu erheben trachtet. (HELMUTH VON GLASENAPP, 1891–1963)

Die Religionen und Mythen sind, ebenso wie die Dichtung, ein Versuch der Menschheit, eben jene Unsagbarkeit in Bildern auszudrücken, die Ihr vergeblich ins flach Rationale zu übersetzen versucht. (HERMANN HESSE, 1877–1963)

Die Menschen erwarten von den verschiedenen Religionen Antwort auf die ungelösten Rätsel des menschlichen Daseins, die heute wie von je die Herzen der Menschen im Tiefsten bewegen: Was ist der Mensch? Was ist Sinn und Ziel unseres Lebens? Was ist das Gute, was die Sünde? Woher kommt das Leid und welchen Sinn hat es? Was ist der Weg zum wahren Glück? Was ist der Tod, das Gericht und die Vergeltung nach dem Tode? Und schließlich: Was ist jenes letzte und unsagbare Geheimnis unserer Existenz, aus dem wir kommen und wohin wir gehen? (ZWEITES VATIKANISCHES KONZIL, 1961–1965)

Religion ist eine Angelegenheit, man muß geradezu sagen, die Angelegenheit des gottlosen Menschen. (KARL BARTH, 1886–1968)

Religion ist erlebnishafte Begegnung mit dem Heiligen und antwortendes Handeln des vom Heiligen bestimmten Menschen. (GUSTAV MENSCHING, 1959)

Religion ist der Versuch, nichts in der Welt als fremd, menschenfeindlich, schicksalhaft, sinnlos anzunehmen, sondern alles, was begegnet, zu verwandeln, es einzubeziehen in die eigene menschliche Welt. Alles soll so gedeutet werden, dass es „für uns" wird. Alles Starre soll biegsam, alle Zufälle notwendig, alles sinnlos Scheinende als wahr und gut geglaubt und gedacht werden. Religion ist der Versuch, keinen Nihilismus zu dulden und eine unendliche (endlich nicht widerlegbare) Bejahung des Lebens zu leben.
(DOROTHEE SÖLLE, 1976)

Aufgabe:

Markiere in den Texten mit einer Farbe alle Aussagen, die deinen eigenen Aussagen ähnlich sind. Markiere dann mit einer anderen Farbe alle Aussagen, die sonst noch für dich interessant sind.

✔ TIPP Da die Texte schwierig sind, kann man die Schüler darauf hinweisen, dass sie Stellen, die für sie unverständlich sind, überlesen können. Es genügt, wenn sie das beachten, was sie verstehen. Diese Arbeitsweise bewahrt davor, dass sich die Schüler durch die Schwierigkeit der Texte abschrecken lassen. Im Gegenteil kann so sogar ihr Ehrgeiz geweckt werden, auch die schwierigen Stellen zu „knacken".

Statt des Arbeitsblattes kann man den Schülern auch die Schülerantworten aus Klasse 10 geben und mit ihren eigenen Aussagen vergleichen lassen.

Das anschließende Unterrichtsgespräch geht aus von den Zitaten, in denen die Schüler Ähnlichkeiten mit ihrer eigenen Vorstellung sehen. So können sie sich dem Thema nähern und über das Wesen der Religion ansatzweise diskutieren.

Leben für die Religion – Menschen

Wenn man sich mit dem Thema „Religion" beschäftigt, kommt irgendwann die Frage auf, was es bedeutet, eine Religion ganz und unbedingt zu leben.

Ein jainistischer Mönch

Der Lehrer schreibt folgenden Satz an die Tafel:

„Gewaltlosigkeit gegen alle Lebewesen"

Arbeitsauftrag:

Dies ist einer der Grundsätze des Jainismus, einer indischen Religion. Welche Auswirkungen kann diese Forderung auf das Leben eines Jaina haben, der sich konsequent an die Grundsätze seiner Religion hält?

Jainismus

Der Jainismus ist eine Religion, die im 6. vorchristlichen Jh. in Indien entstand. Sie hat heute ungefähr 3 Mio. Anhänger, fast ausschließlich in Indien. Trotz der relativ kleinen Zahl der Anhänger übt die Lehre des Jainismus großen Einfluss auch auf andere indische Gruppierungen aus. Einer der bekanntesten vom Jainismus beeinflussten Menschen ist Mahatma Gandhi. Er war zwar selbst kein Jaina, lebte aber eine der Hauptlehren des Jainismus: *ahimsa –* Gewaltlosigkeit gegen alle Lebewesen. Die Jainas glauben, dass die Welt voll ist von Seelen, die in verschiedenen Seinsformen immer wieder geboren werden. Die Seinsformen werden je nach Anzahl der „Sinne" in fünf Stufen aufgeteilt. Die unterste Stufe bilden die vier Elemente Erde, Wasser, Feuer und Luft und die Pflanzen, die nur einen Sinn haben: den Tastsinn. Es folgen auf der zweiten Stufe Würmer und Schalentiere, die fühlen und schmecken können, auf der dritten Ameisen, Käfer und Motten usw. Auf der fünften Ebene befinden sich alle Seinsformen, die mit fünf Sinnen ausgestattet sind: höhere Tiere, Menschen sowie himmlische und höllische Wesen.

Eine Erlösung aus dem ewigen Kreis der Wiedergeburten kann nur der Mensch erreichen. Die Seinsform, in der man wieder geboren wird, wird bestimmt durch die Taten, die man im vorherigen Leben begangen hat. Gute Taten führen zu einer höheren Existenzform, schlechte zu einer niedrigeren. Die schlimmste Tat, die ein Jaina begehen kann, ist das Verletzen oder Töten eines anderen Lebewesens, egal ob es sich dabei um eine Ameise oder eine Kuh handelt.

Ein Jaina

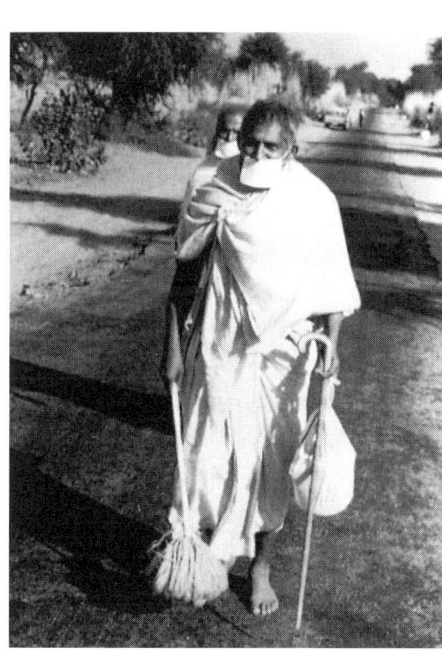

Arbeitsauftrag:

Betrachtet das Bild und überlegt, was die Ausrüstung des Mönches mit dem Gesetz der Gewaltlosigkeit zu tun haben könnte.

Hintergrundinformation: Zur Ausstattung eines jainistischen Mönches gehört ein Mundschutz, der das Einatmen und zufällige Verschlucken von kleinen Lebewesen verhindern soll. Aus dem gleichen Grund filtert der Jaina sein Trinkwasser mit einem Tuch. Um keine Kleinstlebewesen zu zertreten, fegt der Jaina den Weg vor sich, bevor er ihn betritt.

Auf Grund des strengen Gebots der Gewaltlosigkeit sind Jainas strenge Vegetarier. Sie sind zudem in der Wahl ihrer Berufe stark eingeschränkt. Nicht in Frage kommen Berufe in der Landwirtschaft (beim Pflügen des Feldes werden z. B. zahlreiche Kleintiere, Pflanzen und die Erde selbst verletzt), aber auch Handwerksberufe (so fügt ein Schreiner dem Holz Leid zu, ein Schmied dem Metall). Übrig bleiben vor allem kaufmännische Berufe.

Arbeitsauftrag:

Schreibt einen Brief an den Jaina-Mönch:
„Warum ich gern so leben würde wie du ..."
„Warum ich nicht so leben möchte wie du ..."
(oder: „Warum ich nicht so lebe wie du ...")

Eine christliche Nonne

Man muss nicht nach Indien fahren, um religiöse Menschen zu treffen. Auch das Leben einer christlichen Nonne in Deutschland kann sich grundlegend von unserem eigenen unterscheiden. Hier kann man die Schüler selbst auf Entdeckungsreise gehen lassen. Man lässt sie einen Fragebogen erstellen, mit dessen Hilfe sie Nonnen oder Mönche in ihrer näheren Umgebung interviewen können. Dies kann man auch mit der Besichtigung eines Klosters verbinden. Vielleicht ist es sogar möglich, einmal einen ganzen Tag im Kloster zu verbringen.

Der folgende Bericht einer Nonne kann als Arbeitsblatt dienen. Er kann einen Anreiz für die Erstellung des Fragebogens bieten oder die Schüler können ihn mit den Ergebnissen ihrer Interviews vergleichen.

Mein Leben als Ordensfrau bei den Dominikanerinnen Unserer Dienenden Frau

Seit über 30 Jahren bin ich hier im Dominikanerinnenkloster. Es ist ein apostolisches Leben nach dem Geist des heiligen Dominikus.

Ich komme aus einer kinderreichen Familie, in der das Leben in und mit der Pfarrgemeinde selbstverständlich war. So ist es nicht verwunderlich, dass mein Berufswunsch zu einem mit der Kirche verbundenen Leben führte, zu einem Leben in einem Kloster. Aber es sollte ein Kloster „mitten in der Welt" sein, dem Leben in der Mitte des 20. Jahrhunderts angepasst. Mein Weg führte mich in diese Gemeinschaft zu den berufstätigen Dominikanerinnen.

Das Klosterleben begann nach meinem Studium und Examen mit dem Postulat ($1/2$ Jahr), der ersten Einübungsphase in das regelmäßig abwechselnde Leben mit Gebet und Arbeit. Mit dem Tag der Einkleidung begann die eigentliche Prüfungszeit, das Noviziat (1 Jahr), an deren Ende ich zum ersten Mal die Gelübde Armut, Gehorsam und Keuschheit ablegen durfte, die zeitliche Profess. Nach dem Noviziat ging ich wieder in den Beruf. In unseren Konstitutionen heißt es: „Die Schwestern versuchen, von den Zeichen der Zeit her den Menschen zu verstehen. Sie wollen das Reich Christi in der Welt festigen und fördern in der Nachfolge Unserer Dienenden Frau. Sie wollen durch ihr Leben und Wirken durch einen weltlichen Beruf Christus in der Arbeitswelt anwesend machen. Dem Auftrag in der Welt entspricht die weltliche Kleidung." Nach insgesamt 5 Professjahren folgten die ewigen Gelübde: Der Tag, an dem ich mich öffentlich für mein ganzes Leben mit diesen Gelübden an Gott und diese Gemeinschaft gebunden habe.

Unser Tagesablauf sieht so aus:

In der Woche: 5.15 Uhr Aufstehen
5.45 Uhr Laudes, Pretiosa, Terz, Rosenkranz bis ca. 6.40 Uhr anschließend Frühstück
Aufbruch zur Arbeit

Die im Beruf pensionierten Schwestern verrichten dann die Schriftlesung und geistliche Lesung. Tagsüber sind keine gemeinsamen Gebetszeiten. Am Nachmittag geht jede Schwester eine Stunde zur eucharistischen Anbetung. Um 18.00 Uhr treffen wir uns alle zur Eucharistiefeier, die mit der Vesper verbunden wird. Bevor wir am Abend mit der Recreation beginnen, singen wir nach dem Abendessen die Komplet.

Sonntags:	07.00 Uhr	Aufstehen
	07.30 Uhr	Laudes
		Frühstück
	09.15 Uhr	Heilige Messe
	12.00 Uhr	Mittagessen
	15.30 Uhr	Vesper
		Recreation mit Kaffeetrinken
	18.30 Uhr	Abendessen
	19.30 Uhr	Komplet
	20.00 Uhr	Silentium

In diesen 30 Jahren habe ich persönliche Höhen und Tiefen erlebt und durch den Glauben bewältigen gelernt. Wir Schwestern helfen einander auf dem gemeinsamen Weg. Es ist ein erfülltes und an Erfahrungen sehr reiches Leben. Erfahrungen aus den verschiedenen Berufen der Mitschwestern, Erfahrungen mit den vielen Gästen, die zur Besinnung in unser Kloster kommen, Erfahrungen durch meine Vortragstätigkeit zur inneren Besinnung, Erfahrungen durch die praktischen Tätigkeiten im Haus und Garten, Erfahrungen durch die Verwirklichung folgender Bibelstelle: „Dienet einander als gute Verwalter der vielfältigen Gnade Gottes jeder mit der Gabe, die er empfangen hat" (1 Petr 4, 10).
(SCHWESTER HEDEL-MARIA WINDECK)

Hare Krishna

Sehr interessant kann ein Ausflug nach Abentheuer bei Trier sein. Dort befindet sich der Tempel der „International Society for Krishna-Consciousness" (ISKCON) – einigen vielleicht besser bekannt als „Hare-Krishna".

Information

Die neuhinduistische Bewegung, die in den Sechzigerjahren von Bhaktivedanta Svami Prabhupada gegründet wurde, ist geprägt von der hinduistischen *Bhakti*-Frömmigkeit. *Bhakti* ist ein Wort aus dem Sanskrit und bedeutet „Liebe, Hingabe". Bhakti-Frömmigkeit zeichnet sich durch eine liebende Hingabe an die Gottheit (oder an einen geistigen Lehrer – einen *Guru*) aus. Die ISKCON-Anhänger verehren Krishna (als Erscheinungsform des hinduistischen Gottes Vishnu); ihr Lebensinhalt ist der liebende, hingebungsvolle Dienst an der Gottheit. Vier ethische Regeln liegen dem Leben eines Krishna-Anhängers zu Grunde:
1. strenger Vegetarismus
2. Verzicht auf Rauschmittel (einschließlich Kaffee und schwarzem Tee)
3. Verzicht auf „unerlaubte" (z. B. auch außereheliche) Sexualität
4. Verzicht auf Spiel und Sport als „nutzlosem Treiben", da alles Handeln dem Dienst an Krishna dienen soll

Bekannt wurde ISKCON durch das Musical „Hair", in dem das *Mantra* „Hare Krishna" gesungen wird. Ein Mantra ist ein sprachlicher Ausdruck, der inhaltlich bedeutungslos sein kann, dessen Klang jedoch meditative Bedeutung hat (hierzu gehört z. B. auch die Silbe „Om"). Das ständige Wiederholen des Mantras soll die Konzentration stärken und den Weg zur Erkenntnis erleichtern. Im Falle der ISKCON-Anhänger ist das so genannte „Chanten" (ständiges, singendes Wiederholen der Mantras) ein Weg der Verehrung Krishnas.

Aufgabe:

Schreibt wichtige Punkte des Lebens eines Hare-Krishna-Anhängers auf. Schreibt dann eine Liste von Punkten, die euer Leben bestimmen. Vergleicht! Sucht euch einen umstrittenen Punkt heraus und führt ein Streitgespräch.

Die Zahl der ISKCON-Anhänger in Deutschland – nur wenige hundert – ist im Vergleich zur Bekanntheit der Gruppe verschwindend klein. Im Tempel in Abentheuer leben einige Mönche und Nonnen. Es kann sehr interessant sein, ihr Leben und ihren Tagesablauf mit dem von christlichen Ordensmitgliedern zu vergleichen und Gemeinsamkeiten festzustellen. Falls ein Besuch in Abentheuer nicht möglich ist, kann man vielleicht auch einen ISKCON-Anhänger zu einem Gespräch in den Unterricht einladen.

Eine orthodoxe Jüdin in Mea Shearim und eine säkulare Jüdin in einem Kibbuz

Vorstellungen vom Land Israel werden oft mit Bildern von orthodoxen Juden in Verbindung gebracht. Im Folgenden soll das Leben einer orthodoxen Jüdin in Mea Shearim, dem von religiösen Juden bewohnten Stadtteil Jerusalems, vorgestellt werden. Die Bevölkerung Israels besteht jedoch nicht nur aus orthodoxen Juden – im Gegenteil: Die nicht religiösen Juden bilden die Mehrheit. Deshalb soll auch eine Jüdin, die sich selbst als nicht religiös bezeichnet, zur Sprache kommen. Anhand der beiden Beispiele können die Schüler die unterschiedlichen Lebensweisen vergleichen.

Kurzinfo: Kibbuz

Kibbuz ist die hebräische Bezeichnung für eine kollektive Siedlung. Der Kibbuz ist ein einzigartiges ländliches Gemeinwesen, eine Gesellschaft, die auf den Prinzipien gegenseitiger Hilfe und sozialer Gerechtigkeit beruht. Er ist ein sozialwirtschaftliches System, in dem Menschen Arbeit und Besitz teilen – „jeder gibt nach seinen Möglichkeiten und erhält gemäß seinen Bedürfnissen". Die ersten Kibbuzim wurden bereits 40 Jahre vor der Gründung des Staates Israel von jungen, meist aus Osteuropa stammenden Zionisten errichtet. Heute gibt es 269 Kibbuzim, in denen jeweils zwischen vierzig und tausend Personen leben.

(nach einem Informationsheft der israelischen Botschaft, nähere Informationen erhältlich bei der Botschaft des Staates Israel in Berlin)

Aus dem Leben von Riwka in Mea Shearim

Wir leben auf engstem Raum in unserem Viertel Mea Shearim. Meine Wohnung mag groß erscheinen, aber ich habe 15 Kinder. 17 Personen leben in diesen 4 Zimmern. Wir zwängen uns in dieses kleine Viertel, um die Verdorbenheit der Nichtreligiösen um uns nicht sehen zu müssen. Unsere Kinder sollen in einer anständigen Umgebung groß werden. ...

Wir Orthodoxen sprechen nur jiddisch zu Hause. Hebräisch ist für uns „Laschon Ha'Kodesch", die heilige Sprache, die wir nur zum Beten und für das religiöse Studium benutzen. ...

Ich unterrichte in einer orthodoxen, jiddischsprachigen Mädchenschule. Jungen und Mädchen gehen auf getrennte Schulen. Wir glauben, dass Männer und Frauen verschieden geschaffen wurden, weil ihre Aufgaben verschieden sind. Deswegen müssen sie auch unterschiedlich erzogen werden, genau wie ein Arzt eine andere Ausbildung braucht als ein Ingenieur. Die Jungen lernen den Talmud: Sie werden zu Gelehrten erzogen. Weltliches wird ihnen nur sehr begrenzt beigebracht. Die Mädchen hingegen lernen die Thora und einige Kommentare dazu, aber nicht den Talmud – das ist Sache der Männer. Den

Mädchen werden die Gebete, die Gesetze des Schabbat, der Feiertage, die Regeln der anständigen Kleidung und später auch die Gesetze der Familienreinheit beigebracht. Aber wir unterrichten sie auch in weltlichen Fächern: In Biologie lernen sie, wie der Körper funktioniert, was wir die Jungen nicht lehren. Die Mädchen lernen Mathematik, Physik und Geografie. All das braucht ein Junge nicht. Außerdem soll ein Mädchen etwas lernen, womit sie später Geld verdienen kann: Handarbeiten, Kunst, Nähen und Haushaltsführung. Denn in unserer Gemeinschaft widmen sich viele Männer dem Talmudstudium, während die Frauen für den Unterhalt arbeiten. ...
Aber meine Berufstätigkeit, die uns neben dem Stipendium meines Mannes ein zusätzliches Einkommen bringt, ist sekundär. Die Familie kommt immer an erster Stelle. ...
Ich habe mir nie etwas anderes gewünscht als ein religiöses Leben. Ich hatte als Kind eine Schulfreundin, die aus der orthodoxen Gemeinde ausbrach. Es war zu der Zeit der Hippie-Bewegung und die wollte sie miterleben. Was ist aus dieser Frau geworden? Heute ist sie wie ich 40 Jahre alt und nicht mehr schön und sexy. Sie gleicht einer verblühten Blume: Ihr Leben besteht nur noch aus Leere. Sie hat weder eine Familie noch eine religiöse Gemeinde, die sie stützt. 20 Jahre lang führte sie ihr schäbiges Leben und steht heute vor dem Nichts. Ich empfinde Mitleid mit ihr. Sie weiß, dass sie ihr Leben vergeudet hat. Ein religiöser Mensch findet immer Erfüllung. Ich führe eine sehr glückliche Ehe, habe gesunde Kinder und eine Arbeit, die mir Freude macht. Ich sehe keinen Grund, warum ich mich nach irgendetwas anderem sehnen sollte. Ich würde mir wünschen, dass viele Menschen zu der Erkenntnis kommen würden, dass dies die richtige Lebensweise ist. Wir könnten alle in Harmonie zusammenleben. Wenn alle religiös würden, gäbe es keine Kämpfe und keine Kriege mehr.
(SILKE MERTINS, *Zwischentöne. Jüdische Frauenstimmen aus Israel, Fischer Taschenbuchverlag 1996, Frankfurt am Main, S. 59–68*)

Aus dem Tagebuch von Yifat aus einem Kibbuz
Montag, 1.7.98
Der zweite Tag der Sommerferien! Endlich muss ich nicht mehr um 6.00 Uhr aufstehen und zum Bus rennen, der mich dann fast eine Stunde durch die Gegend kutschiert, bis ich endlich in der Schule bin. Heute Nachmittag habe ich ein paar Stunden im Kinderhaus bei den Zweijährigen gearbeitet. Das Einzige, was ich an den Ferien schade finde, ist, dass ich Nir jetzt nicht mehr jeden Tag in der Schule sehe. Ich trau mich aber auch nicht, ihn anzurufen, um ihn zu fragen, ob er mich in den Ferien nicht mal besuchen will.

Dienstag, 2.7.
Heute haben Revital und Ori geheiratet. Da kam ein richtiger Rabbi in den Kibbuz, so mit langem Bart und Hut. Das ist schon etwas Besonderes, bisher habe ich in meinem Leben noch nicht sooft einen leibhaftigen Rabbiner

gesehen. Natürlich gibts öfter Bilder von orthodoxen Juden im Fernsehen, und letztes Jahr, als wir mit der Schule in Jerusalem waren, da gabs natürlich ganz viele von denen an der Westmauer des Tempels. Mein kleiner Bruder nennt sie Pinguine, wegen ihrer langen schwarzen Mäntel. Die Hochzeit war echt klasse. Es gab viel zu essen und später wurde getanzt. Von dem, was bei der Zeremonie gesprochen wurde, hab ich nicht so viel verstanden. Der Rabbi hat es ganz schnell runtergebetet, und ein Teil war auch noch auf Aramäisch.

Freitag, 5.7.98, 23.00 Uhr
Wow, ich komme gerade aus Haifa. Da hab ich mich mit ein paar Schulfreunden getroffen, und wir waren im Kino. Das Beste: Nir war auch da! Noch besser: Er und die anderen Jungs aus den Nachbarkibbuzim kommen gleich zu uns in unsere kleine Kibbuzdisko. Deswegen muss ich mich jetzt noch schnell umziehen. Ich glaub, ich zieh den schwarzen Minirock an. Ich bin schon völlig nervös.

Samstag, 6.7.98
Heute hatte ich Dienst im Speisesaal. Ich war noch total müde von letzter Nacht. Es gab Würstchen, wie immer zwei Sorten: koschere und unkoschere mit Schweinefleisch. Der Run auf die unkoscheren war mal wieder besonders groß, dauernd musste ich in die Küche rennen und neue heiß machen. Ich mag ehrlich gesagt die koscheren Würstchen genauso gern. Aber irgendwie hält sich das Gerücht, unkoscheres Essen schmecke einfach besser. Mein großer Bruder ist davon überzeugt. Manchmal habe ich das Gefühl, er isst extra viel unkoscheres Essen, um zu betonen, dass er wirklich auf gar keinen Fall religiös ist.

Möglicher Arbeitsablauf

Die Schüler bilden *zwei Gruppen*. Jede Gruppe erhält nur eines der beiden *Arbeitsblätter* und beschäftigt sich mit dem Leben der jeweiligen Frau. Eventuell kann zusätzliches Informationsmaterial über orthodoxe Juden bzw. über das Leben in einem Kibbuz hinzugezogen werden. In einem *Streitgespräch* über die beiden unterschiedlichen Lebensweisen vertritt dann jede Gruppe ihre Seite.

Man kann auch zwei Schüler in einem *Rollenspiel* die beiden Frauen darstellen lassen, die sich über ihre unterschiedlichen Lebensweisen unterhalten und sich den Fragen der übrigen Schüler stellen.

✔ **TIPP** Eine interessante Ergänzung bietet die Kurzgeschichte „Äpfel aus der Wüste" der israelischen Schriftstellerin SAVYON LIEBRECHT (SAVYON LIEBRECHT, Äpfel aus der Wüste, Erzählungen, Persona-Verlag, Mannheim 1992). LIEBRECHT beschreibt in dieser Erzählung, wie eine orthodoxe Jüdin aus Jerusalem den Besuch bei ihrer nicht religiösen Tochter in einem Kibbuz im Süden Israels erlebt.

Heiliger Raum – Heiliger Ort

Fast in jeder Religion gelten bestimmte Orte als heilig. Diese Orte weisen für den religiösen Menschen eine besondere Qualität auf, sie unterscheiden sich von anderen Orten. Ihre Heiligkeit erhalten sie z. B. durch bestimmte Ereignisse, die hier stattgefunden haben (real nachprüfbar oder in der Vorstellung des religiösen Menschen) oder durch ein besonderes Erlebnis. Ein vorher profaner Ort kann aber auch durch Errichtung eines Gebäudes (z. B. Kirche, Tempel), das mit besonderen Ritualen eingeweiht, also geheiligt wird, seine Profanität verlieren.

Auch außerhalb religiöser Vorstellungen gibt es für uns Orte, die unsere Gefühle in besonderer Weise ansprechen und sich für uns von anderen Orten unterscheiden. Dies kann zum Beispiel der Ort unserer Kindheit sein, der Ort, an dem wir unseren Partner kennen gelernt haben, oder auch der Ort, an dem wir jedes Jahr unseren Urlaub verbringen. Diese Plätze sind uns in gewisser Weise „heilig". Auch die Schüler kennen solche Orte: das eigene Zimmer, das Baumhaus auf dem unbebauten Grundstück gegenüber, das Stammcafé.

Diese den Schülern heiligen Orte bieten eine gute Möglichkeit der Hinführung zum Thema „Heilige Orte in den Religionen". Dabei können die Erfahrungen der Schüler durch Berichte anderer Menschen ergänzt werden. Der Einstieg eignet sich sowohl für eine Unterrichtsreihe über religiöse Gebäude (Kirche, Moschee usw.) oder über religiöse Stätten (z. B. in Jerusalem oder Mekka) als auch – eventuell in etwas abgewandelter Form – über Paradiesvorstellungen.

Heilige Orte

Jahrgangsstufe: ab 7
Zeitaufwand: 1–2 Stunden
Methoden: z. B. Bild malen, Brainstorming an der Tafel, Texte schreiben
Intention: entdecken, dass Orte für Menschen unterschiedliche „Qualität" haben können
Thematische Stichpunkte: heilige Orte, heilige Räume, z. B. Tempel, Synagoge, Kirchengebäude, heilige Städte, Paradies
Tipp: gut als Einstieg in eine Reihe zu oben genannten Themen

In einem *ersten Schritt* sollen die Schüler darauf gestoßen werden, dass es Orte in ihrem Leben gibt, die für sie eine besondere Bedeutung haben, die sich also in ihrer Qualität von anderen Orten unterscheiden. Die Einstiegsfrage lautet daher: *Welcher Ort ist dir heilig?* Je nach Altersstufe oder Gruppengröße bieten sich verschiedene Techniken an. So kann man die Schüler zum Beispiel ihren „heiligen Ort" malen lassen oder man kann „heilige Orte" an der Tafel sammeln. Zu erwartende Antworten der Schüler sind zum Beispiel: das eigene Zimmer; der Urlaubsort; der Reitstall; das Stammcafé; die Tanzschule; Orte, an denen etwas Besonderes erlebt wurde; Orte aus einer Fantasiewelt.

In einem *zweiten Arbeitsschritt* sollen die Schüler erkennen, was die besondere Qualität des von ihnen gewählten Ortes ausmacht. Die Fragestellung lautet deshalb nun: *Was macht diesen Ort für dich heilig?*, oder: *Warum ist dieser Ort für dich heilig?* Die Beantwortung kann sowohl mündlich als auch schriftlich erfolgen.

Weitere mögliche Fragestellungen sind: *Gibt es besondere Vorbereitungen, besondere Verhaltensregeln vor oder bei dem Betreten des Ortes, besondere Kleidung, usw.?* (beim Urlaubsort z. B. das Kofferpacken und die lange Anreise, die Reitkleidung usw.).

Sofies Welt

In einer Ecke des Gartens, noch hinter den Himbeersträuchern, stand ein dichtes Gestrüpp, das weder Blüten noch Beeren trug. Eigentlich war es eine alte Hecke, die die Grenze zum Wald bildete, aber da sich in den letzten zwanzig Jahren niemand mehr darum gekümmert hatte, war sie zu einem undurchdringlichen Gestrüpp herangewachsen. Großmutter hatte erzählt, dass die Hecke im Krieg, als die Hühner frei im Garten herumliefen, den Füchsen die Hühnerjagd etwas schwerer gemacht hatte.

Für alle anderen war die alte Hecke genauso unnütz wie die alten Kaninchenställe weiter vorn im Garten. Aber das lag daran, dass sie nichts von Sofies Geheimnis wussten. Solange Sofie sich erinnern konnte, hatte sie in der Hecke einen schmalen Durchgang gekannt. Wenn sie hindurchkroch, erreichte sie bald einen großen Hohlraum, das war ihre Höhle. Hier konnte sie ganz sicher sein, dass niemand sie finden würde.

Mit den beiden Briefumschlägen in der Hand lief Sofie durch den Garten und robbte dann auf allen vieren durch die Hecke. Die Höhle war so groß, dass sie darin fast aufrecht stehen konnte, aber nun setzte sie sich auf einige dicke Wurzeln. Von hier aus konnte sie durch zwei winzig kleine Löcher zwischen Zweigen und Blättern hinaussehen. Obwohl keines dieser Löcher größer war als ein Fünfkronenstück, hatte sie den ganzen Garten im Blick. Als sie klein war, hatte sie gern zugesehen, wie ihre Mutter oder ihr Vater zwischen den Bäumen umherliefen und sie suchten.

Sofie war der Garten immer schon wie eine eigene Welt vorgekommen. Jedes Mal, wenn sie vom Garten Eden aus der Schöpfungsgeschichte gehört hatte, hatte sie an die Höhle denken müssen und daran, wie es war, darin zu sitzen und ihr eigenes kleines Paradies zu betrachten.

(JOSTEIN GAARDER, *Sofies Welt. Roman über die Geschichte der Philosophie, Carl Hanser Verlag, München/Wien 1993, S. 13*)

Heimkehr nach Jerusalem

Genau wie ich mein Leben lang von Jerusalem, der Heiligen Stadt, gehört hatte, hatte ich natürlich auch von der Mauer gehört, die für die Juden die heiligste Stätte der Welt ist. Dennoch war ich nicht darauf gefasst. Wie konnte auch jemand wissen, was für Gefühle ihn hier an der Mauer überkommen würden? Dan, Melake, Weizero Channa, Almaz und ich gingen über einen großen Hof, dessen Steine von Millionen Füßen glatt geschliffen waren. Unsere Schritte verursachten kein Geräusch, als verschluckten die Steine jeden Laut, weil sich die Sehnsucht der Erde erfüllte. Die Steine hatten gewartet, die Erde hatte gewartet. So schien es. Auch andere Leute waren anwesend, Männer und Frauen, deren Zahl sich auf dem Platz und in seiner Erinnerung verlor. Die Männer gingen auf die eine Seite und waren durch eine Zwischenwand von den Frauen getrennt, die auf die andere Seite gingen. Sie bewegten sich langsam, als kehrten sie in einen langen Schlaf und einen Traum zurück, aus dem man sie gegen ihren Willen gerissen hatte.

Ich bewegte mich mit ihnen, Almaz hielt sich hinter mir, und irgendwo neben uns war Weizero Channa, aber ich wusste es nicht und musste es auch nicht wissen, denn dies ist der Augenblick, in dem jeder Jude mit sich allein ist.

Ich näherte mich langsam der Mauer. Die Steine sind hoch und von der Zeit abgeschliffen; sie sind ockerbraun, von der Farbe des dunklen Tons, mit einem leichten, goldenen Schimmer. Ich legte den Kopf zurück, um die Spitze der Mauer zu betrachten und die großen Steine zu sehen, die vor über zweitausend Jahren geschnitten, behauen und zu diesem Hügel gebracht worden waren. Kriege haben hier gewütet, aber die Mauer steht noch immer. Es ist die Mauer unseres alten Tempels, der von den Gefangenen gebaut wurde, die aus Babylon zurückkehrten und Jerusalem als ihre Heimat zurückforderten. Nur diese Mauer, die Westmauer, ist übrig geblieben, denn der Tempel wurde von den römischen Armeen wieder zerstört. Aber diese Mauer steht und ihr näherte ich mich mit gefalteten Händen, den Blick auf die Steine gerichtet.

Um mich spürte ich Bewegung. Andere Menschen. Ich hörte ihren Atem, ihr Weinen. Ich trat näher an die Mauer heran, mein Blick war auf die Steine mit ihrem schwachen, goldenen Schimmer und auf die Grasbüschel gerichtet, die zwischen ihnen wachsen; winzige Pflänzchen klammern sich zwischen den Steinen fest, so wie sich die Juden an die Hoffnung klammern.

Ich dachte an Joas und murmelte ein Gebet. Ich dachte an Tante Kibret, Onkel Tekle, an Dan und an alle anderen und ich betete für jeden von ihnen. Oben flogen weiße Vögel herum, stießen zu der Mauer herunter, schwangen sich wieder zum Himmel empor, flatterten hin und her und kehrten immer wieder zurück.

Ich trat noch näher heran, ein seltsamer feuchter Schleier lag über meinen Augen, in denen sich mein ganzes Gefühl sammelte, bis ich nichts mehr sah, sondern die Hände ausstreckte, die Handflächen auf die Mauer drückte und dann meinen ganzen Körper, meine Wangen, meine Beine, meine Brust. Als ich die Steine umarmte, zitterte ich. Wie ein Blatt im Sturm, wie ein Baum in einem Gewitter zitterte ich.

Während ich mich an die Mauer klammerte, ergoss sich eine Anwesenheit in mich und ein einziger Gedanke beherrschte mich: „Hier bin ich! Hier bin ich!" Denn es heißt, dass Gott von jedem Menschen Rechenschaft fordert: „Wo bist du?" In diesem Augenblick antwortete ich: „Hier bin ich!"

Ich blieb zitternd an der Mauer stehen – wie lange? Wie lange?

Endlich tauchte ich wieder auf, leer von Tränen, erfüllt von Jemandem, der mich umfangen und geantwortet hatte:

„Desta, ich sehe dich."

Ich war heimgekehrt.

(SONIA LEVITIN, *Heimkehr nach Jerusalem. dtv pocket, München 1992, S. 200–202*)

Mögliche weitere Schritte

Die eigenen Erfahrungen der Schüler können ergänzt werden durch Berichte anderer Personen. Hierzu eignen sich Ortsbeschreibungen aus der Literatur, Gedichte oder Lieder, aber auch Spielfilmszenen.

1. In JOSTEIN GAARDERS Sofies Welt wird im ersten Kapitel eine Hecke im Garten beschrieben, die von außen völlig unscheinbar wirkt, für Sofie aber von besonderer Bedeutung ist. Hier hat das Mädchen ein heimliches Versteck, in das es sich zurückziehen kann, wenn es nicht gestört werden will.

2. SONIA LEVITIN beschreibt in *Heimkehr nach Jerusalem* die dramatische Flucht der äthiopischen Jüdin Desta von Äthiopien über den Sudan nach Israel. Im Schlusskapitel erzählt die fiktive Ich-Erzählerin Desta die Gefühle, die sie überkommen, als sie endlich zum ersten Mal an der Westmauer des jüdischen Tempels in Jerusalem steht. Dieser Text eignet sich besonders, wenn heilige Stätten (wie die Westmauer in Jerusalem, die islamische Ka'aba in Mekka) im Unterricht behandelt werden sollen.

3. Der Zeichentrickfilm *In einem Land vor unserer Zeit* (in Videotheken erhältlich) zeigt einige Dinosaurierkinder, die bei einer großen kosmischen Katastrophe ihre Eltern verloren haben. Auf der Flucht vor den Folgen der Katastrophe suchen sie ein Land, von dessen Existenz sie aus Geschichten wissen und das sie am Ende des Films auch erreichen. In verschiedenen Szenen des Films werden die Vorstellungen, die die kleinen Saurier von diesem Land haben, erzählt. Die Schlussszene zeigt den paradiesähnlichen Ort. Der Film lässt sich auch im Rahmen einer Reihe über Paradiesvorstellungen verwenden. Er ist besonders gut für jüngere Schüler geeignet.

Heilige Räume

Zum Thema *Heilige Räume* bietet sich folgende Fragestellung als *Einstieg* an: *Stell dir vor, du ziehst um. Was macht dein neues Zimmer zu* **deinem** *Zimmer?* Diese Herangehensweise eignet sich besonders, wenn eine Reihe über sakrale Räume wie Kirchengebäude, Synagogen, Tempel oder Moscheen folgen soll. Idealerweise geben die Schüler Antworten wie „Bilder", „persönliche Gegenstände, z. B. Kuscheltiere".

Hieraus kann sich ein guter Transfer zu religiösen Räumen ergeben. So wird zum Beispiel auch eine Kirche erst durch ihre Einrichtung – Bilder, Statuen, Gegenstände – wirklich zur Kirche.

Bei einer *Exkursion* können die Schüler selbst herausfinden, was den jeweiligen Sakralraum zu einem heiligen Raum werden lässt (vgl. auch S. 215).

Arbeitsauftrag:

Betrachtet die Gebäude von innen bzw. von außen und haltet die spezifischen Merkmale fest. Was macht dieses Gebäude/diesen Raum zu einer Synagoge (Moschee, Kirche, einem Tempel)? Sucht euch ein Merkmal aus jedem Gebäude aus und schreibt eure Überlegungen dazu.

Innenraum Synagoge

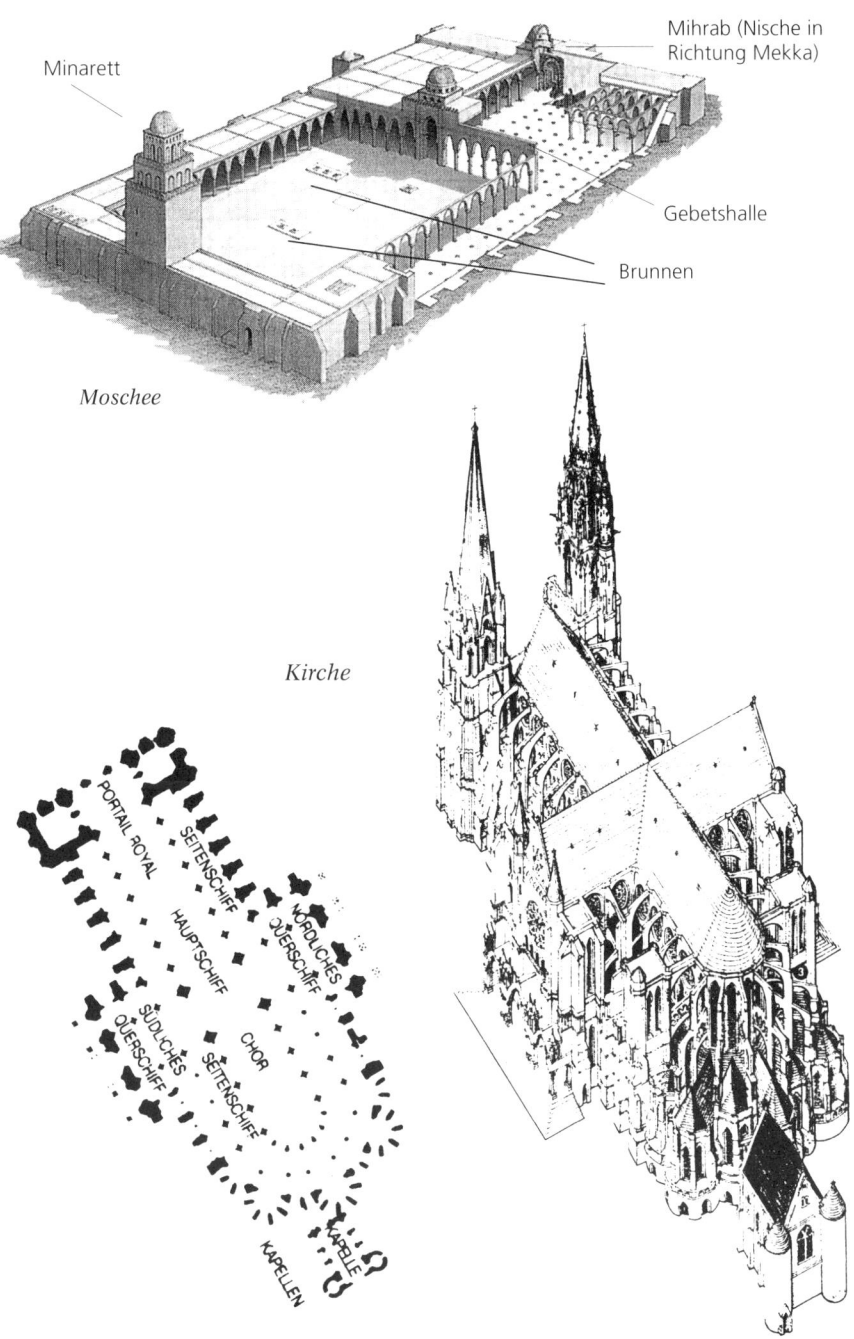

Minarett

Mihrab (Nische in Richtung Mekka)

Gebetshalle

Brunnen

Moschee

Kirche

PORTAIL ROYAL

SEITENSCHIFF

NÖRDLICHES QUERSCHIFF

HAUPTSCHIFF

SÜDLICHES QUERSCHIFF

SEITENSCHIFF

CHOR

KAPELLE

KAPELLE

KAPELLEN

Heilige Berge

Oft sind heilige Stätten auf Bergen gelegen oder der Berg selbst stellt ein Heiligtum dar. In manchen Religionen werden oder wurden Tempel bergförmig gebaut (z. B. in Mesopotamien, in Indien, bei den Maya). Auch in mythischen Vorstellungen begegnet uns der Berg. Die symbolische Bedeutung des Berges ist vielseitig. Weil er bis in den Himmel ragt, gilt er als Verbindung zwischen Menschen und Gottheiten, häufig auch als Wohnsitz der Götter (z. B. der Olymp in Griechenland) und als Zentrum der Welt. Manchmal wird der gesamte Kosmos als Berg gedacht.

Bezeichnenderweise werden in allen drei abrahamitischen Religionen wichtige Offenbarungsereignisse auf Bergen lokalisiert. Hier liegt wohl die Vorstellung zu Grunde, dass man auf dem Gipfel des Berges der Gottheit besonders nah sei. Mit Hilfe des folgenden Arbeitsblattes können sich die Schüler mit Textstellen aus der jüdischen, islamischen und christlichen Tradition beschäftigen und überlegen, weshalb die jeweiligen Verkündigungen auf Bergen stattfinden.

Gestern Nachmittag
in den Bergen

Arbeitsauftrag:

Lest die folgenden Texte. Welche Ereignisse werden beschrieben? Was geschieht?
Warum findet das Geschehen jeweils auf einem Berg statt? Was könnte der Berg
hier ausdrücken? Könnten sich die Ereignisse auch an einem anderen Ort abspie-
len? Was wäre dann anders?

Texte aus den abrahamitischen Religionen

Judentum

Am ersten Tag des dritten Monats nach dem Auszug der Kinder Israel aus dem Ägyptenland, genau auf den Tag, kamen sie in die Wüste Sinai ... und lagerten sich dort in der Wüste gegenüber dem Berge. Und Mose stieg hinauf zu Gott. Und der Herr rief ihm vom Berge zu und sprach: ...

(2. Mose 19, 1–3; Einleitung zum so genannten Sinaiereignis, der Offenbarung der Gesetze auf dem Berge Sinai)

Und der Herr sprach zu Mose: Geh hin zum Volk und heilige sie heute und morgen, dass sie ihre Kleider waschen und bereit seien für den dritten Tag; denn am dritten Tag wird der Herr vor allem Volk herabfahren auf den Berg Sinai. Und zieh eine Grenze um das Volk und sprich zu ihnen: Hütet euch, auf den Berg zu steigen oder seinen Fuß anzurühren; denn wer den Berg anrührt, der soll des Todes sterben. ... Wenn aber das Widderhorn lange ertönt, dann soll man auf den Berg steigen. ... Als nun der dritte Tag kam und es Morgen ward, da erhob sich ein Donnern und Blitzen und eine dichte Wolke auf dem Berge und der Ton einer sehr starken Posaune. Das ganze Volk aber, das im Lager war, erschrak. Und Mose führte das Volk aus dem Lager Gott entgegen, und es trat unten an den Berg. Der ganze Berg Sinai aber rauchte, weil der Herr auf den Berg herabfuhr im Feuer; und der Rauch stieg auf wie der Rauch von einem Schmelzofen, und der ganze Berg bebte sehr. ... Als nun der Herr hernieder gekommen war auf den Berg Sinai, oben auf seinen Gipfel, berief er Mose hinauf auf den Gipfel des Berges, und Mose stieg hinauf. Da sprach der Herr zu ihm: ...

(2. Mose 19, 10–21)

Christentum

Da er [Jesus] aber das Volk sah, ging er auf einen Berg und setzte sich; und seine Jünger traten zu ihm. Und er tat seinen Mund auf, lehrte sie und sprach: ...

(Matthäus 5, 1 + 2; Einleitung zur Bergpredigt)

Islam

Jedes Jahr zog sich der Prophet im Monat Ramadan in die Einsamkeit zurück, um zu beten und die Armen zu speisen, die zu ihm kamen. ... Auch in jenem Ramadan, in dem Gott ihn ehren wollte, in jenem Jahr, in dem Er ihn sandte, zog Mohammed wieder mit seiner Familie nach dem Berg Hira, um sich in der Einsamkeit dem Gebet zu widmen. Und in jener Nacht, in der Gott ihn durch die Sendung auszeichnete und sich damit der Menschen erbarmte, kam Gabriel zu ihm. ... Nach dem Erlebnis auf dem Berg Hira kamen die Offenbarungen regelmäßig zu Mohammed.

(aus der Prophetenbiographie des Ibn Ishaq, übersetzt von GERNOT ROTTER)

Externsteine, Deutschland

„Avalon", Glastonbury, England

Fudschijama, Japan

*Hinduistischer
Tempel*

Arbeitsaufträge:

Betrachtet die Bilder. Was fällt euch bei der Betrachtung der abgebildeten Berge auf? Was mag diese Berge zu heiligen Bergen gemacht haben? Was unterscheidet sie eventuell von anderen Bergen?
Wieso ist hier neben den Bergen auch ein Tempel abgebildet? Findet Gründe für dessen Bauweise.

Zusatzinformationen

Externsteine, Deutschland

Die Externsteine liegen bei Horn im Teutoburger Wald. Man vermutet, dass sie ein germanisches Heiligtum darstellten, bevor sie im 12. Jh. durch den Bau einer in den Felsen gehauenen Kapelle christianisiert wurden.

Avalon, England

Der Berg bei Glastonbury wird mit der Insel Avalon gleichgesetzt, auf die der sterbende König Artus der Legende nach gebracht wurde. (In der keltischen Mythologie liegt das Jenseitsreich auf der Insel der Seeligen Avalon.) Wahrscheinlich war der Hügel schon in vorchristlicher Zeit ein Heiligtum. Heute ist er ein Zentrum moderner Frömmigkeit im Rahmen von New Age und anderen neuen religiösen Bewegungen.

Fudschijama, Japan

Der Fudschijama ist Japans höchster und ein heiliger Berg. Jährlich wird er von etwa 300 000 Pilgern bestiegen.

Hinduistischer Tempel

Die meisten hinduistischen Tempel haben eine sehr komplexe Symbolik. Unter anderem symbolisieren sie mit ihrer äußeren Erscheinungsform den Weltberg Meru. Die aufeinander folgenden Gesimse des Madurai-Tempels spiegeln Berge wider, auf denen die Gottheiten wohnen; eine Lotosblume oder Sonnenscheibe mit Strahlen krönt die vier Seiten des obersten Daches, um den Weg in den Himmel anzudeuten.

✔ TIPP   Die Bilder können durch Fotos oder Zeichnungen von anderen heiligen Bergen oder bergförmigen Tempeln ergänzt werden, z. B. Berg Sinai (Ägypten), Berg Tabor (Israel), Mont St. Michel (Frankreich), mesopotamischer Hochtempel (Zikkurat), Tikal (Guatemala), der Potala (Palastfestung des Dalai Lama in Tibet).

Heilige Zeit – Feste

Seit der Mensch denken kann, feiert er Feste. In nahezu allen Religionen gibt es ausgeprägte Festkalender, die den Jahreslauf bestimmen. Ursprünglich waren die meisten Feste durch die Jahreszeiten bestimmt, viele sind es heute noch. Ähnlich wie bei heiligen Orten findet sich auch bei Festterminen das Phänomen der Kontinuität: was einmal ein Fest geworden ist, bleibt eines – lediglich die Bedeutung kann sich wandeln. So finden sich in fast allen bei uns gefeierten christlichen Festen vorchristliche Elemente. Es kann spannend sein, sich mit der Geschichte dieser Feste zu beschäftigen. Im interreligiösen Unterricht kann es zudem interessant sein, verschiedene Festkalender zu vergleichen und Gemeinsamkeiten und Unterschiede aufzudecken. Dies kann anhand des vollständigen Kalenders geschehen oder anhand einzelner Feste, die sich für den Vergleich besonders eignen. Im Folgenden dienen Lichterfeste als Beispiel.

Feste des Lichts in der dunklen Jahreszeit

Ob Halloween (30.10.), St. Martin (11.11. bzw. Martinifest, 10.11.), Advent, Weihnachten, das jüdische Hanukka, die skandinavischen Wintersonnenwendfeiern, Silvester mit seinem Feuerwerk oder Lichtmess (2.2.) – alle diese Feste haben eines gemeinsam: Sie werden in unseren Breiten im Winterhalbjahr gefeiert und sie alle haben etwas mit Licht zu tun.

Um die Lichtsymbolik dieser Feste besser zu verstehen, ist es sinnvoll, sich mit dem zu beschäftigen, was die Menschen ursprünglich dazu bewegt, Lichter anzuzünden: mit der Dunkelheit. Daher sollten sich die Schüler zunächst mit der „dunklen Jahreszeit" und den diese begleitenden Gefühlen und Assoziationen auseinander setzen. Daran anschließen kann sich eine Reihe zum Thema „Lichterfeste", in der die Gemeinsamkeiten und Unterschiede der oben genannten Feste untersucht werden. Der Einstieg passt aber auch in eine Reihe zum Thema „Symbole" als Hinführung zum Symbol Licht. Der ideale Zeitpunkt für eine solche Unterrichtseinheit liegt natürlich im Winterhalbjahr (vgl. S. 72 ff. und 150 ff.).

Arbeitsform: Gruppenarbeit: Collagen
Material: Zeitschriften (besonders eignen sich Modezeitschriften, „Schöner Wohnen" usw.), Plakate, Scheren, Kleber
Intention: Gespür für die Wirkung der dunklen Jahreszeit auf den Menschen entwickeln, Einstimmung auf die Beschäftigung mit Lichterfesten
Themen: Feste, Jahreszeiten, Lichtsymbolik

Zunächst stellen die Schüler in Gruppen Collagen her.

Aufgabe:

Versucht mit den Collagen auszudrücken, was für die dunkle Jahreszeit typisch ist.

Die Collagen werden aufgehängt und verglichen.

Informationen

Halloween

Der in Amerika übliche Brauch, Kerzen in ausgehöhlte und mit geschnitzten Gesichtern versehene Kürbisse zu stellen, war früher auch in Deutschland verbreitet. Hier wurden die Kürbisse oder Rüben zum Martinsfest auf Stöcken durch die Straßen getragen. Sie bildeten also die Vorläufer der heutigen Martinslaternen. Mit dem Licht und den Fratzen sollten wahrscheinlich böse Mächte vertrieben werden, die in der dunklen Jahreszeit ihr Unwesen treiben.

Sankt Martin

Das Martinsfest am 11. November wird in vielen Gegenden mit Laternenumzügen und Martinsfeuern gefeiert. Der christlichen Tradition nach erinnert dieses Fest an den Heiligen Martin – in protestantischen Gegenden wurde daraus ein Fest zu Ehren Martin Luthers (anlässlich dessen Geburtstag am 10. November). Wie Halloween geht das Martinsfest wahrscheinlich auf ein vorchristliches Fest zurück, das dem Beginn der dunklen Jahreszeit galt. Dies erklärt auch das Anzünden der Laternen und der Feuer.

Lichtmess

In ländlichen Gegenden wurde früher am 2. Februar Mariä Lichtmess gefeiert. Dieses Fest liegt genau vierzig Tage nach Weihnachten. Zur Zeit Jesu galt das jüdische Gesetz, dass die junge Mutter 40 Tage nach der Geburt ihr Kind zum ersten Mal zum Tempel bringt. Damit endete die Zeit der Unreinheit nach der Geburt. Neben dieser christlichen Bedeutung hat das Fest jedoch noch einen anderen Hintergrund, den der folgende alte Spruch verdeutlicht: „Es wird heller – Weihnachten um einen Hahnentritt, Neujahr um einen Hirschensprung und Lichtmess um eine ganze Stunde." An Lichtmess wurde mit Lichterprozessionen das Ende der langen Winternächte gefeiert. Es blieb nun schon so lange hell, dass man ohne zusätzliche Beleuchtung durch Kerzen o. Ä. auskam. In vielen Gegenden wurden an diesem Tag die Kerzen für das nächste Jahr geweiht.

Weihnachten

Das Fest der Geburt Christi wurde erst im 4. Jh. auf den 25. Dezember gelegt. Das römische Fest des „Sol invictus", der unbesiegbaren Sonne, wurde so mit einem christlichen Inhalt gefüllt. Zeugnis hierfür ist der Satz des Augustinus (354–430 n. Chr.): „Wir feiern den 25. Dezember nicht wegen der Geburt der Sonne, wie die Ungläubigen, sondern wegen der Geburt dessen, der die Sonne erschaffen hat."

Hanukka

Das jüdische Lichterfest, das ungefähr zur gleichen Zeit gefeiert wird wie das christliche Weihnachtsfest, dauert acht Tage. Jeden Tag wird eine Kerze mehr am Hanukkaleuchter, der „Hanukkia" entzündet, bis am letzten Tag acht

Lichter leuchten. Das Fest erinnert an die Wiedereinweihung des Tempels in Jerusalem nach dessen Entweihung durch die Griechen im 2. vorchristlichen Jh. „Hanukka" ist das hebräische Wort für Einweihung. Der Legende nach war am Tag der Wiedereinweihung des Tempels nur noch so wenig reines Öl für den Tempelleuchter übrig, dass es für einen Tag gereicht hätte. Durch ein Wunder brannten die Lichter jedoch acht Tage lang, bis neues Öl gefunden werden konnte.

Wintersonnenwende

Die Wintersonnenwende ist der Zeitpunkt der längsten Nacht des Jahres. Danach werden die Tage wieder länger – das Licht besiegt die Dunkelheit. In vielen Religionen wurde zu dieser Zeit des Jahres die Sonne (bzw. der Sonnengott) besonders gefeiert, so z. B. in Rom („Sol invictus"), in Ägypten und im Mithraskult.

Der Lehrer kann Bilder zu den einzelnen Festen zeigen oder die Schüler dazu malen lassen.

Fragen:

Welche Feste kennst du?
Welche feierst du selbst?
Was bedeutet das Licht bei den jeweiligen Festen? Welcher Art ist es? Wie wirkt es? Was für Gefühle löst es aus?
Was gefällt dir an diesen Festen?

Aufgabe (arbeitsteilige Gruppenarbeit):

Wählt euch ein Fest aus und versucht auf einem Plakat das Typische dieses Festes zum Ausdruck zu bringen (mit Bildern und Erklärungen). Das Plakat soll eine Einladung zu einer Feier anlässlich dieses Festes sein.

Die Plakate werden neben die Collagen gehängt. In einem Gespräch kann man über Ängste, Bedürfnisse, Wünsche, Hoffnungen und Erfahrungen der Menschen mit Licht und Dunkelheit sprechen und auf die Bedeutung von Feiern und Festen allgemein eingehen.

✔ TIPP Ein ähnlicher Einstieg eignet sich auch für die Einstimmung auf das Thema *Frühlingsfeste*. Hier stehen Stichwörter wie „Fruchtbarkeit", „Leben", „Erwachen" im Mittelpunkt. Frühlingsfeste, die in eine solche Reihe passen, sind Ostern (vorchristlich: Fruchtbarkeit, Wiedererwachen der Natur; christlich: Auferstehung; beiden gemeinsam: Hoffnung, neues Leben – typisch für den Frühling), Pessach, ...

Esoterik

Begriffe wie Esoterik, New Age, Okkultismus oder Spiritismus sind im Sprachgebrauch sehr verbreitet. Nur selten ist jedoch klar, was damit genau gemeint ist. Der Begriff Esoterik lässt sich auf griechisch esoteron (Inneres) zurückführen. Esoterische Gruppen sehen sich als Eingeweihte, die über ein über Generationen überliefertes geheimes Wissen verfügen, das nur ihnen zugänglich ist. Meist durchläuft der Schüler bei der Erlangung des Wissens mehrere Stufen der Einweihung.

Neulich im Esoterikladen ...

Ein eindrucksvoller Einstieg ins Thema kann der Besuch in einem Esoterikladen sein. Hier wird schnell deutlich, welches Sammelsurium an religiösen Traditionen und mehr oder weniger wissenschaftlichen Methoden unter Esoterik und New Age zusammengefasst wird.

Die Schüler können stöbern und selbst entdecken, was sie besonders interessiert. Wahlweise kann man auch Kataloge von Esoterikverlagen untersuchen lassen. In der anschließenden Unterrichtsreihe sollen sie das gefundene Material ordnen.

Jahrgangsstufe: ab 10
Material: evtl. Kataloge aus Verlagen mit Esoterik-Angebot
Intention: Kennenlernen der verschiedenen Traditionen und Gebiete, die die Esoterik aufgreift
Tipp: vgl. Symbole, S. 55 ff.

Der Besuch im Esoterikladen kann entweder mit der gesamtem Gruppe während der Unterrichtszeit geschehen oder als Hausaufgabe aufgegeben werden. Wenn eine solche Exkursion nicht möglich ist, genügt es auch, den Schülern Kataloge von Esoterikverlagen o. Ä. auszuteilen.

Arbeitsauftrag:

Suche dir ein bis zwei Bücher oder Dinge aus, die dich besonders interessieren. Beschreibe, was du dir ausgesucht hast.

Zur näheren Beschäftigung mit dem Ausgesuchten könnten die Schüler folgende Sätze vervollständigen:

Ich habe dieses Buch/diesen Gegenstand ausgewählt, weil ...

An diesem Buch/Gegenstand interessiert mich besonders ...

Ich nehme an, das Buch/der Gegenstand verwendet Ideen oder stammt aus der Tradition der/des ...

Ich glaube, dass dieses Buch/dieser Gegenstand eine Hilfe sein kann, weil ...

Ich glaube, dass dieses Buch/dieser Gegenstand keine Hilfe sein kann, weil ...

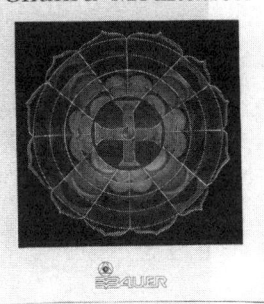

In einem weiteren Arbeitsschritt sollen die Schüler mehr über die zu Grunde liegenden Traditionen erfahren. Schön ist, wenn ihnen dafür Nachschlagewerke zur Verfügung stehen, oder man gibt die Kurzinfo an sie weiter.

Fragen:

Aus welcher Tradition stammt der von dir ausgesuchte Gegenstand / stammen die Ideen in deinem Buch?
Hast du dich mit dieser Tradition schon einmal beschäftigt?
Was stellst du dir darunter vor?
Was fasziniert dich besonders daran?
Was weißt du noch über diese Tradition?

Hausaufgabe:

Folgender Arbeitsauftrag könnte Hausaufgabe sein: Versuche noch mehr über die zu Grunde liegende Tradition herauszufinden und stelle sie in einem Kurzreferat vor.

Kurzinfo

Das Arbeitsblatt zeigt einen Ausschnitt aus dem vielfältigen Angebot eines Esoterikversandhandels. Das abgebildete Material stammt aus den verschiedensten Bereichen:

- **altägyptische Religion:** Bastetkatze (Bastet ist eine altägyptische Göttin, die oft als Katze dargestellt wurde) und Skarabäus (Käfer)
- **christliche Mystik:** Hildegard von Bingen
- **Hinduismus/Buddhismus:** Mantras (ein Mantra ist ein sprachlicher Ausdruck, der inhaltlich bedeutungslos sein kann, dessen Klang jedoch meditative Bedeutung hat, z. B. die Silbe „Om"). Das ständige Wiederholen des Mantras soll die Konzentration stärken und den Weg zur Erkenntnis erleichtern. Vor allem in Indien und Tibet gibt es die Vorstellung von den sechs Nervenzentren – den Chakras – des Menschen: zwischen den Augenbrauen, am Hals, am Herzen, am Nabel, an den Genitalien und am Ende der Wirbelsäule. Aus den Chakras fließt die psychische Energie.
- **Neuhinduistische Religionen:** Sai Baba
- **islamische Mystik:** Sufi
- **Psychotherapie:** „Die Wolfsfrau" wurde von einer amerikanischen Psychotherapeutin geschrieben, die in ihrem Buch Märchen aus aller Welt psychologisch deutet.
- **Ernährungswissenschaft:** Vollwertkost

Hintergrundinformationen zu einigen religiösen Traditionen findet man in: Monika und Udo Tworuschka (Hrsg.), *Religionen der Welt, Gütersloh 1992* und Udo Tworuschka, *Lexikon Die Religionen der Welt, Gütersloh 1999.*

Triviale Welten

Jugendliche amüsieren sich zu Tode. Das Fernsehen macht seine Zuschauer von Minute zu Minute dümmer. Comics sind eine Kulturschande. Computerspiele lassen die Wirklichkeit verschwinden. Der Film bietet nur Erfahrung aus zweiter Hand. Das Internet ist Surfen in der Beliebigkeit.
(NEIL POSTMAN, *Wir amüsieren uns zu Tode. Fischer, Frankfurt a. M. 1985*)

Die Realität ist trivial. Triviale Darstellungen und Formen beschreiben die Wirklichkeit zutreffender als alle um Ernsthaftigkeit bemühte Kunst. Filme schaffen neue Wirklichkeiten. Computerspiele entwerfen eigene Welten. Soap Operas spiegeln gesellschaftliche Entwicklungen und individuelle Erfahrungen präziser als manche Fachliteratur.
(HARTMUT VON HENTIG, *Das allmähliche Verschwinden der Wirklichkeit, Hanser, München 1984*)

Von dieser Spannung lebt die Beschäftigung mit trivialen Welten, den alltäglichen, platten und doch so unterhaltsamen Wirklichkeiten. Sie sind Bestandteile der Erfahrungswelt von Jugendlichen – das allein begründet schon die Notwendigkeit, sich mit ihnen im Unterricht auseinander zu setzen – nicht vorab wertend, sondern analysierend; nicht belehrend, sondern entdeckend; nicht nur kognitiv, sondern unter Berücksichtigung des ganzen Menschens, seiner Sinne, seiner Gefühle, seines Denkens.

Ähnlich wie die Popmusik und ihre Botschaften bieten triviale Welten den Jugendlichen Orientierung für die Gestaltung ihres Lebens, weil sie sich in ihnen wieder entdecken (können und wollen). Ähnlich wie im Fall der Musikkultur bietet die Methode des *Cross Over* die Chance, Inhalte der Jugendkulturen mit Inhalten der schulischen Lehrpläne zu verbinden, in Beziehung zu setzen, sie dialektisch gegenüberzustellen oder voneinander abzugrenzen.

Daily Soaps; Soap Operas

Jahrgangsstufe: 8–10
Zeitaufwand: je nach Ausprägung 2–10 Stunden
Intentionen: Soap Operas verstehen, analysieren und sich selbst, eigene Bedürfnisse und Vorstellungen entdecken
Thematische Stichpunkte: Spiegelung der Wirklichkeit; Identifikation, Identität, Sinnfrage/Orientierung

Die bereits vorliegende, ausgearbeitete Unterrichtsreihe Daily Soaps (MICHAELA KRÜTZEN, *Daily Soaps, RTL Medienpädagogik, Köln 1998*) ermöglicht eine vielschichtige Erarbeitung aller Themenbereiche gemäß den angegebenen Intentionen. Das Material ist reichhaltig, die Darstellung differenziert und die Methoden sind sowohl analytisch-systematischer Natur als auch kreativ-produktiver. Für eine

Doppelstunde empfiehlt sich die thematische Begrenzung auf die jugendlichen Hauptfiguren, ihre Charaktere, Handlungen und Beziehungen untereinander.

Dabei kann von einer der vorliegenden Folgen (716–720) der Serie „Unter uns" ausgegangen werden, eventuell von zwei aufeinander folgenden. Eine ausführliche Analyse der Handlung kann nicht stattfinden; stattdessen eine schriftliche Charakterisierung der handelnden Personen und zugleich eine individuelle, spontane Zuordnung bzw. Abgrenzung von ihnen (Individualarbeit).

Die begründete Zuordnung der Schüler zu den beschriebenen Hauptfiguren dient nach einer Präsentations- und Informationsphase in einem Gespräch als Grundlage für die Artikulation eigener Vorstellungen, Eigenschaften, Erwartungen und persönlicher Merkmale. Damit verbunden ist die Problematisierung der realistischen Einschätzung der filmischen Darstellung wie auch der eigenen personalen Entwürfe und ihrer Abhängigkeit voneinander.

Hier bietet sich vor allem in den Jahrgangsstufen 9/10 ein Weiterschreiten im Rahmen der Themenfelder *Sinnfrage / Orientierung* und *Identifikation / Identität* an.

Beschreibe kurz die Charaktereigenschaften der folgenden Jugendlichen aus *Unter uns*. Versuche zu begründen, wem du dich am meisten verbunden fühlst! Wer stößt dich am meisten ab? Wer zieht dich an? Versuche, auch dies zu begründen.

Nick		
Tom		
Ute		
Jenny		
Sebastian		
Gregor		
Anna		
Laura		
Marc		
Name	Charaktereigenschaften	Fühle ich mich verbunden / zieht mich an / stößt mich ab

Dreams online. Eine mediale Reise

Jahrgangsstufe: 9/10
Zeitaufwand: 2–4 Stunden
Intention: mediale Welten mit ihren Angeboten entdecken und mit eigenen Sehnsüchten, Hoffnungen und Wünschen vergleichen
Thematische Stichpunkte: reale Welt – virtuelle Welt; Weltbild – Menschenbild; (All-)Macht – Schöpfung – Zerstörung; Sehnsucht – Erlösung

Das Video (11 Min.) präsentiert in schnellen, typischen Schnitten mediale Welten in Fernsehen, Film und Computer (*Dreams online. Eine mediale Reise. Animationsfilm BRD 97, hrsg. vom Institut für RU und Katechese im Erzbistum Paderborn, Domplatz 3, 33098 Paderborn*). Dabei werden pseudo- und trivialreligiöse Bezüge durch Sprache und inhaltliche Verweise, Bilder und Filmadaptionen bewusst verdeutlicht. Der Film eignet sich als Medium für die Hineinnahme medialer Wirklichkeitserfahrungen von Jugendlichen in den Unterricht und ihrer Verknüpfung mit persönlichen Alltagserfahrungen. Reale und virtuelle Welten vermischen sich in vier Leitmotiven:

- Machbarkeit von Welten
- Verfügbarkeit von Liebe
- Allmachtsfantasien
- Erlösung und Sehnsüchte

 Weltbild
Menschenbild

Nach einem ersten kompletten Sehen des Films (Alternative: vier Sequenzen gemäß der inhaltlichen Strukturierung) können spontane, subjektive Assoziationen (Perzeption) in Sprache und Bild entwickelt werden (Schreibgespräch; Cluster; Zuordnung von Fotos; Bildmontage, -collage und -wand), in denen die Grundmotive erstellt und die Verbindungen zwischen realer und virtueller Welt gefunden werden.

In Gruppenarbeit lassen sich die vier Motive vertiefend erarbeiten, wobei hier der Unterrichtende von den medialen Erfahrungen der Jugendlichen profitieren kann.

Fragestellungen:

Wie gehen wir mit den Diskrepanzen zwischen medialer Wunschwirklichkeit und konkreter Alltagserfahrung um?
Wie verhalten sich Religion und Glaube zu den Sehnsüchten des Menschen? Inwieweit stellt der (christliche) Glaube eine Möglichkeit dar, Sehnsüchte wahrzunehmen und mit ihnen produktiv umzugehen?
Wie und wo finden die Sehnsüchte des Menschen ihren Ausdruck in Musik, Tanz, in Bildern und Literatur?

Die letzte Frage verweist auf die Möglichkeit, an dieser Stelle projektorientiert, fächerübergreifend und handlungsorientiert weiterzuarbeiten.

Tank Girl, Punk Girl und andere Girlies

Jahrgangsstufe: 9/10
Zeitaufwand: ca. 10 Stunden
Intentionen: Konfrontation mit einem aggressiven (destruktiven) Frauen-/Mädchentyp; Beschreibung und Reflexion der eigenen Rollenvorstellung bzw. Erwartung; Auseinandersetzung mit unterschiedlichen Frauen-/Mädchenbildern
Thematische Stichpunkte: Frauenbilder – Männerträume; Rollenvorstellungen und Erwartungen; Waren- und Konsumcharakter; Einmaligkeit des Menschen; Liebe – Gewalt

Möglicher Unterrichtsablauf (Schematische Darstellung)

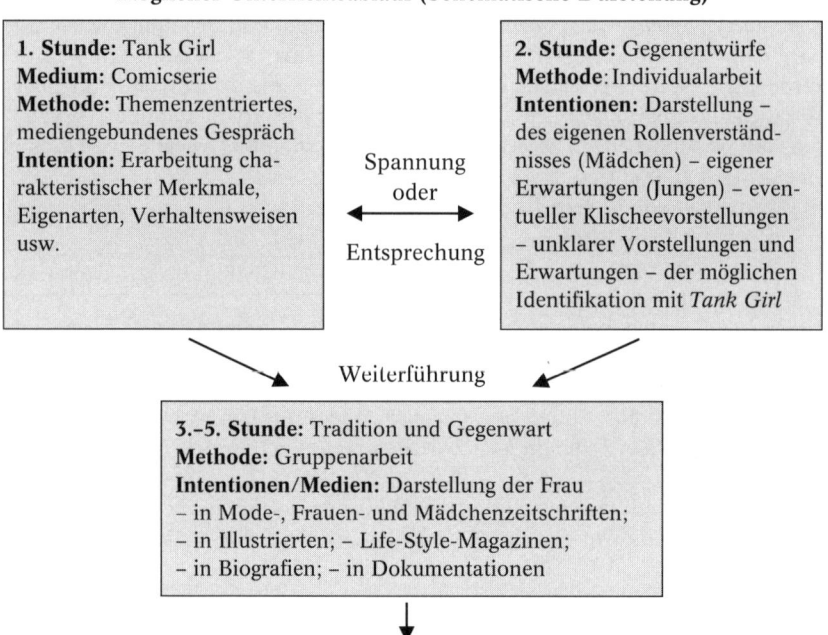

1. Stunde: Tank Girl
Medium: Comicserie
Methode: Themenzentriertes, mediengebundenes Gespräch
Intention: Erarbeitung charakteristischer Merkmale, Eigenarten, Verhaltensweisen usw.

Spannung
oder
Entsprechung

2. Stunde: Gegenentwürfe
Methode: Individualarbeit
Intentionen: Darstellung – des eigenen Rollenverständnisses (Mädchen) – eigener Erwartungen (Jungen) – eventueller Klischeevorstellungen – unklarer Vorstellungen und Erwartungen – der möglichen Identifikation mit *Tank Girl*

Weiterführung

3.–5. Stunde: Tradition und Gegenwart
Methode: Gruppenarbeit
Intentionen/Medien: Darstellung der Frau
– in Mode-, Frauen- und Mädchenzeitschriften;
– in Illustrierten; – Life-Style-Magazinen;
– in Biografien; – in Dokumentationen

Reflektierte Ergebnisse (Produkte)

Darstellung an einer Bild-Text-Wand 6./7. Stunde				8./9. Stunde
Darstellung aus Zeitschriften, Bezüge zu Biografien usw. ♀	Modifizierte Vorstellungen ♀			
	Eigene ♀ Entwürfe	Tank Girl	Eigene ♂ Erwartungen	Darstellung aus Zeitschriften, ♂ Bezüge zu Biografien usw.
	Modifizierte Erwartungen ♂			Auswertung

Der Comic *Tank Girl* präsentiert einen schrillen, bösen, gewalttätigen Mädchen-typ, der in einer fernen, finsteren Zukunft lebt: Egoistisch, hedonistisch und ohne moralische Bedenken verwirklicht *Tank Girl* (Punk Girl) sich selbst (Comicserie von J. HEWLETT/A. ARTIN; Dt. Ausgabe: Ehapa Verlag, Stuttgart 1995). Sie ist eine postmoderne, überaus „emanzipierte" Frau, die jedem Mann in jeder Hinsicht überlegen ist, dies auch weiß und danach skrupellos handelt – und sich dennoch nach „wahrer Liebe" sehnt. Alles ist gut, „weil ich ein Mädchen bin", wusste Lucilectric schon 1993 und beschrieb den neuen Mädchentyp, das Girlie: frech, aufsässig, lässig, selbstbewusst, aggressiv, cool und sexy (Lucilectric *Mädchen*, Ariola 1993). Die neuen Mädchen haben sich gelöst von alten Rollenvorstellungen – oder nutzen sie zum eigenen Vorteil aus. *Tank Girl*, das Punk Girlie, ist eine Karikatur. In überspitzter Form spiegelt sie die Veränderung der Frauenrolle nach dem Feminismus so, wie Männer sie sehen (J. Hewlett und A. Martin, die Autoren sind Männer). Und damit geben sie auch ihre eigenen Befürchtungen, Erwartungen und Einschätzungen preis.

Der Comic eignet sich als Ausgangspunkt für einen fächerübergreifenden Unterricht (Kunst, Gesellschaftslehre, Religion, Deutsch, Praktische Philosophie).

Popmusik

Popmusik, Rock, Techno, Rap, Hip-Hop und New Age sind Musikformen, die für die meisten Jugendlichen von Bedeutung sind. Es ist ihre Musik, Ausdruck ihrer Kultur. Deshalb darf sie vom Unterrichtenden nicht vereinnahmt oder funktionalisiert bzw. instrumentalisiert werden, sondern sie sollte in Form und Inhalt ernst genommen werden, weil sich Heranwachsende mit ihr identifizieren, in ihr und mit ihr fühlen, denken und handeln. Nur so wird der Schüler mit seinem Lebensgefühl akzeptiert und ihm ermöglicht, sein Empfinden, Denken und Wollen an- und auszusprechen.

Popmusik, Clips, Rockfilme und -konzerte, aber auch Veranstaltungsplakate, Cover, Inlays und Booklays sind Medien, die in die Welt der Jugendlichen führen. Für die Entwicklungsphase des Heranwachsenden sind sie von hohem Wert, aber von kurzer Dauer. Dennoch haben das vorgestellte Beispiel und die verschiedenen Herangehensweisen exemplarischen Charakter.

Joan Osborn *One of us* – Formen der Auseinandersetzung

Jahrgangsstufe: 8–10
Zeitaufwand: 1–3 Stunden
Intention: Auseinandersetzung mit dem Song
Thematische Stichpunkte: Frage nach Gott; Gottesbilder und Gottesvorstellungen; Gottesebenbildlichkeit des Menschen – Menschlichkeit Gottes; Was ist der Mensch?; Schöpfung; Sinnfrage; Identität

Deutscher Text: Einer von uns

Wenn Gott einen Namen hätte,
Wie würde er wohl lauten ?
Und würdest du ihn bei all seiner Herrlichkeit
Mit diesem Namen rufen,
Wenn du ihm von Angesicht zu Angesicht gegenüber ständest?
Welche Frage würdest du ihm stellen,
Wenn du nur eine stellen dürftest?
Yeah yeah, Gott ist groß!
Yeah yeah, Gott ist gut!
Was, wenn Gott einer von uns wäre?
Grad so einer wie wir?
Grad mal so ein Fremder in einem Bus,
Der versucht, nach Hause zu kommen?
Wenn Gott ein Gesicht hätte,
Wem oder was würde es wohl gleichen?
Und würdest du es überhaupt sehen wollen,
Wenn dieses Sehen bedeuten würde,
Dass du an all diese Dinge glauben müsstest,
Wie Himmel und Jesus und die
Heiligen und all die Propheten?
Yeah yeah, Gott ist groß!
Yeah yeah, Gott ist gut!
Was, wenn Gott einer von uns wäre?
Grad so einer wie wir?
Grad mal so ein Fremder in einem Bus,
Der versucht, nach Hause zu kommen?
Wie ein heiliger Landstreicher
Ganz allein auf seinem Weg in den Himmel.
Zu stark, um nach Hause zu müssen.
Keiner ruft ihn dort mal an,
Vielleicht gibt es dafür ja den Papst in Rom. ...

Vorgehensweisen: Rezeptiv

Die Schüler hören zu Beginn den Song und stellen, je nach Ausbildungsstand in der Fremdsprache, spontan Vermutungen zu Inhalt, zur Aussage, zur Botschaft an. Zugleich kann die Art und Weise der Musik, des Vortrags in Verbindung zum Text gesehen werden (karge Instrumentierung/melancholische, zweifelnde (?) Stimme). In einem zweiten Schritt wird die deutsche Übersetzung ausgeteilt und zur Musik gelesen (Wichtig: Verbindung der kognitiv bestimmten Textebene mit der affektiv besetzten Musikebene). Die anschließende Erarbeitung lässt sich sowohl im Gespräch als auch in Einzel-, Partner- oder Gruppenarbeit durchführen.

Arbeitsanregungen:

Welche Bilder werden benutzt? Welche Vergleiche erfolgen, welcher grundsätzliche Vergleich wird angestellt? Welche Frage steckt zwischen den Zeilen? Ist eine positive oder negative Einstellung der Interpretin zur Problematik erkennbar? Mit welchen Fragen, Bildern, Vergleichen, Vorstellungen und Aussagen habe ich mich schon selbst beschäftigt, welche kenne ich aus anderen Texten, Liedern, von anderen Bildern und Gemälden? Welche Position beziehe ich zu den Aussagen des Liedes?

Die Ergebnisse können an der Tafel/auf Folie/auf einem Plakat (Gruppenarbeit) festgehalten werden. Sie geben erfahrungsgemäß ein breites Themenspektrum wieder, das in den nachfolgenden Stunden weiter verfolgt werden kann. Entweder kristallisiert sich ein bestimmter Schwerpunkt heraus (z. B. Gottesbild), der nun in einem mehr systematischen Vorgehen behandelt werden kann (Ergänzungen durch Schulbücher, Bilder, Lieder, Gebete), oder die thematische Breite der Schüleraussagen erfordert ein eher konzentrisches Vorgehen. (Einzelne Aspekte des Songs und der Schülerprodukte werden erörtert, etwa in der Reihenfolge „Gottesebenbildlichkeit des Menschen – Was ist der Mensch?") Bei diesem Vorgehen ergeben sich dann einzelne thematische Bausteine.

Literatur- und Medienhinweise, Materialien

JOAN OSBORN, *„One of us".* CD *„Relish"* Polygram Rec. 1995
Zur Thematik Fragen nach Gott und Ebenbild:
FAITHLESS, *„God is a D.J."* CD *„Sunday 8 pm"*, Check/intercord 1998
PETER GABRIEL, *„Blood of Eden".* Video-Clip auf: Ders, *„All about us"*, PMI 1993
Ergänzungen durch Schulbücher, Bilder, Lieder, Gebete:
LANGE, GÜNTHER, *Kunst zur Bibel.* Kösel, München 1988
ZILLESSEN, DIETRICH, *Und der König stieg herab von seinem Thron.* Diesterweg, *Frankfurt am Main 1997*
Kursbuch Religion 2000, *Kap. „Mein Gott ...?"* Calwer/Kösel, Stuttgart/Frankfurt *1999*
Entdeckungen machen, 2. *Kap. „Gott verspricht Leben"/„Mit Gott auf dem Weg".* *Cornelsen, Berlin 1994*
Versöhnung lernen, *Kap. „Ich bin da"/„Schöpfung".* Klett, Stuttgart 1997
JÖRNS, KLAUS-PETER, *Die neuen Gesichter Gottes.* Beck, München 1997
JEREMIAS, JÖRG, *Die Reue Gottes. Aspekte altt. Gottesvorstellungen.* Neukirchner, *Neukirchen 1997*
EGGERS/FENDRICH, *Ecce hommo 1/2. Bilder von Gott und der Welt aus der modernen Kunst.* Patmos, Düsseldorf 1997/1998

Vorgehensweisen: Perzeptiv

Bei der ersten Möglichkeit ging es um die „klassische" Form der Textauslegung. Im Folgenden sollen Informationen, die vom Wahrnehmungsobjekt (Musik, Text, Song) ausgehen, mit aktuellen und an die Lebensgeschichte gebundenen Eindrücken, Gefühlen, Erfahrungen, Erinnerungen, Meinungen, Empfindungen, Stimmungen usw. des Hörers verbunden und verknüpft werden. Es geht hier also verstärkt um den Anteil des Hörers. Dieser subjektive, individuelle, biografische, affektiv gesteuerte Zugang verbietet ein systematisches Vorgehen: Assoziationen, Gefühle, Fragmente verweisen von der Kategorie „richtig – falsch" zur Kategorie „sinnvoll – sinnlos".

Auch hier kann der Einstieg über das mehrmalige Hören des Liedes erfolgen. Doch steht hier nicht die Frage „Was sagt uns das Lied?" im Mittelpunkt, sondern die Anregung „Was löst es in mir aus, welche Bilder, Gefühle, Erinnerungen und Erfahrungen steigen vor meinem inneren Auge auf, was bewirkt die Musik bei mir?"

Die deutsche Übersetzung muss hier nicht unbedingt eingesetzt werden – einzelne, individuell begriffene Textfragmente bieten gerade die Möglichkeit, ein facettenreiches Bild des Songs zu entwickeln.

Arbeitsanregungen:

Kann ich zu dem Lied, zu bestimmten Aussagen ein Bild zeichnen oder malen? Fallen mir Texte, Gedichte, Gemälde, Fotos ein, die ich mit dem Song verbinde? Welche anderen Lieder, Musikvideos, Filme kenne ich, die sich ähnlich mit dem Thema beschäftigen? Befasse ich mich selbst mit den Problemstellungen? Habe ich für mich „Antworten" gefunden? Welche Gefühle, Empfindungen löst die Musik in mir aus? Kann ich sie in Bilder oder Worte fassen?

Diese individuelle Annäherung an das Lied wird je nach Lerngruppe eine Vielzahl von Ergebnissen hervorbringen, unterschiedlich in Ausprägung, Schwerpunktsetzung und Quantität. Eine qualitative Wertung der Beiträge sollte vermieden werden – hinter der scheinbaren Oberflächlichkeit kann eine tiefe Lebenserfahrung, ein grundlegendes Lebensgefühl stehen.

In einem zweiten Schritt lassen sich die Einzelarbeiten zu einer komplexen Bild-/ Textwand zusammenfassen: So entsteht ein facettenreicher Gesamteindruck von dem Song, der zugleich die unterschiedlichen (oder übereinstimmenden) biografischen Elemente der Lerngruppe zur Thematik repräsentiert.

An dieser Stelle kann sich drittens anhand der Bild-/Textwand ein intensives und von subjektiven Eindrücken geprägtes Gespräch entwickeln, welches durchaus in den Bereich existenzieller Glaubensaussagen des einzelnen Schülers reichen mag. Anschließend kann man Informationen zu dem Lied anschließen.

Zusätzliche Literatur und Medien

KULD RENDLE u. a., *Ganzheitliche Methoden im RU. Kap. „Mit Farben und Materialien arbeiten"./„Der Umgang mit Bildern im RU". Kösel, München 1996*
PTI der EKiR. Soundcheck – Religiöse Elemente in der Pop-Musik. *1998. Presseverband der EKiR. Postfach 32 08 05, 40237 Düsseldorf*
PETER KRÜGER, *Madonne mia! Wie kommt „Heiliges" im Video-Clip in Bild und zur Sprache. In: ru. Ökumenische Zeitschrift für den RU. 1/95*
ARTUR THÖMMES, *Populäre Musik im RU. Katechetisches Institut Trier, 1996*

Vorgehensweisen: Konstruktiv

Die perzeptive Vorgehensweise bietet in ihrer methodischen Ausprägung (handlungs- und produktorientiertes Lernen) die Möglichkeit, weiter in dieser offenen Form zu verfahren: Die Text-/Bildwand zum Song birgt in ihren Elementen, ihrer Struktur und den Aspekten des durch sie initiierten Gespräches das Potenzial für eine projektartige Auseinandersetzung mit der Grundthematik. Die Interessen- und Gefühlslage der Lerngruppe sollte natürlich entsprechend berücksichtigt werden.

Arbeitsanregungen zur Gruppenarbeit:

Gibt es thematische Schwerpunkte, mit denen sich einzelne Gruppen beschäftigen wollen? Welches Material, welche Medien können die einzelnen Gruppen selbst beschaffen? Wo brauchen sie die Unterstützung des Unterrichtenden, außerschulischer Stellen oder Institutionen (Museen, Bibliotheken, Medienstellen usw.)? Welche Methoden der Erarbeitung können genutzt werden (Textrezeption, -produktion; Bildinterpretation, -produktion; Zusammenstellung, Collage von Songs, Kirchenliedern zu einem thematischen Schwerpunkt; Musikvideos; Erstellung eines eigenen Videoclips zum Song; Pantomime zum Song)? Welche Möglichkeiten der Präsentation existieren (Ausstellung in der Schule oder außerhalb der Schule, etwa in der Gemeinde; Einsatz im Rahmen einer Abschlussfeier; Dokumentation für einen Elternabend, die Schulzeitung)?

Alle drei Vorgehensweisen haben im Rahmen des Unterrichts ihre Berechtigung und ergänzen sich teilweise. Dient die erste vorrangig der Ausbildung, Wissensvermittlung und Verschränkung von *Profanem* mit *Heiligem*, so zielt die zweite verstärkt auf Subjektivität, Individualität und Affektivität, wobei sie sowohl durch Informationen ergänzt werden kann oder durch selbst verantwortetes und organisiertes Lernen weitergeführt wird und Bildung im eigentlichen Sinne ermöglicht.

Literaturhinweise und Tipps

G. BUSCHMANN, *Unterwegs zu einer lebensweltorienierten Religionspädagogik.*
R. SISTERMANN, *Musikvideos – ein neues Medium für den RU. Beide in: Zeitschrift für Pädagogik und Theologie. Diesterweg. Juni 1998. Heft 2*
MARKUS GREIL, *Lipstick Traces. Von Dada bis Punk. 2001. Hamburg 1995*
SCHMIDT-JOOS/GRAVES. *Rock Lexikon. Rororo. Hamburg*
BIZER, BIEHL, u. a. (Hrsg.). *Jahrbuch der Religionspädagogik 10. Religion der Jugend wahrnehmen. Neukirchner, Neukirchen 1993*
BERND SCHWARZE, *Die Religion der Rock- und Popmusik. Kohlhammer, Köln u. a. 1997*
Praxis Schulfernsehen. Sept. 1996. *Die „Love Parade". Techno-Fans feiern ihre Party. 3 Sendungen*
Schüler 97. *Stars – Idole – Vorbilder. Friedrich, Seelze 1997*
Stern, Serie „Jugend 96". *Stern. Hamburg 96, Heft 2–8 – vergleichbare Beiträge sporadisch in „Spiegel" und „Zeit"*
Aktuelle Beiträge in Tageszeitungen: z. B. *Kölner Stadtanzeiger, Samstagsausgabe. „Moderne Zeiten" S. 2: Beiträge zur Musikszene*
Jugendzeitschriften: *bravo, Hit, Girl, Mädchen, Pop-Corn, Rocky, Rolling Stone.*
Aktuelle Songtexte mit Übersetzung
Musiksender: *MTV, VIVA. Musikvideos, Videoclips. Aktueller Überblick zumeist Samstag und Sonntag Nachmittag*
Texte zur Rock- und Popsongs im Internet

Religiöse Mythen, Symbole und Botschaften im Sciencefictionfilm

Terminator

Es gibt Filme, die bei Jugendlichen bekannt sind, obwohl die Hauptzeit längst vorüber ist. Der Film *Terminator II* stammt von 1991. Als ich mich mit ihm 1993 zum ersten Mal zusammen mit Jugendlichen im Religionsunterricht beschäftigte, war er den meisten bekannt. Ich hatte den Film noch nicht gesehen, hatte aber gehört, dass er hauptsächlich aus Gewaltdarstellungen bestand. Als ich mich etwas näher über den Film erkundigte, erfuhr ich, dass er auch einige religiöse Elemente enthalten sollte.

Im Unterricht beschäftigten wir uns gerade mit dem Thema „Gewalt in den Medien". Die Jugendlichen waren sehr motiviert, das Thema anhand eines „ihrer" Filme zu untersuchen. Gleichzeitig wollten sie wissen, ob das Thema „Religion" tatsächlich in dem Film eine Rolle spielte. Das Unterrichtsvorhaben war ein Wagnis, denn schließlich beging ich zwei „pädagogische Fehler": Erstens einen Film zu zeigen, den ich selbst nicht kannte, und zweitens die Schüler in der Schule zwei Stunden lang mit Gewaltdarstellungen zu konfrontieren. Ich teilte den Schülern meine Bedenken mit. Vor diesem Hintergrund haben wir uns gemeinsam mit dem Film auseinander gesetzt.

Das Ergebnis war ein voller Erfolg. Die Schüler fühlten sich ernst genommen und haben mit Eifer sowohl das Thema „Gewalt" als auch das Thema „Religion im Film" bearbeitet.

Als im Schuljahr 1998/99 eine zehnte Klasse das Thema „Religion in den Medien" behandeln wollte, fiel mir der Film wieder ein. Die Schüler waren allerdings dem Film gegenüber negativer eingestellt (jedenfalls taten sie so). Sie wollten nicht glauben, dass er irgendetwas Religiöses enthielt, wollten sich aber trotzdem damit beschäftigen. Da ich den Film kannte, konnte ich jetzt konkretere Beobachtungsaufgaben stellen und auch die Erarbeitungsphase besser planen. Es wurde wieder ein Erfolg.

Der Film fasziniert Jugendliche wahrscheinlich deshalb, weil er in einer zukünftigen Welt spielt, der sie sich näher fühlen als die Erwachsenen. Außerdem spricht er Ängste an (z. B. vor einem Atomkrieg) und vermittelt Hoffnung auf Rettung der Welt. Auch die Botschaft, das Menschliche in der maschinellen Welt nicht untergehen zu lassen, wird für Jugendliche zunehmend wichtiger.

Natürlich gibt es andere und neuere Filme dieser Art, die man auf ähnliche Weise untersuchen und bearbeiten kann. Fragen Sie Ihre Schüler!

Jahrgangsstufe: ab 9
Zeitaufwand: ca. 4 Doppelstunden
Arbeitsform: Plenum, Einzelarbeit, arbeitsteilige Gruppenarbeit (Projektarbeit)
Material: nach Wahl der einzelnen Gruppen
Intentionen: religiöse Mythen, Symbole und Botschaften im Film entdecken; ausgewählte Themen selbstständig erarbeiten
Thematische Stichpunkte: Zukunft, Apokalypse, Mensch und Technik, Gewalt, Mythen und Symbole

Ziel des Unterrichts ist nicht eine genaue Filmanalyse, sondern mit Hilfe des Films zu zeigen, wie verbreitet auch heute noch bestimmte religiöse Mythen und Bilder sind.

In einer *kurzen Einführung* informiert der Lehrer über religiöse Mythen und Symbole – auch solche des Films: z. B. der Mythos von der Rettung der Welt durch ein Kind, die Personifizierung des Guten und Bösen durch Engel und Teufel oder das Symbol „Feuer" in der Bibel (vgl. Symbole, S. 80 f.).

Die Schüler bekommen *Beobachtungshinweise* zur Gestaltung: Musik, Geräusche, Bildgestaltung, Farbe, Details, Gesamtsicht, Länge der Szenen u. Ä. Sie wählen möglichst unterschiedliche Schwerpunkte, auf die sie bei der Betrachtung des Films besonders achten, um sie den anderen nach dem Film mitzuteilen.

Die Hauptaufgabe besteht für alle darin, religiöse Elemente im Film zu entdecken. Jeder Schüler bereitet ein Blatt für Notizen vor mit der Überschrift: *Welche Elemente im Film erinnern mich an Religiöses?* Die Notizen können während des Films in eine vorbereitete Tabelle geschrieben werden: Symbole/Gestalten/Aussprüche (Sätze)/Handlungen/Ereignisse.

Der Film wird mit mehren Unterbrechungen gezeigt, um die Ergebnisse der Beobachtungen zwischendurch auszutauschen.

Nach Ende des gesamten Films bekommen die Schüler die Aufgabe, spontan einen kleinen Text zu schreiben: *Was ist deiner Meinung nach die Botschaft des Films?* Die Ergebnisse werden vorgetragen und besprochen.

Beispiel (Kl. 10)

Habe keine Angst vor der Zukunft! Versuche Leben zu retten! Töte nicht! Zu viel Wissenschaft zerstört die Zukunft! Menschen sind nicht durch Maschinen ersetzbar! Gefühle sind wichtig!

Erst danach erfolgt ein gemeinsames *Gespräch über die Beobachtungen.* Die Ergebnisse werden für alle sichtbar an der Tafel notiert. Die Schüler wählen ein Thema aus, mit dem sie sich in Gruppenarbeit näher befassen wollen.

Aufgabe:

Wählt ein Thema (Symbol, Ereignis, Person) aus und vergleicht es mit dem entsprechenden Thema in der christlichen Religion oder in der Mythologie. Die Darbietungsform der Arbeitsergebnisse könnt ihr wählen.

Der Lehrer gibt den Gruppen Tipps zur Informationsbeschaffung und/oder stellt ihnen entsprechende Materialien zur Verfügung.

Beispiele (Kl. 10)

- *Ein Kind rettet die Welt:* Ein Schüler schrieb einen Text aus der Bibel (*Johannes 1*) in Bezug auf den Film um.
- *Die Person „Sara" (Vergleich mit biblischen Frauengestalten):* Eine Gruppe von Schülerinnen entwarf eine Theaterszene, in der die veschiedenen Seiten der Sara als Einzelpersonen auftreten.
- *Die „Botschaften" des John Connor verglichen mit der Botschaft Jesu Christi:* Die Gruppe gestaltete ein Plakat, auf dem auf zwei gegenüberliegenden Buchseiten die Botschaften gegenübergestellt sind. (Sätze aus der Bergpredigt und Aussprüche von John Connor)
- *Engel, Teufel und die zwei Terminator:* Die Gruppe schrieb eine Legende („Wie aus dem strahlenden Engel Luzifer der Anführer der Teufel wurde") um („Wie aus dem bösen Anführer der Roboter der strahlende menschliche Engel wird"), beide Erzählungen wurden getippt und für alle Schüler kopiert.

> ● *Zukunftsvisionen (Vergleich Bibel – Film):* Die Gruppe befasste sich mit der Offenbarung des Johannes und gestaltete ein Plakat. Zum Text (Offb.12,1–17) und zum Film malte sie je ein Bild mit der jeweiligen Erklärung darunter.
> ● *Gewalt im Film und in der Bibel:* Diese Gruppe stellte Texte über verschiedene Gewaltformen gegenüber.

Zum Abschluss der Unterrichtseinheit schreibt jeder Schüler einen kurzen Kommentar zum Thema: *Terminator 2 – Ein Film für den Religionsunterricht?*

Werbung und Religion

Wer einmal angefangen hat, auf das Thema *Religion in der Werbung* zu achten, begegnet ihm immer wieder. Es wird geworben mit Inhalten und Symbolen des Christentums und anderer Religionen, aber auch mit Hilfe von allgemein religiösen Symbolen, Mythen oder Begriffen. Religiöse Inhalte können direkt eingesetzt werden, sodass sie provozierend wirken, oder es wird mit versteckten religiösen Botschaften geworben, z. B.:

– Bild von der Arche Noah für eine Versicherung,
– der Begriff „Segen" für eine Autoreifenfirma,
– das Paradies wird versprochen oder der Himmel auf Erden,
– ein Schutzengel taucht auf,
– der Fleckenteufel wird vertrieben,
– das Telefon mit Heiligenschein als Krippenkind,
– der Spruch „Immer da. Immer nah."

Kinder und Jugendliche haben meistens Spaß an gaghaften Verfremdungen. Sie verstehen oft nicht, dass es Leute gibt, die sich in ihren religiösen Gefühlen verletzt fühlen. Umso wichtiger ist es, auch die Kritik an solcher Werbung wahrzunehmen.

Aber auch versteckte religiöse Botschaften als Antworten auf geheime Wünsche und Sehnsüchte der Menschen aufzudecken macht Sinn, weil man dann gemeinsam überlegen kann, was wirklich zur Erfüllung dieser Wünsche beitragen könnte. Denn dass das angepriesene Produkt auch nicht annähernd solche Wünsche erfüllen kann, ist auch jungen Menschen klar.

Und noch etwas: Die Schüler lernen (nebenbei) eine ganze Menge über Religion und Christentum.

Jahrgangsstufe: 9/10
Zeitaufwand: 5–6 Stunden für die Unterrichtsreihe, 1–2 Stunden pro Einheit
Material: Zeitschriften mit Werbeanzeigen
Intention: Auseinandersetzung mit religiösen Elementen in der Werbung
Thematische Stichpunkte: Gottesbild, Menschenbild, Weihnachten, Engel ... (je nach Anzeige)

Direkte Vermarktung

Sichern Sie sich das Leben Christi in Serie ohne Verpflichtung!

Der Satz stammt aus einer Werbebroschüre, die für Münzen mit Themen des Christentums wirbt. Schon diese Überschrift enthält drei Widersprüche zur christlichen Botschaft: „Sichern", „das Leben Christi in Serie", „ohne Verpflichtung". Die Schüler sollen diese und andere Widersprüche erkennen, darüber nachdenken und diskutieren.

Sie bekommen einen Ausschnitt aus der Broschüre.

Zunächst wird allgemein über Aufmachung, Inhalt und Absicht der Anzeige gesprochen. Danach wird die Werbung in Einzelarbeit kritisch untersucht.

Aufgabe:

Lest den Text der Anzeige genau. Unterstreicht die Sätze oder Teilsätze, die eurer Meinung nach der christlichen Botschaft widersprechen.

Die Ergebnisse werden vorgetragen und diskutiert. Neben der Kritik an dieser Art der Vermarktung des Christentums ergibt sich hierbei die Möglichkeit, über zentrale christliche Glaubensinhalte nachzudenken.

Auffällige Anleihen – provozierende Werbung

Es begab sich aber zu der Zeit, dass ein Gebot ausging von TelDaFax ...

Diese Anzeige erschien kurz vor Weihnachten 1998. Gleich am nächsten Tag war ein kleiner Artikel mit dem Bericht über die Kritik der Bischöfe zu lesen. Die Schüler sollten kritische Reaktionen auf Werbung dieser Art kennen lernen, um ihre eigene Meinung zu hinterfragen.

Ein Teil der Anzeige wird auf Folie präsentiert. Die Schüler beschreiben sie und erklären die christlichen Inhalte bzw. Symbole. Sie äußern eine erste Meinung zur Anzeige. Mit der Frage *Könnt ihr euch vorstellen, warum sich manche Menschen über diese Anzeige ärgern?* wird die kritische Betrachtung eingeleitet.

Die Schüler bekommen eine Kopie des Zeitungsartikels.

Aufgabe:

Nehmt die Position der Bischöfe ein. Was kritisieren sie? Vervollständigt folgende Sätze aus der Sicht der Bischöfe: Die Anzeige verletzt das religiöse Empfinden, weil ... Man sollte religiöse Inhalte nicht zu kommerziellen Zwecken einsetzen, weil ...

Aufgabe zum Abschluss:

Verfasst einen Leserbrief für die Zeitung, in dem ihr eure eigene Meinung in Bezug auf die Anzeige und die Reaktion der Bischöfe darstellt.

Bischöfe gegen Werbung

BONN (RP). Die Deutsche Bischofskonferenz hat gegen eine Werbung des Telefonanbieters TelDaFax protestiert. Die in vielen Zeitschriften veröffentlichte Anzeige verwende „einen ganz zentralen religiösen Text zu kommerziellen Zwecken", beklagte die Bischofskonferenz gestern in Bonn. Sie verletze damit das religiöse Empfinden vieler Menschen. In der Werbung heißt es unter Anspielung auf das Weihnachtsevangelium: „Es begab sich aber zu der Zeit, dass ein Gebot ausging von TelDaFax ..."

Rheinische Post, Dezember 1998

Es gibt immer wieder (auch anders geartete) provozierende Werbung, wie z. B. die Werbung mit Behinderten von Benetton. Solcher Art Werbung und die Reaktion darauf in der Öffentlichkeit bieten reichlich Stoff zum Nachdenken und für Diskussionen im Unterricht.

Religiöse Symbole, Mythen, Begriffe und versteckte religiöse Botschaften

Immer da. Immer nah.

Die Botschaft der Provinzial-Versicherung kennt zwar fast jeder, kaum einer aber bemerkt, dass dieses eine religiöse Botschaft ist, die in ihrer Unbedingtheit kaum zu übertreffen ist. Wenn Schüler einmal auf solche und ähnliche versteckte religiöse Botschaften hingewiesen worden sind, sind sie sensibilisiert für das Auffinden von weiteren religiösen Botschaften in der Werbung.

Zu Beginn werden im Unterricht ein paar ausgewählte Anzeigen gemeinsam im Hinblick auf religiöse Elemente untersucht.

Auftrag:

Gibt es Symbole (z. B. Engel, Hand), Begriffe (z. B. Himmel, Segen) oder Sätze, die aus dem Bereich der Religionen stammen oder an Religiöses erinnern? Werden ganze Geschichten oder Mythen dargestellt (z. B. Arche Noah)? Welche versteckten religiösen Botschaften enthält die Anzeige im Text oder im Bild?

Die Schüler bekommen den Auftrag, weitere Anzeigen mit religiösen Elementen zu sammeln, die sie dann im Unterricht selbstständig untersuchen (Partnerarbeit).

Sie stellen den Mitschülern ihre Anzeige und Analyse vor, indem sie die einzelnen Elemente (Symbole, Begriffe, Mythen, Botschaften) erklären. Eine Möglichkeit, das Ergebnis zu präsentieren, ist ein Plakat mit der Anzeige in der Mitte. Auf die einzelnen Elemente wird mit Pfeilen verwiesen, an deren Ende die Erklärungen um die Anzeige herum geschrieben werden.

Weiterführende Fragen:

Was verspricht die Anzeige? Können die Versprechen eingelöst werden? Wenn ja, wie? Auf welche Sehnsüchte und Hoffnungen, die in der Werbung angesprochen werden, gibt es christliche Antworten? Welche?

Werbung von karitativen Einrichtungen und Initiativen

Den Armen Gerechtigkeit

Die Schüler betrachten das Foto von der Plakatwand. Sie schreiben (jeder für sich) ein paar nachdenkliche Sätze dazu auf: *Mir fällt auf... Ich überlege... Ich hoffe...* Im anschließenden Gespräch werden einige Fragen bedacht: *Alle Plakate auf dem Foto werben für etwas. Worin unterscheiden sie sich? Was bedeutet das Wort „arm" jeweils? An wen richtet sich die Werbung? Wozu werden die Betrachter aufgefordert?* Die Schüler bekommen den Auftrag, Anzeigen zu sammeln, die für karitative Einrichtungen oder Initiativen werben (Beispiel S. 58).

In der nächsten Stunde wird mit diesen Anzeigen in Gruppen gearbeitet. Die Anzeigen werden nach Bereichen sortiert. Die Gruppe sucht in der Bibel nach Texten, die zu den jeweiligen Anzeigen passen, auch der Lehrer kann Texte vorschlagen, z. B. Matthäus 25 oder Lukas 4, 16–19. Die Schüler überlegen: *Für welche Anliegen werben die Anzeigen?* Als Ergebnis kann ein Plakat präsentiert werden.

Zum Abschluss entwerfen die Schüler eine eigene Anzeige.

Guten Appetit? Diese fast makabre Zusammenstellung von Werbeplakaten entdeckte RP-Fotografin Marlies Zumahr in Erkelenz.

Aufgabe:

Wählt ein Anliegen aus, das ihr wichtig findet, oder formuliert ein eigenes euch wichtiges Anliegen. Denkt euch eine Organisation aus, die sich dafür einsetzt. Gestaltet eine Anzeige, die zur Mithilfe aufruft.

Die Ergebnisse werden in Form einer Ausstellung präsentiert.

Symbole

Die Sprache der Religion ist das Symbol, Rituale sind ihr Ausdruck. Symbole sind eine Redeform, die sich in Gleichnissen und Bildern an das Unvergleichliche heranwagt und dennoch Abstand zu ihm behält.
(KLAUS WALTER SCHLÖMP, in: Feuervogel, hrsg. vom evangelischen Missionswerk in Deutschland, Hamburg, 1/1998)

Offenbar kann – verständlich für sich selbst und für andere – nicht anders über zentrale Erfahrungen und Konflikte des Lebens – Liebe, Hass, Sehnsucht, Tod, Traurigkeit, Einsamkeit, Freiheit und Befreiung – geredet werden als so, dass zentrale Symbole der religiösen Tradition in Anspruch genommen werden.
(HANS-MARTIN GUTMANN, *in: Erziehen heute, hrsg. von der Gemeinschaft Evangelischer Erzieher e. V., Duisburg 3/98*)

Schon die Wortbedeutung (symballein = zusammenwerfen) zeigt, dass Symbole geeignet sind, exemplarisch Themen zu erschließen, die mehrere Dimensionen haben. Verschiedene Bereiche eines Themas sind in einem einzigen Zeichen verdichtet. Durch die Erschließung solcher Zeichen kann man sich verborgenen Inhalten und Botschaften annähern und sie „zur Sprache bringen". Dabei ist es unerheblich, ob es sich um ein umfassendes Symbol (wie Kreuz) handelt oder um ein einfaches Zeichen bzw. ein konstruiertes Emblem. Die Hauptsache ist, dass diese Zeichen erkennbare Strukturen haben und verschiedene Möglichkeiten der Interpretation zulassen. Sie müssen vielschichtig sein und nicht nur eine Aussage widerspiegeln. Es gibt verschiedene Möglichkeiten, sich den Aussagen der Symbole zu nähern. Der *meditative Zugang* eignet sich besonders für Symbole aus der Natur (z. B. Baum, Wasser) oder für künstlerische Symboldarstellungen. *Kreativ* kann man sich besonders gut mit einfach gestalteten Zeichen und Symbolen beschäftigen (z. B. Kreuz, Herz). Auf jeden Fall kann man *Symbol und Sprache* miteinander verbinden: Symbole „sprechen" und Sprache lebt von Symbolen.

Symbol „Baum"

Seit jeher hat der Generationen von Menschen überdauernde Baum Menschen fasziniert und ihre Fantasie angeregt. Als Symbol begegnet uns der Baum in den unterschiedlichsten Kulturen. Mit seiner Beständigkeit symbolisiert er vor allem das Leben. Der Laubbaum steht mit seinem jahreszeitlichen Wechsel für die ständige Wiedergeburt des Lebens, der immergrüne Nadelbaum für die Unsterblichkeit. Oft erscheint der Baum mit seinen tief in der Erde verankerten Wurzeln und seinen bis in den Himmel reichenden Zweigen als Verbindung zwischen Himmel und Erde oder Unterwelt.

In vielen Kulturen bekannt ist der Weltenbaum als Symbol des Kosmos, oft auch als Weltachse gedacht. Beispiele finden sich in Mesopotamien, Indien und in der nordischen Mythologie (als Weltenesche Yggdrasil). Zuweilen wird der Baum auch umgedreht dargestellt (Indien, jüdische Kabbala, Islam). Häufig wird der Weltenbaum von mythischen Tieren bewohnt, die ihre eigene symbolische Bedeutung haben. So gibt es in Sibirien die Vorstellung von einer Weltenlärche, in deren Krone ein goldener und ein silberner Vogel wohnen – Symbole für Sonne und Mond.

Der unter anderem in Indien verbreitete Brauch, die Braut vor der Hochzeit symbolisch mit einem Baum zu vermählen, spiegelt die Bedeutung des Baumes als Lebens- und Fruchtbarkeitsspender wider. Häufig ist auch die Vorstellung, der Baum sei ein mythischer Ahne des Menschen (Japan, Korea, Zentralasien, Australien). Ein weiteres Beispiel für die Vielschichtigkeit des Symbols Baum ist seine gleichzeitige Verwendung als weiblich-mütterliches (fruchttragend, Schutz gewährend) und als männliches (Stamm als Phallus) Symbol.

Annäherungen

Sofern es die örtlichen Gegebenheiten zulassen, kann es besonders eindrucksvoll sein, eine Unterrichtsreihe zum Symbol Baum mit einer *Meditation in der Natur* zu beginnen. Dabei können die Schüler den Baum mit den eigenen Sinnen erfassen und verschiedene Bedeutungen des Symbols selbst entdecken.

Die Schüler suchen sich einen Baum aus, betrachten ihn, legen sich vielleicht – je nach Witterung – unter den Baum und lassen die Eindrücke auf sich wirken. Das sollte möglichst schweigend geschehen. Ihre Eindrücke und Assoziationen halten sie schriftlich fest (in Stichworten, einem Text oder einem Gedicht).

Sollte es nicht möglich sein, einen Ausflug in die Natur zu unternehmen (oft reicht schon der Gang auf den Schulhof), lässt sich ersatzweise auch ein Dia oder ein Poster verwenden. Dies spricht natürlich weniger Sinne an als das Original.

Jeder Schüler notiert seine Gedanken auf ein blattförmiges, grünes Stück Papier oder Pappe und hängt das Blatt an einen großen, auf die Tafel gemalten Baum. So fügen sich zum Schluss die gesamten Eindrücke und Assoziationen aller Schüler zu einem Bild zusammen.

In einem weiteren Schritt lässt man die Schüler *Geschichten von Bäumen* sammeln und erzählen. Dies kann auch als Hausaufgabe geschehen. Die Ergebnisse können sehr unterschiedlich sein. Denkbar sind Geschichten von alten Bäumen in der Umgebung, eigene Erlebnisse oder auch Gedichte (z. B. „Herr von Ribbeck auf Ribbeck") und Bräuche (Maibaum, Weihnachtsbaum).

In der nächsten Stunde erfolgt der Transfer von der eigenen Umgebung der Schüler zu den *Geschichten anderer Völker*. Die Abbildungen und Texte können dabei behilflich sein.

Die Schüler betrachten die Abbildungen und lesen die Texte. Sie können sich einen dargestellten Baum aussuchen und eine Erzählung dazu schreiben: *Der Baum erzählt ...* oder *Menschen erzählen über den Baum ...*

Eine ägyptische Göttin als Baum dargestellt

Buddha unter dem Bodhi-Baum: Nach der Legende erhielt Buddha seine Erleuchtung unter einem Feigenbaum. Bodhi ist ein Wort aus dem Sanskrit und bedeutet Erleuchtung. Noch heute wird im indischen Bodh Gaya – dem Ort der Erleuchtung Buddhas – ein Ableger des ursprünglichen Bodhi-Baums verehrt.

Das Ende von Yggdrasil

Die Welt-Esche Yggdrasil. Zentrales Element des germanischen Weltbildes vor gut 3000 Jahren. Weisheit und Schicksal lagen unter ihren Wurzeln verborgen. Das Schicksal der Menschen war gebunden an ihr Leben. Und der Fall des Baumes bedeutete das Ende der Welt.

Die Dichtung von damals ist die Wahrheit von heute. Nie zuvor war die Zukunft der Welt so existentiell mit dem Geschick der Bäume verbunden. Gemeinsam bedroht durch Luftverschmutzung und globale Klimaveränderung, gehen uns die Bäume nur einen Schritt voraus. Und stirbt der Wald, so kann der Mensch nicht leben.

STIFTUNG WALD IN NOT • Mirbachstraße 2 • 53173 Bonn

STIFTUNG WALD IN NOT

Yggdrasil: Die immergrüne Weltenesche Yggdrasil aus der germanischen Mythologie verbindet Himmel und Erde.

✔ TIPP Die Abbildungen lassen sich erweitern, wie z. B. Maibaum, Weihnachtsbaum.

Baum und Mensch

Die Schüler bekommen den Auftrag, einen Baum auf ein Blatt zu *malen* (spontan, ohne nachzudenken, aber mit viel Zeit).

Wenn sie fertig sind, sehen sie sich ihre eigenen Bilder in Ruhe an: *Was für einen Baum habe ich gemalt? Ist er rund oder spitz? Wie sieht der Stamm aus (dick, dünn, lang, kurz)? Habe ich einzelne Äste und Zweige gemalt? Hat mein Baum Blätter, Blüten, Früchte? Sind die Wurzeln zu sehen?* Sie überlegen: *Was sagt dieser Baum über mich aus?* Ein paar Überlegungen schreiben sie unter ihr Bild: *Wenn ich dieser Baum bin, dann wird deutlich ...*

Anschließend stellen sie sich mit ihren Baumbildern vor: (*Das ist mein Baum. Er ... Das könnte bedeuten ... Ich frage mich ...*)

✔ TIPP   Was man noch bedenken kann:

- Wechsel der Jahreszeiten: Wachsen/treiben – blühen/Kräfte zeigen – Frucht bringen/ Blätter abwerfen – ruhen/Kräfte sammeln ... Gibt es solche Zeiten in meinem Leben?
- Baumringe – Gesammelte Erfahrungen
- Der Text von Hermann Hesse macht die Verbindung zwischen dem Baum als Heiligtum und dem Baum als Symbol für den Menschen deutlich. In dem Text können die Schüler Bekanntes wiederfinden und weiterführende Gedanken entdecken.

Bäume sind für mich immer die eindringlichsten Prediger gewesen. ... In ihren Wipfeln rauscht die Welt, ihre Wurzeln ruhen im Unendlichen; allein sie verlieren sich nicht darin, sondern erstreben mit aller Kraft ihres Lebens nur das Eine: ihr eigenes, in ihnen wohnendes Gesetz zu erfüllen, ihre eigene Gestalt auszubauen, sich selbst darzustellen. ...

Wenn ein Baum umgesägt worden ist und seine nackte Todeswunde der Sonne zeigt, dann kann man auf der lichten Scheibe seines Stumpfes und Grabmals seine ganze Geschichte lesen: in den Jahresringen und Verwachsungen steht aller Kampf, alles Leid, alles Glück und Gedeihen treu geschrieben, schmale Jahre und üppige Jahre, überstandene Angriffe, überdauerte Stürme. ...

Bäume sind Heiligtümer. Wer mit ihnen zu sprechen, wer ihnen zuzuhören weiß, der erfährt die Wahrheit. Sie predigen nicht Lehren und Rezepte, sie predigen, um das Einzelne unbekümmert, das Urgesetz des Lebens.

Ein Baum spricht: In mir ist ein Kern, ein Funke, ein Gedanke verborgen, ich bin Leben vom ewigen Leben. Einmalig ist der Versuch und Wurf, den die

ewige Mutter mit mir gewagt hat, einmalig ist meine Gestalt und das Geäder meiner Haut, einmalig das kleinste Blätterspiel meines Wipfels und die kleinste Narbe meiner Rinde. ...
Ein Baum spricht: Meine Kraft ist das Vertrauen. ... Ich lebe das Geheimnis meines Samens zu Ende, nichts andres ist meine Sorge. Ich vertraue, dass Gott in mir ist. Ich vertraue, dass meine Aufgabe heilig ist. Aus diesem Vertrauen lebe ich. ...
Wer gelernt hat, Bäumen zuzuhören, begehrt nicht mehr, ein Baum zu sein. Er begehrt nichts zu sein, als was er ist. Das ist Heimat. Das ist Glück.
(aus: HERMANN HESSE, *Bäume*)

Aufgabe:

Malt den Umriss eines Baumes und schreibt eine „Predigt" des Baumes hinein. Was könnte er uns Menschen sagen?

Die Mitte finden – Mandala

Das Mandala ist ein uraltes Meditationszeichen aus der indischen und tibetischen Tradition. Auch in der christlichen Überlieferung ist es wohl bekannt, etwa aus den Fensterrosen mittelalterlicher Kirchen. Mandala ist das altindische Wort für Kreis. Wenn man den Begriff weit fasst, kann man darunter ein Bild verstehen, das Figuren und Kreise konzentrisch um eine betonte Mitte herum ordnet. Das Quadrat kann dazu kommen, innerhalb oder außerhalb des Kreises, um die Konzentration auf die Mitte zu unterstreichen.
In der östlichen Tradition sind Mandalas Schaubilder der seelischen Ganzheit eines Einzelnen, aber auch Darstellung der überpersönlichen göttlichen Ordnung. Eine ganze Welt-Anschauung kommt darin zum Ausdruck.
Bei uns im Westen haben in den letzten Jahrzehnten viele Menschen das Mandala als Meditationshilfe entdeckt, zum Malen, zum Anschauen, zum Auslegen mit Sand oder Blumen.
Wenn ich mich dem Mandala aussetze, will ich vorerst einmal die auseinander laufenden und widersprüchlichen Kräfte und Tendenzen in mir selbst nicht wegmeditieren, sondern bewusst wahrnehmen. Dann kann ich mich langsam auf die sammelnde Wirkung des Mandalas einlassen. So entsteht nicht vorschnell eine (künstliche) Harmonie, sondern eine Spannung, die ich aushalten will. Ganz langsam und schrittweise kann ich mich der versöhnenden und sinnstiftenden Wirkung des Mandalas überlassen. Ich kann erfahren, dass ich nicht aus einzelnen Stücken bestehe, die mich auseinander reißen, sondern eine Einheit bilde mit einer Mitte. Ich bin auf dem Weg zum Eins-Sein. Betrachtend und gestaltend wächst mir in meiner eigenen Herzmitte Kraft und Lebensmut zu.
(BRUNO DÖRING, *Schenk dir ein Mandala*, Verlag am Eschbach 1988)

Im Mandala sind zwei andere umfassende Symbole enthalten und aufeinander bezogen. Das *Kreuz* symbolisiert den Menschen in seiner erdverbundenen (waagerechten) Dimension und in der göttlichen (senkrechten) Bezogenheit. Wenn der Mensch aufrecht steht, und die Arme ausbreitet, bildet er mit seinem Körper eine Kreuzform. Außerdem versinnbildlicht das Kreuz die zeitliche Dimension (vier Jahreszeiten) und die räumliche Ausdehnung (vier Himmelsrichtungen). Der *Kreis* symbolisiert das Weltall und die Vollkommenheit des Daseins. Der *Mittelpunkt* ist bei beiden identisch, d. h., die Kombination von Kreuz und Kreis zeigt die Aufgehobenheit des Menschen in der göttlichen Ordnung.

Jahrgangsstufe: 9/10
Zeitaufwand: 2 Stunden
Arbeitsform: überwiegend Einzelarbeit
Material: meditative Musik, Zeichenblätter, Buntstifte
Intention: das Mandala als Bild für die Ganzheit menschlichen Lebens und die Verbundenheit mit dem Universum entdecken und in Bezug auf das eigene Leben bedenken
Tipp: Bilderbücher/Der selbstsüchtige Riese, S. 172 ff.

Meditative Annäherung – Malen nach einem Gedicht

Mit dem Gedicht „Wachsende Ringe" von RAINER MARIA RILKE können sich Schüler meditativ durch eigenes Malen dem Mandala-Symbol annähern, ohne vorher etwas darüber gehört zu haben. Gerade bei diesem existenzbezogenen Symbol ist es sinnvoll, wenn die Form nicht übergestülpt, sondern von innen heraus zum Ausdruck gebracht wird.

Das Gedicht wird zunächst vorgelesen. Erste Eindrücke und interpretierende Gedanken werden ausgetauscht.

Jeder Schüler hat ein leeres Blatt und verschiedene Farbstifte vor sich liegen.

Auftrag:

Ich werde euch gleich das Gedicht noch einmal langsam vortragen. Lasst euch auf den Text ein, ich werde die Zeilen einige Mal wiederholen. Bringt die Aussagen des Gedichtes durch Malen zum Ausdruck. Ihr könnt abstrakt malen (Linien und Farben) oder gegenständlich (Symbole aus dem Text).

Die entsprechende meditative Haltung wird durch leise Hintergrundmusik unterstützt. Der Lehrer schaltet die Musik ein und liest zunächst das ganze Gedicht einmal vor. Dann liest er langsam Zeile für Zeile vor, macht Pausen zwischen den Zeilen, wiederholt die einzelnen Zeilen und lässt den Schülern Zeit. Die Schüler hören und malen. Die fertigen Bilder werden kreisförmig auf den Boden gelegt, jeder steht hinter dem eigenen Bild. Erste Beobachtungen und Gedanken werden ausgetauscht. Dann wird die Musik wieder angestellt. Die Schüler gehen jetzt langsam (im Uhrzeigersinn) um die Bilder herum und betrachten jedes einzelne.

Rainer Maria Rilke: Wachsende Ringe

Ich lebe mein Leben in wachsenden Ringen,
die sich über die Dinge ziehn.
Ich werde den letzten vielleicht nicht vollbringen,
aber versuchen will ich ihn.
Ich kreise um Gott, um den uralten Turm,
und ich kreise jahrtausendelang;
und ich weiß noch nicht,
bin ich ein Falke, ein Sturm
oder ein großer Gesang.

Aufgabe:

Seht euch die einzelnen Bilder in Ruhe an. Was fällt euch auf? Welche Formen und Farben sind gewählt worden? Welche tauchen besonders häufig auf?

Die Beobachtungen werden aufgeschrieben und beim anschließenden Gespräch kann die Bedeutung der Kreisform schon ansatzweise erörtert werden.

Beispiel (Schülerin Kl. 9)

Auf allen Bildern hat man einen Turm und sehr viele Kreise gesehen. Der letzte Ring war meistens unterbrochen. Es wurde die Ungewissheit durch den letzten unterbrochenen Ring oder durch ein Fragezeichen dargestellt. Ich kann nicht sagen, welches Bild mir am besten gefällt, da alle Bilder für mich auf eine gewisse Weise etwas eigenes ausdrücken, obwohl alle zum selben Thema gemalt haben.

Die Betrachtung eines Mandala-Bildes aus der Kunst kann sich anschließen. Man spricht über den gewählten Mittelpunkt, die Formen, Farben und Symbole.

Die Mandala-Form

Der Lehrer informiert die Schüler über das Symbol des Mandalas (s. S. 60 f.). Er zeichnet die Urform des Mandalas (Kreuz und Kreis) an die Tafel mit der Erklärung: Der Mittelpunkt der Seele (Kreuz) ist zugleich der Mittelpunkt der Welt (Kreis).

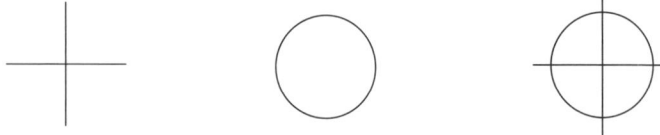

Er fordert die Schüler auf, selbst Mandala-Formen auf einzelne DIN-A4-Blätter zu zeichnen, am besten mit Hilfe eines Zirkels: *Entwerft mit Hilfe der Urform andere Mandalas. Ihr könnt aus dem Kreuz eine Stern- oder Sonnenform entwickeln, könnt verschieden große Kreise malen und die Mitte freilassen. Auch Quadrate oder Dreiecke könnt ihr einbeziehen.* Die Zeichnungen können anschließend ausgetauscht und ausgemalt werden.

  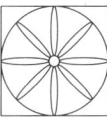

Als Nächstes zeichnet der Lehrer eine Spirale an die Tafel mit dem Hinweis: *Auch die Spirale ist eine Mandala-Form. Sie stellt einen Weg zur Mitte bzw. von der Mitte ausgehend dar.*

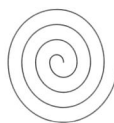

Beim anschließenden Gespräch über die Bedeutung der Spiralform wird deutlich, dass Mandalas keine statischen Gebilde sind, sondern auch eine Bewegung zum Ausdruck bringen. Ausgehend von Spiralformen in der Natur (Schneckenhaus, Strudel, Spiralnebel) sammeln die Schüler Beispiele für Mandala-Formen in der Natur. Folgende Erklärung kann die Arbeit einleiten: *In der Natur kommen häufig Mandala-Formen vor. Auch im Universum und im Innern der Lebewesen herrscht diese Form vor (z. B. Sonnensystem und Atommodell). Hier wird die Entsprechung von Makrokosmos und Mikrokosmos deutlich.*

Den Schülern macht es meistens Freude, möglichst viele Mandala-Formen zu entdecken. *Blüte, Baumringe, Schneckenhaus, Spinnennetz …*
Spiralnebel, Sonnensystem, Stern, Sonne …
Zelle mit Zellkern, Atommodell, Auge …

Gestaltung eines eigenen Mandalas

Aufgabe:

Gestaltet ein eigenes Mandala, das zu euch passt. Wählt euch zunächst eine Grundform aus (abstrakt oder aus der Natur). Überlegt euch, welche Symbole das, was euch im Leben wichtig ist, ausdrücken. Versucht sie in euer Mandala einzubeziehen. Ihr könnt auch Worte oder Sätze, die euch wichtig sind, in die Form schreiben (z. B. kann man einen Text spiralförmig schreiben).

Die Bilder werden ausgelegt und von allen betrachtet. Jeder wählt sich eins aus, das er nicht gemalt hat, und schreibt einen kleinen Kommentar dazu: *An deinem*

Mandala fällt mir auf ... entdecke ich ... Dein Mandala gefällt mir, weil ... Ich nenne dein Bild ... (Titel). Wenn den Schülern die eigenen Bilder gefallen, können sie sie später auch auf ein T-Shirt drucken oder ein Bilderbuch zu einem Märchen mit Mandalas gestalten und verschenken (vgl. Produkte, S. 172 ff. und 178 ff.).

Symbol „Herz"

Das Herz als Symbol für die Mitte der Persönlichkeit ist weit verbreitet und gehört zu den Zeichen, die jeder sofort versteht. Fast jeder verwendet dieses Symbol, um bestimmte Grundbefindlichkeiten auszudrücken. Zeichnerisch wird es am häufigsten für den Bereich der Liebe verwendet, sprachlich mehr für Gefühle allgemein. Es macht Jugendlichen jeden Alters Spaß, sich mit dem Herzsymbol zu befassen. Da die Form einfach ist, lässt sie viele Möglichkeiten der Veränderung zu. Man kann Stimmungsbilder, Erfahrungen und Sehnsüchte damit zum Ausdruck bringen, ja sogar ganze Geschichten erzählen. Sprache und Bild sind bei diesem Symbol so eng verbunden, dass es keine Mühe macht, Sprache in Zeichnungen umzusetzen, Zeichnungen zur Sprache zu bringen oder beides zu kombinieren (I ♥ you).

In der Bibel kommt das Symbol sehr häufig vor. Es sagt immer etwas über den Kern der Persönlichkeit aus. „Biblisch meint ‚Herz' nicht das Gefühl, sondern bezeichnet das Personzentrum des Menschen in seinem Denken, Planen und Wollen. Mit dem Herzen zu glauben heißt also, sich in seiner Existenz darauf einzulassen, was als Inhalt des Glaubens ausgesagt wird, dessen Wahrheit und Wirklichkeit im eigenen Leben zu erproben und zu erfahren." (KLAUS WENGST *zu Röm. 10,9, in: Ostern – ein wirkliches Geheimnis, eine wahre Geschichte. Kaiser-Taschenbücher Nr. 97, München 1991, S. 40 f.)*. Wenn man dem Symbol Herz in der Bibel nachgeht, werden zentrale Inhalte des christlichen Glaubens deutlich. Schüler können sie mit Hilfe von Zeichnungen spielerisch erschließen.

Jahrgangsstufe: 5–9
Intentionen: Erschließung des Symbols Herz allgemein und in der Bibel; Nachdenken über zentrale Glaubensaussagen anhand des Symbols
Tipp: Bilderbuch zu einem Märchen, S. 172 ff.; Schulbuchkapitel zum Thema „Liebe", S. 174 ff.; einzelne Zugangsweisen eignen sich für Vertretungsstunden.

Annäherungen

Man beginnt mit *Assoziationen:* Ein großes Herz wird an die Tafel gemalt, die Assoziationen in den Umriss des Herzens geschrieben (alternativ: ins Heft malen und schreiben). Dann werden Begriffe, *Redewendungen* und Sprichwörter gesammelt, in denen „Herz" vorkommt. Jeder sucht drei Redewendungen aus und stellt sie bildlich dar. Es folgt eine Ratestunde: Die Schüler malen nacheinander ihre Zeichnungen an die Tafel, die anderen deuten und raten, welche Redewendung jeweils dahinter steckt. Es folgt ein gemeinsames Gespräch über die Bedeutung des Symbols in den genannten und gezeichneten Beispielen. *Was bedeutet „Herz" in den Beispielen? Gibt es eine allgemeine Bedeutung für das Wort, die auf die meisten Beispiele zutrifft? Schreibt ein paar Bedeutungen auf: Das Herz ist ...* (z. B. das Innere des Menschen) *Es bedeutet ...* (z. B. Liebe) *Es drückt aus, was Menschen ...* (z. B. empfinden). In Lexika wird das Stichwort nachgeschlagen, das Wichtigste exzerpiert und in der nächsten Stunde vorgelesen und verglichen. Als Abschluss schreibt jeder einen kleinen Artikel über die Bedeutung des Symbols.

Das Herz als Mitte des Menschen

Ausgehend von den Lexikonartikeln wird über die *biologische Bedeutung* des Herzens gesprochen. Ein paar Atemübungen können sich anschließen (vgl. Interaktionen, S. 190). Die Bedeutung von Einatmen und Ausatmen wird bedacht (real und symbolisch). *Einatmen bedeutet für mich ...* (empfangen, nehmen). *Ausatmen heißt für mich ...* (geben, ausruhen).

Der Lehrer malt zwei Herzen an die Tafel, ein Herz, auf das Pfeile gerichtet sind, mit der Überschrift „Das geht mir zu Herzen", und eins, von dem Pfeile ausgehen, mit der Überschrift „Das kann ich aus vollem Herzen tun". Die Schüler malen die Herzen ab und schreiben Beispiele auf die Pfeile (vgl. Schülerzeichnung auf der nächsten Seite). Das bekannte Zitat von ANTOINE DE SAINT-EXUPERY wird an die Tafel geschrieben:

Man sieht nur mit dem Herzen gut. Das Wesentliche ist für die Augen unsichtbar.

Die Schüler erklären den Satz, bringen Beispiele und malen ein Bild, das den Satz verdeutlicht. Die Bilder werden aufgehängt, jeder schreibt angeregt durch die Bilder ein paar Ergänzungen zu dem Satz auf: *Wenn man mit dem Herzen sieht, dann ...*

Anschließend wird überlegt, was man noch mit dem Herzen tun kann, Verben genannt (fühlen, lieben, trauern, hören, das Herz sprechen lassen) und Beispiele erzählt. *Wer sein Herz sprechen lässt, der ... Wer mit dem Herzen hört, der ...* (Dazu passt der bekannte Text von MICHAEL ENDE „Momo konnte zuhören").

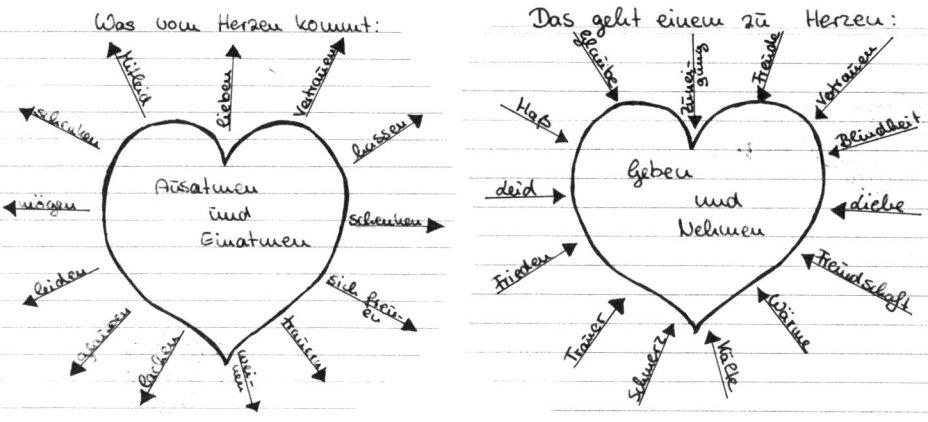

Um die Auswirkungen auf das Leben zu bedenken, kann man mit jüngeren Schülern einen Körperumriss malen (ein Kind legt sich auf eine Tapetenrolle, ein anderes malt den Umriss), in die Mitte ein großes Herz mit Strahlen malen und die Tätigkeiten in den Körperumriss schreiben.

Beispiel (Kl. 5)

Wenn wir das Herz sprechen lassen, dann können wir ...
- mit unseren Gedanken bei anderen sein.
- mit unseren Augen die Kleinen und Einsamen sehen.
- mit unseren Ohren das Weinen und Bitten anderer hören.
- mit unserem Mund beruhigende Worte sagen.
- mit unseren Armen jemanden schützen und Geborgenheit geben.
- mit unserem Herz Kraft spenden und andere in unser Herz schließen.
- mit unseren Händen streicheln, fühlen und Frieden schließen.
- mit unseren Beinen bei unserem Freund bleiben und ihn nicht verlassen.
- mit unseren Füßen andere bei ihren Wegen durchs Leben begleiten.

Mit älteren Schülern kann man Beispiele aus der Kunst bedenken. Besonders KEITH HARING, der einigen Schülern bekannt ist, bietet viele Beispiele für das Symbol Herz. Er kommt dabei manchmal auch ohne die traditionelle Herzform aus. Das Bild „The Estate of Keith Haring" stellt einen Menschen dar, der voller Energie aus einer Eierschale bricht. Das Bild ist mit weißen Umrissen auf schwarzem Untergrund gemalt, in der Mitte der Person fällt ein rotes Kreuz (diagonal x) auf. Der Umriss ist leicht zu malen. Die Schüler können ihn anmalen, verändern, beschriften, eine Sprechblase ausfüllen oder eine Geschichte dazu schreiben. Über das rote Kreuz können sie Vermutungen aufschreiben *(Der Maler hat ein rotes Kreuz an diese Stelle gemalt, weil ...)*

Das Symbol in der Bibel

Um die Schüler an die Verwendung des Symbols „Herz" in der Bibel heranzuführen, beginnt der Lehrer mit einer Symbolzeichnung zu einem Bibeltext:

Die Schüler äußern Vermutungen über die Bedeutung und schreiben – jeder für sich – einen Satz dazu auf. Dann wird der Text aus Hesekiel 36,26 vorgelesen:

> Und ich werde euch ein neues Herz geben und einen neuen Geist in euer Inneres legen; ich werde das steinerne Herz aus eurem Leibe herausnehmen und euch ein fleischernes Herz geben.

Die Schüler sprechen über die Bedeutung des Satzes und bringen Beispiele für „Herz aus Stein" und „Herz aus Fleisch". Anschließend erhalten die Schüler die folgenden Bibelstellen: Matth. 5,8; Psalm 24,4 / Markus 16,14 / Joh. 16,6; Römer 9,2 / Lukas 24,32; Jer. 20,9; Psalm 39,4 / 2. Kor. 4,6 / Psalm 34,19; Psalm 147,3; Jesaja 61,1 / Joh. 16,22 / Apostelg. 2,37 / Römer 5,5; Galater 4,6 / 1. Sam. 16,7; 1. Kön. 8,39 / Jesaja 51,7

Diese werden in die linke Spalte einer Tabelle eingetragen, nach dem Lesen der Texte malen die Schüler in die rechte Spalte neben die Bibelstellen Symbolzeichnungen mit Hilfe der Herzform. Einzelne Ergebnisse werden an die Tafel gemalt, die Mitschüler raten die Bedeutung. Dann wird der entsprechende Bibeltext vorgelesen. Die Schüler sprechen über die Bedeutung und erzählen Beispiele aus dem Leben. So kommen mit Hilfe der Zeichnungen zentrale Inhalte der biblischen Botschaft zur Sprache.

Jeder wählt einen Text aus, der ihm etwas bedeutet, liest den Satz im Kon-

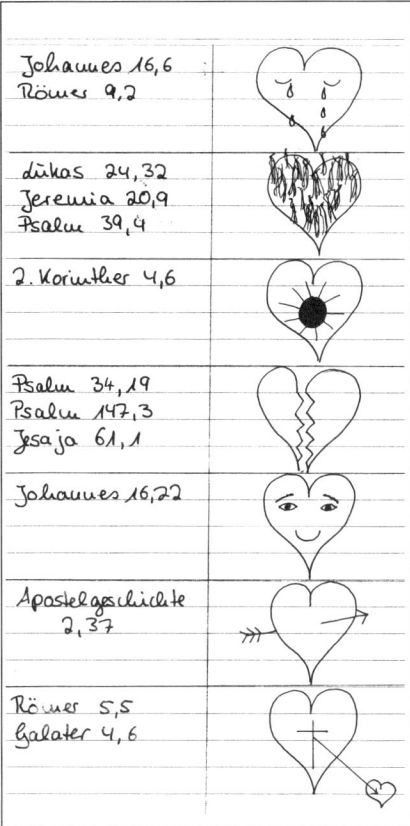

text, versucht ihn zu erklären und schreibt die Bedeutung auf. Als Hilfe dienen folgende Satzanfänge: *Der Text sagt aus ... Das Symbol Herz bedeutet in diesem Text ... Ich habe diesen Text für mich ausgewählt, weil ...*
Als Abschluss wird der ausgewählte Text als Spruchkarte gestaltet.

 TIPP   Ähnlich kann man andere Symbole der Bibel bedenken (mit Hilfe einer Konkordanz), z. B. Berg (vgl. S. 28 ff.), Baum, Weg, Licht ...

Herzentscheidungen

♥ *Was nun, Trauerherz?*
Der sichere Ausweg ist, eine Herzentscheidung zu treffen.
Ich hab' Dich lieb.

Aus der Rubrik „Kleinanzeigen" stammt diese Zeitungsanzeige. Die Schüler sollen sich einen Zusammenhang ausdenken: *Die Anzeige stammt aus einer Tageszeitung. Aus ihr geht nicht hervor, von wem sie aufgegeben wurde und an wen sie gerichtet ist. Schreibt eine kleine Geschichte, in der die Anzeige eine Rolle spielt!* Die Geschichten werden gelesen und erörtert. *Welche Bedeutung hat „Trauerherz"? Worin besteht die „Herzentscheidung"?* In Bibel, Geschichte und Gegenwart gibt es Menschen, deren Leben sich auf Grund von Entscheidungen des Herzens geändert hat. Die Schüler können Beispiele erzählen und diese mit Fragen deuten: *Wer trifft die Entscheidung? Welche Entscheidung wird getroffen? Warum? Welche Auswirkung hat die Entscheidung?*

Beispiele (Kl. 7):

Bibel: der barmherzige Samariter (in diesem Zusammenhang konnte über den Wortsinn von „barmherzig" gesprochen werden); der verlorene Sohn (oder: der barmherzige Vater); Kain und Abel (gemeint war die Entscheidung Gottes, Kain ein Schutzzeichen zu geben); *Geschichte*: Franz von Assisi, Mutter Teresa; *Gegenwart*: Menschen, die sich einsetzen (Greenpeace, Obdachlosenküche)

Ausländer vor Skins gerettet

ESSEN (dpa). S-Bahn-Fahrgäste haben in Essen zwei Ausländer vor pöbelnden Rechtsradikalen geschützt. Auf dem Bahnsteig am Essener Hauptbahnhof habe eine von Skinheads angeführte Gruppe einen 30-jährigen Iraner und seinen Begleiter beschimpft und bedrängt, berichtete die Polizei gestern. Einige hätten gedroht, die beiden Ausländer auf die Gleise zu werfen. Die Schlägertruppe sei den Studenten bis in ein Abteil gefolgt und habe dort mit Fäusten auf ihre Opfer eingeschlagen und sie mit Stiefeln getreten. Als sich mehrere deutsche Fahrgäste einmischten, ließen die Skins von den Ausländern ab und suchten das Weite. Von den Angreifern fehlt jede Spur. „Das Verhalten der Fahrgäste hat Vorbildfunktion", lobte die Polizei, „es zeigt, dass man sich einmischen und damit Erfolg haben kann."

Die Schüler können Zeitungsberichte sammeln über Menschen heute, die Entscheidungen des Herzens getroffen haben bzw. treffen. Das Gespräch darüber bietet eine gute Möglichkeit, der erdrückenden Übermacht der Negativmeldungen positive Beispiele gegenüberzustellen.

Symbole zum Anfassen – Annäherungen

Jahrgangsstufe: 5
Zeitaufwand: je Symbol ca. 1–2 Stunden
Intention: Zugang zu Glaubensinhalten durch Beschäftigung mit konkreten Dingen
Thematische Stichpunkte: Senfkorn, Leben, Hände, Segen
Tipp: Produkte, S. 154 f. und S. 156 f.; variabel einsetzbar

Samenkorn und Knospe

Wenn ich ein Samenkorn in der Hand halte und darüber nachdenke, wird mir das Wunder des Lebens immer wieder deutlich. Welche starken Kräfte stecken in einem kleinen, leichten und zarten Korn! Aus ihm bricht Leben hervor, das wieder Leben hervorbringt, und Millionen von Samenkörnern können Milliarden von neuen Samenkörnern hervorbringen usw. ... Dieses kleine Beispiel zeigt die unendliche Schöpferkraft Gottes. Sie ist unfassbar und ist zugleich so fassbar, dass ich das Samenkorn in die Hand nehmen kann. Ich kann selbst den Anstoß zu diesem Leben geben, indem ich es in die Erde lege. Aber: Ich kann das Leben nicht mit Gewalt hervorzerren, dann würde ich es zerstören. Das Beispiel mit der Knospe macht es deutlich: Keiner kann eine Knospe aufbrechen, ohne die zarten Blütenblätter zu zerstören. Der Geist Gottes als schöpferische Lebenskraft ist unendlich stark und zugleich unendlich zart.

Meditativer Einstieg

Der Lehrer besorgt eine Tüte mit Senfkörnern (das reicht für die gesamte Schulzeit!). Er gibt den Schülern je ein Samenkorn mit der Aufforderung, es festzuhalten, damit es nicht verloren geht. Er spricht meditative Sätze: So ... *Wir wollen dieses Senfkorn jetzt mal genau betrachten ... Legt es zunächst in die geöffnete Hand ... Was seht ihr? ... Was spürt ihr?* ... Die Schüler sehen die Kleinheit, sie spüren die Leichtigkeit und Zartheit des Korns. *Auch unser Leben hat einmal so klein angefangen ... Stellt euch vor, ihr wäret dieses Senfkorn ... Man fühlt es kaum ... Ein Windhauch – und es ist verloren* ... Die Schüler vergleichen das Korn mit sich selbst. Sie erzählen, wie sie sich fühlen, wenn sie das Korn sind. Sie denken über die Zartheit und Gefährdung des Lebens nach. *Nehmt das Senfkorn jetzt zwischen Daumen und Zeigefinger ... Was spürt ihr jetzt? ... Merkt ihr, wie hart es ist? ... Welche Widerstandskraft in diesem kleinen Körnchen steckt?* ... Die Schüler überlegen, was diese Härte über das Leben aussagt. *Welche Stärke entdecke ich bei mir selbst? Welche Kräfte stecken in mir?*
Anschließend kleben die Schüler das Senfkorn mit einem durchsichtigen Klebestreifen in ihr Heft (in die Mitte einer leeren Seite).

Nachempfinden und Malen

Wenn ich folgende kleine Übung in einer Klasse 5 durchführe, entsteht zunächst Unruhe. Die Schüler finden es „komisch", ein Samenkorn nachzuspielen, aber sie machen alle mit (auch wenn es freiwillig ist) und behalten es meistens in Erinnerung.

Nach einem kurzen Gespräch über den Weg eines Samenkorns in der Natur, fordert der Lehrer die Schüler auf, einen Teil des Weges nachzuspielen, indem sie auf ihren Stuhl steigen (Baum), auf den Boden springen (Wind) und zusammengekrümmt unten sitzen bleiben (Erde). Alles muss ohne Reden und Lachen vor sich gehen (ein Samenkorn spricht nicht!) und gleichzeitig, auf Anweisung des Lehrers, erfolgen. Während die Schüler zusammengerollt auf dem Boden sitzen, muss eine Zeitlang absolute Ruhe herrschen. *Stellt euch vor, ihr wäret das Korn in der Erde ... Was fühlt ihr? ... Wovon träumt ihr? ... Haltet das letzte Bild eures Traumes fest ...*

Anschließend malen und schreiben die Schüler ihre Gedanken (der Traum vom Leben, der Weg des Korns, Stationen seines Lebens, Gefahren usw.) um das eingeklebte Korn in ihr Heft.

Nachdenken

Der Lehrer zeigt eine mitgebrachte Knospe und fragt: *Wie kann man die Knospe zum Blühen bringen?* Die Schüler nennen ihre Überlegungen, z. B. ins Wasser stellen, Geduld haben, Zeit zum Wachsen lassen. Bei allen Beispielen wird deutlich, dass man mit Gewalt nichts erreicht. Man kann das auch demonstrieren, indem man versucht, die Knospe mit den Händen zu öffnen. Die Zerstörung des Lebens durch Gewalt wird so anschaulich. Ein Text von RABINDRANATH TAGORE bringt das zum Ausdruck:

> Nein: nicht euch ist es bestimmt, die Knospen zu erschließen zu Blüten.
> Schüttelt die Knospe, schlagt sie; es geht über eure Macht, sie blühen zu machen.
> Eure Berührung beschmutzt sie, ihr zerreißt sie in Stücke und werft sie in den Staub.
> Aber keine Farben erscheinen und kein Duft.
> Ach! Nicht euch ist es bestimmt, die Knospen zu erschließen zu Blüten.
> Er, der die Knospe öffnen kann, tut es so einfach.
> Er schenkt ihr einen Blick und der Lebenssaft strömt durch ihre Adern.
> Auf seinen Hauch breitet die Blume ihre Flügel und flattert in den Wind.
> Farben brechen heraus wie Sehnsüchte, der Duft verrät ein süßes Geheimnis.
> Er, der die Kospe öffnen kann, tut es so einfach.
> *(aus: „Schenk dir ein Mandala!", edition noah im Verlag am Eschbach, Eschbach 1988)*

Der Text wird vorgelesen. Nach einem Gespräch über die Bedeutung der sprachlichen Bilder („breitet die Blume ihre Flügel aus") können die Schüler ihre Empfindungen durch Malen einer Fantasieblüte ausdrücken.

✔ TIPP Weitere Objekte, die man in den Unterricht mitbringen und bedenken kann: Rose mit Dornen, Winterzweig mit Knospen, Herbstblätter, Steine, Kerze. Vgl. auch S. 222 f.

Symbol „Hand"

Meditativ

Die Schüler sitzen im Kreis, eine Kerze steht in der Mitte. Alle legen ihre geöffneten Hände in den Schoß und betrachten sie still. Meditative Denkanstöße werden gegeben:

- *Jeder hat zwei Hände ... viele Linien in den Händen ... jede Hand hat andere Linien ... die Linien erzählen unsere Geschichte ... ich bin einmalig ... keiner hat solche Linien wie ich ...*
- *Wir reiben jetzt einmal die Fingerkuppen vorsichtig aneinander ... wir spüren die Zartheit unsere Finger ... kein anderes Lebewesen hat so empfindsame Hände ... Tiere haben Pfoten, Tatzen, Pranken ...*
- *Wir brauchen keine Fühler, wir können mit unseren Fingerspitzen tasten ... die Haare ... die Stirn ... die Augen ... die Nase ... den Mund ... die Wangen ... die Ohren ... und wieder die Haare ...*
- *Aber wir können die Hände auch zu Fäusten ballen ... ganz fest, sodass es fast wehtut ... welche Gedanken kommen euch, wenn ihr eure Fäuste betrachtet? ...*
- *Wir legen unsere beiden Hände ineinander ... wir falten die Hände ... wir stützen den Kopf in die Hände ... wir reichen einander die Hände ... wir legen die Hände auf die Köpfe unserer Nachbarn ...*

Die Schüler folgen den Bewegungen der Hände und äußern ihre Gedanken dazu.

Kreativ

Die Schüler malen auf zwei Blätter den Umriss ihrer geöffneten Hand und den ihrer Faust. Sie schreiben Verben in die Umrisse. *Was kann man alles mit den Händen tun? Schreibt in den Umriss der Hand, was wir mit den Händen Gutes tun können, und in den Umriss der Faust, wie wir mit den Händen Schaden anrichten können.*

Spielerisch

Man kann auch mit den Händen sprechen. Der Lehrer macht ein paar Gesten vor, z. B. auf einen zeigen, einen locken, einem drohen. Die Schüler erklären die Gesten, indem sie einen Satz dazu nennen, z. B. *Du bist dran!, Komm her!, Das darfst du nicht!.* Jeder denkt sich noch andere Gesten aus und führt sie vor. Die anderen raten die Bedeutung und nennen jeweils einen passenden Satz.

Erzählend

Die Schüler suchen aus Büchern oder Zeitschriften Bilder heraus, auf denen Hände eine Rolle spielen. Sie schreiben eine Geschichte dazu oder lassen die Hände erzählen bzw. schreiben ein Gespräch der Hände auf. Bilder in diesem Buch: S. 11, 57, 58, 130, 154, 156, 182.

Nachdenklich

Das Wort „Segen" wird an die Tafel geschrieben. Die Schüler nennen Zusammenhänge, in denen das Wort vorkommt, z. B. das bekannte Geburtstagslied „Viel Glück und viel Segen auf all deinen Wegen".

Die Schüler beschäftigen sich mit dem jüdischen Symbol der „Segnenden Hände".

Dann lesen sie den Anfang der Berufungsgeschichte Abrahams (Gen. 12,1–4). Sie schreiben ein paar Gedanken Abrahams auf, die ihm durch den Kopf gehen, als er darüber nachdenkt, was Gott zu ihm gesagt hat. *Was meint Gott mit „Sei ein Segen!"? Wie soll ich sein? Was soll ich tun?*

Detail einer Synagogentür

Die Schüler sammeln Segenswünsche und gestalten eine Postkarte für einen bestimmten Anlass.

Symbole zu Weihnachten

In der Weihnachtszeit sind wir alle ständig mit Symbolen konfrontiert. Ob in der Stadt, zu Hause oder beim Lesen der Zeitung: Überall begegnen uns Sterne, Engel, Kerzen usw. Es ist sinnvoll, mit Schülern diese Symbole zu bedenken, sie einzuordnen und zu deuten.

Mein Weihnachtssymbol

In Klasse 5 wird zusammen mit dem Klassenlehrer meistens der Klassenraum weihnachtlich geschmückt und/oder ein Adventskranz aufgestellt. Das kann ein Anlass sein, diese Symbole zu erklären.

Die Schüler bekommen den Auftrag, in der nächsten Stunde ein Symbol mitzubringen: *Welches Symbol drückt für dich die Bedeutung von Weihnachten am besten aus? Bringt das Symbol zur nächsten Stunde mit. Ihr könnt auch eine Postkarte suchen, ein Bild aus der Zeitung ausschneiden oder ein Bild dazu malen.*

Im Unterricht stellt jeder sein Symbol vor mit den Worten: *Ich habe dieses Symbol ausgewählt, weil ....* Der Lehrer schreibt alle vorgestellten Symbole an die

Tafel. Anschließend wird über die häufigsten oder wichtigsten Symbole ausführlich gesprochen: *Woher kommt das Symbol? Aus der Bibel?* (Textstelle lesen) *Was bedeutet es im Text? Für die Menschen heute? Für mich?* Die meisten Schüler haben Spaß daran, alle Symbole in ihr Heft zu zeichnen und die Erklärung daneben zu schreiben.

Adventskalender

Es gibt eine gute Möglichkeit, den Religionsunterricht in der Vorweihnachtszeit ohne Stress, aber mit sinnvoller Arbeit zu gestalten: Die Schüler basteln in freier Arbeit Adventskalender, mit denen sie Symbole der Weihnachtszeit darstellen und erklären.

Jahrgangsstufe: 6/7
Zeitaufwand: 4–5 Stunden
Arbeitsform: freie Einzel- oder Partnerarbeit
Material: 2 Bögen festes Papier (DIN A4 oder größer), Buntstifte, Schere, Kleber, Lineal, Bibel oder Sammlung von Bibelzitaten, Symbollexikon (z. B. UDO BECKER, *Lexikon der Symbole, Herder Taschenbuch, Freiburg 1998*)
Intention: Herkunft und Bedeutung von Symbolen zur Weihnachtszeit kennen lernen
Tipp: Man kann auch Symbole aus anderen Religionen, die in dieser Zeit von Bedeutung sind, nehmen (z. B. Chanukka-Leuchter), vgl. Heilige Zeit, S. 33 ff.

Zunächst sammeln die Schüler Symbole, die in der Weihnachtszeit eine Rolle spielen.

Auf das Deckblatt zeichnen sie 24 (oder weniger) Fenster, die sie nachher zum Aufklappen ausschneiden können. Auf jedes Fenster malen sie ein anderes Symbol. Als Hintergrund können sie einen Weihnachtsbaum, an dem die Symbole hängen, oder ein Haus mit Fenstern und Türen malen oder etwas Ähnliches.

Die Rückseite, die hinter die Deckseite geklebt wird, muss dieselbe Aufteilung haben, sodass beim Öffnen der Fenster die entsprechende Erklärung sichtbar wird. Die Kinder schreiben auf die Rückseite je einen Satz zur Erklärung des entsprechenden Symbols der Deckseite, z. B. *Engel haben die Geburt Jesu verkündet.* Sie können auch einen Satz aus der Bibel aufschreiben, z. B. *Ich bin das Licht der Welt* oder eine eigene Empfindung, z. B. *Ich freue mich am meisten über die Geschenke.* Der Lehrer kann ein Symbollexikon zur Verfügung stellen und eine Sammlung von Texten oder Sätzen aus der Bibel.

Meine Schüler haben mit Freude gebastelt und die unterschiedlichsten Ideen gehabt. Eine Schülerin hat sich eine zusammenhängende Erzählung ausgedacht und die Symbole in ihre Geschichte eingebaut. Ein Schüler hat mit dem Computer gearbeitet. Er hat die Weihnachtsgeschichte des Lukas (Lk. 2) in kleine Abschnitte aufgeteilt, ganz klein gedruckt, sodass man sie nacheinander lesen kann, wenn man die Türen öffnet.

Ökumenischer Vorweihnachtsgottesdienst

Mit Symbolen werden alle in der Vorweihnachtszeit konfrontiert, Symbole verstehen Menschen jeden Alters. Deshalb sind sie gute Medien für die schwierige Aufgabe, alle Altersstufen in einem Gottesdienst anzusprechen. Sinnvoll ist es, wenn auch die Gestaltung des Gottesdienstes von verschiedenen Gruppen übernommen wird (Unter-, Mittel-, Oberstufe und Lehrer).

Vorarbeit

Ein Blatt wird vorbereitet und kopiert, das alle erhalten:
In welchem Weihnachtssymbol würde ich meine Beziehung zu Weihnachten ausdrücken?
Ich wähle das Symbol . . . . ,
weil . . . .
. . . . .

Die Lieder werden ausgesucht (evtl. Liedblatt gestalten), die Texte werden zusammengestellt (Sachtexte, Bibeltexte, Gebete, ausgesuchte Schüler- und Lehreräußerungen) und nach Symbolen geordnet, die Reihenfolge festgelegt und die Aufgaben verteilt (wer ist wann dran?).

Ablauf

● *Einleitung*	– Lied: Macht hoch die Tür …
	– Begrüßung/Erläuterung zu Symbolen (S. 76)
	– Symbolische Handlung: Kerzen anzünden/
	Licht weitergeben
● *Engel*	– Geschichte, Gedicht oder Interview über Engel
	– Schüler-/Lehrervortrag
	– Lied: Vom Himmel hoch, da komm ich her …
	– Bibeltext: Lukas 2,8–14
● *Krippe/Kind*	– Schüler-/Lehrervorträge
	– Lied: Ich steh an deiner Krippen hier …
	– Text von Eugen Drewermann (S. 76)
● *Rose/Knospe/Zweig*	– Schüler-/Lehrervorträge
	– Bibeltext: Jesaja 11,1–4a
	– Lied: Es ist ein Ros' entsprungen …
● *Licht/Kerze*	– Schüler-/Lehrervorträge
	– Bibeltext: Johannes 8,12
	– Kanon: Mache dich auf und werde Licht
● *Stern*	– Schüler-/Lehrervortrag
	– Bibeltext: Matthäus 2,1–2 und 2,9b–10
	– Lied: Seht ihr unsern Stern dort stehen …
● *Schluss*	– Gebet (vorgetragen):
	Bitte, gib mir ein Symbol (S. 77)
	– Vater unser … (gemeinsam gesprochen)
	– Segen
	– Lied: Alle Knospen springen auf …

Begrüßung/Erläuterung/Predigt

Weihnachten feiern wir die Geburt Jesu. Bei den Gedanken an die Geburt Jesu geht es gleichzeitig auch um die Frage nach unserer eigenen Herkunft, nach unserem Ursprung und der Tiefe unseres Lebens. Keiner weiß etwas von seiner eigenen Herkunft. Es ist unmöglich, mit theoretischen Überlegungen bis zum Ursprung des eigenen Lebens vorzudringen. Man kann ihn nur erahnen, spüren. Solche Ahnungen können am besten durch ein Symbol ausgedrückt werden. Ein Symbol weist über sich hinaus, deutet auf eine andere Wirklichkeit hin. Der Theologe und Psychotherapeut EUGEN DREWERMANN sagt dazu: „Die Welt, die wir zu kennen glauben, kennt keine anbetenden Magier und keine wegweisenden Sterne; sie hat nicht Raum für Engel, die im Traum erscheinen, und keinen Ort, wo Rachel weinen kann. Alle Versuche, die Erzählung von der Geburt des Herrn in der so genannten Wirklichkeit der äußeren Tatsachen heimisch zu machen, führen im Grunde zu nichts. Ob der Stern von Bethlehem der Halleysche Komet war, ob eine Konjunktion von Jupiter und Saturn im Sternbild der Fische eine Rolle für die mesopotamische Astrologie spielte oder nicht, mag für eine bestimmte äußere Neugier von Belang sein – ein Stern, der an dem Ort eines Königskindes wacht, ist nicht ein Gegenstand im Raum, sondern eine Vision des Herzens." (EUGEN DREWERMANN, *Tiefenpsychologie und Exegese, Band 1*)

Was EUGEN DREWERMANN sagt, wird auch von anderen so empfunden. Ein Schüler der Klasse 5 schreibt in seinem Religionsheft zum Symbol „Licht": „Das Licht der Kerze sieht man mit den Augen, Gottes Licht sieht man mit dem Herzen." In vielen Poesiealben steht das bekannte Zitat von ANTOINE DE SAINT-EXUPERY: „Man sieht nur mit dem Herzen gut, das Wesentliche ist für die Augen unsichtbar." Wir haben lange überlegt, wie wir die Symbole selbst in diesen Gottesdienst holen können. Bei dem Symbol, das am häufigsten gewählt wurde, ist das kein Problem: Kerzen konnten wir mitbringen und wir werden sie gleich anzünden. Schwieriger wäre es schon mit dem Symbol „Kind", ganz unmöglich aber können wir die Sterne vom Himmel holen oder die Engel erscheinen lassen. Aber ich denke, wir haben alle genug Vorstellungskraft, uns die Symbole vorzustellen, sie „mit dem Herzen zu sehen".

Zum Symbol „Kind"

Das Symbol des Kindes ist als Bild des Lebens innerlich dann notwendig, wenn das, wovon man erlöst werden muss, gerade in einem zwanghaften Großseinwollen besteht, wenn man mit der ständigen Forderung, nur ganz erwachsen, ganz fertig, ganz ausgereift, ganz vollkommen sein zu dürfen, schlechthin nicht mehr leben kann, dann verdichtet sich Tag um Tag der Wunsch, es möchte entweder möglichst bald alles vorbei sein oder es möchte buchstäblich alles noch einmal beginnen dürfen, und zwar dann wahrer, unfertiger, gnädiger, im Grunde gütiger. „Kannst du nicht", fragt uns die Gestalt des Kindes, „einmal den Mut bekommen, zu denken, du selber, deine Person, wäre liebenswürdiger und wertvoller als deine vorweisbaren Taten? Kannst du dir nicht einfach mal gestatten, an etwas anderes zu denken als daran, was du tun musst und was du zu machen hast? Kannst du nicht einfach mal dich dem Empfinden überlassen, dass du berechtigt bist zu sein?" So lebt ja doch ein Kind, und so fragt es schon durch sein bloßes Dasein. Ein Kind kann man nicht für seine Tüchtigkeit und seine Leistung lieben, es kann ja noch gar nichts, es tut noch gar nichts Nützliches, ein Kind kann man nicht dafür lieben, dass es etwas Besonderes besäße oder vorzuzeigen hätte – es hat im Gegenteil noch nichts zu eigen, man muss es, wenn man es lieben will, um seiner selbst willen lieb haben. Das ist das ganze Geheimnis eines Kindes, dass es uns durch sein bloßes Dasein nötigt, es zu lieben, und dass es davon lebt, für nichts geliebt zu werden. (EUGEN DREWERMANN, *Tiefenpsychologie und Exegese, Band 1*)

Gebet

Weiß ich, was ich sage, wenn ich dich, Gott, mein Zuhause nenne? Ein Zuhause, das nicht von Bomben und Vertreibung bedroht ist, das nicht im Wind verweht?

Wenn ich sage: Komm nach Hause! kann mein Gefühl sich anderswo aufhalten, genauso, wenn ich die Formel benütze: Sie sollten sich an meinem Tische wie zu Hause fühlen.

Manchmal fühle ich mich in einem Lied, in einem Geruch, in einem Stück Sprache wie zu Hause, doch an dem allen ist nichts Verlässliches, weil meine Gefühle so wechselhaft sind.

Fremd fühlte ich mich oft und fern von anderen, bis ich den Menschen fand, der mit seinen Augen allein ein „Du" in mein Herz schrieb.

Und der mich dennoch verließ, um in eine andere Heimat zu ziehen. Seitdem prüfe ich den Klang des Wortes Zuhause, wie man den Klang einer Silbermünze prüft.

Ein Zuhause, das ich lieben kann, das will beschworen sein. Ich muss es mit dem Vertrauen des Herzens durch eine Vorstellung verbinden:

Bitte, gib mir ein Symbol!

(JOACHIM SCHARFENBERG/HORST KÄMPFER, *Mit Symbolen leben. Walter Verlag, Olten 1980, S. 327*)

Beispiele von Schüler- und Lehrertexten

Der *Engel* erinnert mich an die Weihnachtsnacht,
weil er die freudige Botschaft bracht.
Der Engel sagte: „Folgt dem Stern!
Ihr werdet zum Kindlein kommen gern."
Für mich ist der Engel ein Heiligtum,
er zeigt die Ehre und den Ruhm.
Er ist geschmückt mit edlem Kleid
und gibt den Menschen Gottes Geleit.
Er kommt jedes Jahr mit dem Weihnachtsmann
und führt die Rentiere an dem Gespann.
So male ich mir dieses aus,
so kommt er jedes Jahr in unser Haus.
Er erzählt jedes Jahr von der Botschaft, die er bracht
in dieser eisigen Winternacht.   *(Schülerin, Kl. 6)*

Zum Weihnachtsfest gehörte in meiner Familie wie selbstverständlich auch die Aufstellung einer *Krippe* mit vielen Figuren. Die Mitte der Krippendarstellung war natürlich das etwas unscheinbare kleine Christkind in eben dieser Krippe. Das Christkind wurde aber erst, wenn wir aus der Christmette nach Hause gekommen waren, in die Krippe gelegt. Dann erst begann die Weihnachtsfeier

in der Familie. In einem Jahr jedoch hatten wir in aller Aufregung vergessen, das Christkind in die Krippe zu legen. – Mit ein wenig Schmunzeln und Nachdenklichkeit erinnern wir uns immer noch daran, dass man manchmal in der Gefahr ist, das Christkind in der Krippe zu vergessen. *(Lehrer)*
Ich habe das Symbol *Krippe* gewählt, um zu zeigen, dass Christus, Gottes Sohn, in Armut und in Bescheidenheit geboren wurde, so wie viele Kinder in Äthiopien. *(Schüler Kl. 6)*
Ich habe den *Tannenbaum* gewählt, weil darunter Geschenke liegen, weil er glitzert, weil es Spaß macht, ihn zu schmücken, und weil er ein Stück Natur ist. *(Schülerin, Kl. 6)*
Die *Kerze* ist für mich das Schönste an Weihnachten, weil die Flamme hell ist und Liebe und Wärme ausstrahlt. Ich fühle mich dann geborgen. Ich könnte stundenlang in die Flamme schauen. *(Schülerin, Kl. 5)*
Ich wähle die Heiligen Drei Könige, die dem *Stern* folgen, denn der Stern faszinierte mich schon immer am meisten. Jede Weihnacht habe ich ihn am Himmel gesucht. Neulich habe ich ein Lied von Bob Dylan („Man of Peace") gehört, in dem der Stern in der letzten Strophe erwähnt wird, aber auch auf die Neuzeit bezogen wird. *(Schülerin, Kl. 9)*

Kombinierte Symbole

Menora

Der Lehrer bringt einen siebenarmigen Leuchter mit, malt einen an die Tafel oder zeigt Fotos. Erläutert wird:
- Herkunft (Allerheiligstes im Tempel)
- Geschichte (Raub durch die Römer nach der Zerstörung Jerusalems, dargestellt auf dem Titusbogen)
- gegenwärtige Bedeutung (Staatswappen des heutigen Israel, Menora vor der Knesseth)

Die Schüler erschließen die Bedeutung, indem sie über die Symbole, die in der Menora enthalten sind, nachdenken: Baum, Licht, Zahl 7 (vollkommene Schöpfung Gottes). Sie malen den Umriss eines Baumes und schreiben ihre Gedanken hinein (vgl. Symbol „Baum", S. 56 ff.). Ihre Überlegungen zu „Licht" können sie in den Umriss einer Kerze schreiben. Sie lesen den Schluss des priesterschriftlichen Schöpfungstextes (Genesis 2,1–3) und schreiben ein paar Gedanken dazu auf: *Wenn Gott sein Schöpfungswerk betrachtet, dann ... Wenn ich an Gottes Schöpfung denke, dann ...*
Als Abschluss malt und verziert jeder eine eigene Menora (evtl. mit zwei grünen Zweigen wie im Staatswappen) und schreibt einen Text über die Bedeutung darunter: Die Menora, ein Symbol für den jüdischen Glauben.

Das Wappen des Staates Israel zeigt die Menora, den siebenarmigen Leuchter, dessen Gestalt auf die im Altertum als moria bekannte Pflanze zurückgehen soll. Die die Menora umgebenden Olivenzweige symbolisieren die Sehnsucht nach Frieden.

Embleme

Der Lehrer teilt Kärtchen aus, auf denen jeweils nur ein Element dieser Symbole zu sehen ist (Welle, Schiff, Kreuz, Taube, Zweig, Kette, Weltkugel, Zeichen für „weiblich"). Die Schüler schreiben Gedanken, die sie zu dem dargestellten Bild haben, auf die Karte. Die Karten werden eingesammelt, sortiert, unter den Begriffen für die einzelnen Elemente an der Tafel befestigt und vorgelesen. Dann bekommt jeder eine Kopie mit den kompletten Symbolen und einer kurzen Darstellung der Organisationen, die diese Symbole verwenden.

ÖKUMENISCHE DEKADE SOLIDARI-
TÄT DER KIRCHE MIT DEN FRAUEN

Die Schüler malen die Symbole farbig aus und schreiben unter jedes Symbol eine Erklärung mit Hilfe des Satzes *Den Menschen, die dieses Symbol gebrauchen, ist wichtig ...*

✔ TIPP Abbildungen von anderen Emblemen S. 58 (Stiftung Wald in Not) und S. 90 (Lutherrose und Campesinokreuz).

Kirchturmspitzen

Die Schüler werden beauftragt, auf Kirchturmspitzen zu achten und zu notieren, was sie gesehen haben. Im Unterricht wird die Bedeutung der verschiedenen Symbole erklärt: Zum Symbol *Hahn* wird die Petrusgeschichte erzählt. Über das *Kreuz* wird im Zusammenhang mit der Leidensgeschichte Jesu gesprochen. Das Symbol der *Weltkugel* können die meisten ohne Informationen verstehen.

Die Schüler zeichnen Kirchturmspitzen mit den verschiedenen Symbolen und schreiben darunter oder daneben, was sie über die Symbole wissen. Folgende Satzanfänge können hilfreich sein:

Der Hahn (Das Kreuz) geht zurück auf die Geschichte ...
Der Hahn (Das Kreuz) erinnert die Christen daran, dass ...
Der Hahn (Das Kreuz) bedeutet für mich (sagt mir) ...

Zum Schluss zeichnen sie eine Kirchturmspitze mit den drei Symbolen kombiniert (Hahn auf Kreuz auf Weltkugel) und schreiben eine mögliche Bedeutung dazu : *Eine Kirchturmspitze mit diesen drei Symbolen übereinander macht deutlich ...*

✔ **TIPP** Vielleicht entdecken die Schüler auch noch andere Symbole auf Kirchturmspitzen (z. B. ein Schiff). Dann kann man gemeinsam die Bedeutung überlegen (z. B. mit Hilfe eines Symbollexikons, vgl. S. 73).

Man kann die Erkundung auch auf andere Religionsgemeinschaften ausdehnen (z. B. Moschee, Synagoge, Königreichsaal ...), bei denen die Symbole auf den Dächern, an den Wänden oder über den Türen der Gebäude zu sehen sind (vgl. auch Heilige Räume, S. 22 ff. und Foto, S. 72).

Ambivalente Symbole

Symbole, die Positives und Negatives ausdrücken, eignen sich besonders gut, um über das Leben insgesamt nachzudenken. In ihnen kommt die Gefährdung und das Gelingen des Lebens zum Ausdruck, sie spiegeln Tod und Leben.

Feuer

In der Bibel gibt es Geschichten von verheerendem Feuer als Strafe *(Sodom und Gomorrha)* und vom Feuer als Symbol für Gefahr *(Daniel im Feuerofen)*. Auch die Vorstellung von Hölle und Fegefeuer spiegelt diese Seite des Symbols. Andererseits wird Feuer mit Gott *(der brennende Dornbusch)* und Heiligem Geist *(Pfingsten)* in Verbindung gebracht. In Redewendungen kommt diese Seite auch zum Ausdruck: Feuer und Flamme sein, entflammt sein, feurige Reden halten usw. In der Realität zeigt das Feuer auch beide Seiten: die gefährliche oder vernichtende und die wärmende oder nützliche Wirkung.

Im Unterricht kann man diesen gegensätzlichen Seiten nachgehen. Man kann Geschichten vom Feuer erzählen, Bibeltexte lesen und vergleichen, Redensarten sammeln, das „Feuer" darstellen mit Bildern, als Pantomime oder mit Geräuschen bzw. Musik, z. B. „Feuerwerksmusik" von Händel (vgl. Produkte, S. 171).

Wasser

Aus der Bedeutung des Wassers in den beiden Schöpfungstexten der Bibel (*Gen. 1* und *Gen.* 2) kann man auf die unterschiedlichen Entstehungsorte schließen. Die Schüler können selbst herausfinden, in welchen Gegenden die Texte wahrscheinlich entstanden sind, wenn sie die Anfänge der beiden Texte gegenüberstellen und vergleichen.

Genesis 1,1–10: wüst und öde (Tohowabohu), Finsternis, Urflut (= Chaos). Wasser ist etwas Bedrohliches. Gott ordnet das Chaos. Der Text ist wahrscheinlich in einem Überschwemmungsgebiet entstanden (Babylonien).

Genesis 2,4b–7: Trockenheit, kein Leben, ein Wasserschwall tränkte das Land. Wasser ist Leben. Gott ermöglicht durch das Wasser die Entstehung des Lebens. Der Text ist wahrscheinlich in einer Wüstengegend entstanden (Jerusalem).

Wasser als Bedrohung und die Rettung daraus wird in vielen Geschichten der Bibel deutlich, z. B. Sintflut und Arche Noah, Mose und der Durchzug durchs Meer, der sinkende Petrus, die Beruhigung des Sturms.

Das Wasser als lebensspendendes Symbol wird besonders in den verschiedenen Taufriten deutlich.

Krippe und Kreuz

Das *Kreuz* als allgemeines Symbol für Tod und Leben begegnet einem immer wieder. Als Symbol des gesamten Christentums zeigt es den unauflöslichen Zusammenhang von Leben und Tod im christlichen Glauben. Als Symbol für Jesus verdeutlicht es sein Leiden und seinen Tod und gleichzeitig die Überwindung des Todes und den Sieg des Lebens (symbolisch oft ausgedrückt als Sonne oder mit grünen Zweigen).

Man kann Kreuzesdarstellungen im Hinblick auf diese Themen vergleichen: *Wird mehr das Leiden und der Tod zum Ausdruck gebracht oder der Sieg des Lebens? Oder werden beide Seiten deutlich? Wodurch?*

Ein Vergleich des Leidens und Sterbens Jesu in den vier Evangelien macht die Ambivalenz des Kreuzestodes Jesu deutlich. Bei Markus und Matthäus wird mehr das Leiden und Verzweifeln betont, bei Lukas und Johannes mehr das Vertrauen und die Überwindung des Todes.

Auch die *Krippe* verdeutlicht zwei Seiten: einerseits die Armut und Hilflosigkeit (ausgedrückt durch das Stroh und das eingewickelte Kind), andererseits die Stärke des neuen Lebens, die Macht Gottes, der sich in diesem Kind zeigt, und die Liebe, die Menschen angesichts eines Neugeborenen empfinden.

✔ TIPP Krippe und Kreuz sind Symbole für Jesus. Sie zeigen den Anfang und das Ende seines Lebens (auch manchmal dargestellt durch die griechischen Buchstaben Alpha und Omega). Sie spiegeln Schwäche und Stärke, Hilflosigkeit und Macht, Niederlage und Sieg. In der Botschaft von Jesus erhalten diese Begriffe eine andere Bedeutung. Paulus macht das mit dem Satz deutlich. „Gott ist in den Schwachen mächtig" (1. Kor. 1,25). Was könnte diese Aussage bedeuten?
Malt eine Krippe und ein Kreuz und schreibt eure Gedanken dazu. Versucht auch zeichnerisch beide Seiten deutlich zu machen, z. B. durch Strahlen.

Im Anschluss kann man Kunstwerke betrachten, auf denen beide Seiten (evtl. auch beide Symbole) in einem Bild zu sehen sind. Vgl. auch S. 74 ff. (Krippe) und S. 61 und 80 (Kreuz).

Yin-Yang

Das Yin-Yang ist das Symbol für die Ambivalenz allen Seins. Es stammt aus der fernöstlichen Tradition, ist aber bei uns im Westen inzwischen so gebräuchlich, dass es fast jeder kennt. Es spiegelt das Kräftespiel und den Zusammenhang von Licht und Schatten, Tag und Nacht, Männlichem und Weiblichem usw.

Mit Hilfe dieses Symbols kann man Texte und Themen erschließen, in denen zwei verschiedene Seiten eines Sachverhaltes zur Sprache gebracht werden sollen.

Genesis 2,15
„Und Gott der Herr nahm den Menschen und setzte ihn in den Garten Eden, dass er ihn bebaue und bewahre."

Aufgabe:

Überlegt euch andere Wörter für die Begriffe „Bebauen" und „Bewahren". Zeichnet ein großes Yin-Yang-Symbol und füllt es mit diesen Begriffen aus.

Überlegt euch, was Bebauen und Bewahren für unseren Umgang mit der Schöpfung bedeutet:
Wenn wir die Erde nur bebauen, ohne zu bewahren, dann ...
Wenn wir nur bewahren, ohne zu bebauen, dann ...

Anschließend können die Schüler eine zusammenfassende Überlegung aufschreiben zu dem Thema *Warum Bebauen und Bewahren in einem ausgewogenen Verhältnis zueinander stehen sollten.* Auf ähnliche Weise kann man andere Sätze aus der Bibel bedenken, z. B.:

Genesis 1,27: „ ... als Mann und Weib schuf er sie."
Genesis 8,22:„ Solange die Erde steht, soll nicht aufhören Saat und Ernte, Frost und Hitze, Sommer und Winter, Tag und Nacht."

Regenbogen

Auch das Symbol *Regenbogen* (*Gen. 9,12–17*) spiegelt das Zusammentreffen von Gegensätzen (*Regen* und *Sonne*), die Einheit der Vielheit (verschiedene Farben) und die Verbindung verschiedener Bereiche (z. B. *Gott* und *Mensch*) durch die Brückenform. Weil er schön aussieht, aber nicht fassbar ist und manchmal das Ende eines Gewitters anzeigt, ist er auch ein Symbol für die Hoffnung.

Schüler malen Regenbogen gern, weil sie viele verschiedene Farbstifte gebrauchen können und die Reihenfolge der Farben überlegen müssen. Unter den Regenbogen können sie Erklärungen, Überlegungen und Sätze aus dem Bibeltext schreiben.

Biografien

In unserem Schulsystem sind die Bereiche des menschlichen Lebens in verschiedene Fächer aufgeteilt. In der Wirklichkeit spiegelt jeder einzelne Mensch fast alle Bereiche. Das Leben wird als Ganzes erlebt und nicht in einzelnen Stücken.

Religions- oder Ethikunterricht haben u. a. die Aufgabe, die verschiedenen Bereiche zu bündeln und den Menschen in seiner Ganzheit zu betrachten. Deshalb ist die Beschäftigung mit Biografien gerade für diese Fächer sinnvoll.

Jeder Mensch spiegelt sich in anderen Menschen und erlebt in der Gemeinschaft mit anderen seine Identität. Andere Lebensläufe können gerade für Jugendliche Orientierungshilfe sein. Da sich alle Menschen – gleich welcher Herkunft – mit grundlegenden Fragen des Lebens (wie z. B. Leid und Freude, Liebe und Hass, Leben und Tod) beschäftigen, kann auch die Auseinandersetzung mit Menschen, die den Jugendlichen nicht so nahe stehen, zum Verständnis der eigenen Person hilfreich sein.

Andere Kulturen oder Lebensweisen spiegeln sich im Leben einzelner Menschen. Auch geschichtliche Epochen, bestimmte Denkweisen, philosophische Richtungen oder Religionen können Schülern durch das Leben einzelner Menschen nahe gebracht werden.

Das Leben mancher Menschen wird von bestimmten Themen besonders geprägt; man kann sie also „befragen", wenn man sich im Unterricht mit einem dieser Themen auseinander setzt.

Unterrichtliche Zusammenhänge

Die Beschäftigung mit Biografien von einzelnen oder mehreren Menschen ist in verschiedenen unterrichtlichen Zusammenhängen oder zu unterschiedlichen Themenbereichen möglich. Auch in anderen Abschnitten dieser „Fundgrube" werden Biografien vorgestellt:

Querverbindungen

- Leben für die Religion – Menschen (Heiliges und Profanes, S. 14 ff.)
- Abraham (Medien/Bibeltexte, S. 110 f.; Medien/Spielfilme, S. 126 ff.; Produkte/Arbeitsheft, S. 182)
- Maria Magdalena (Produkte/ Erzählung, S. 145 ff.)
- Franz von Assisi (Produkte/ Bilderbuch, S. 168 ff.)
- Sophie Scholl (Medien/Bücher, S. 125)
- Gandhi (Medien/Spielfilme, S. 129 ff.)
- Martin Luther King (Zeit haben/ Orientierungstage, S. 225)
- Marc Chagall (Medien/Zugänge zu Bildern, S. 118 ff.)
- Buddha (Symbole/Baum, S. 58)
- Helen Keller (Medien/Bücher, S. 123)

Beispiele in diesem Kapitel

Abraham (S. 91), Adam und Eva (S. 91), Aung San Sun Kyi, Wissenschaftlerin (S. 96), Friedrich von Bodelschwingh (S. 85), Dietrich Bonhoeffer (S. 84, 87), Buddha (S. 91, 93), Bedriyje Eravi, Gastarbeiterin (S. 96), Anne Frank (S. 85, 86), Franz von Assisi (S. 86, 91), Gandhi (S. 88), Hermann Gmeiner (S. 85), Fräulein Rabbiner Jonas (S. 96), Joseph (S. 89, 94, 95), Martin Luther King (S. 86, 87), Jochen Klepper (S. 87), Janusz Korczak (S. 85, 87), Martin Luther (S. 87, 90, 92, 93, 95), Maria Magdalena (Mirjam) (S. 86, 91), Rigoberta Menchu (S. 96), Mohammed (S. 93), Mose (S. 91), Mutter Teresa (S. 96), Noah (S. 91), Paulus (S. 91, 92), Petrus (S. 89), Propheten (S. 85, 91, 92), Oscar Arnulfo Romero (S. 85, 91), Ursula Schafmeister, Pfarrerin (S. 96), Sophie Scholl (S. 86), Albert Schweitzer (S. 85, 88, 91), Friedrich Spee (S. 98 ff.), Betty Williams/Mairead Corrigan, Mütter in Irland (S. 96).

Menschen – Leitbilder und Vorbilder

Wenn man sich mit dem *Menschen* beschäftigt, ist es sinnvoll, auch verschiedene Lebensläufe kennen zu lernen. In einer Klasse 10 haben nach der Beschäftigung mit dem Thema „Ebenbild Gottes" die Schüler auf eigenen Wunsch hin selbst Menschen ausgewählt, um sie den anderen vorzustellen (Partnerarbeit). Die Informationen haben sie sich selbst beschafft; die Methoden der Vorstellung waren unterschiedlich. Die meisten haben Referate ausgearbeitet und mit Liedern, Bildern oder Filmausschnitten ergänzt. Neben Beispielen aus der Rockmusikszene haben sie Widerstandskämpfer (Bonhoeffer, Geschwister Scholl, Che Guevara), Vertreter bestimmter Gruppierungen (Amnesty International, Greenpeace) oder ganze Volksgruppen (Indianer) vorgestellt. Ähnlich kann man beim Thema *Leitbilder/Vorbilder* vorgehen. Biografien können auch bedacht werden, wenn man sich mit den *Vorstellungen und Entwürfen des eigenen Lebens* beschäftigt. Man kann sie vergleichend heranziehen, wenn man über Lebensstationen oder -themen nachdenkt, die fast jeder Mensch durchmacht, z. B. Kindheit, Liebe, Krankheit, Alter, Sterben, Glück, Sehnsucht u. a. (vgl. S. 97 f., Themenkarten).

Prophetisch reden und handeln

Eine Unterrichtsreihe über Propheten und Prophetinnen in Israel kann man mit Überlegungen zur Aktualisierung des Themas ergänzen: *Welche Menschen aus späterer Zeit haben Ähnliches erlebt oder sich für ähnliche Anliegen eingesetzt? Mit welchen Mächtigen der jeweiligen Zeit haben sie sich auseinander gesetzt?*

Menschen in der Nachfolge Jesu

In diesem Zusammenhang kann man einen Gang durch die Geschichte machen, angefangen bei den Jüngerinnen und Jüngern Jesu über Apostel, Heilige und Reformatoren bis zu Menschen heute, die sich auf Jesus berufen oder die Jesu Anliegen vertreten.

Einzelne Themenbereiche

Zu fast allen Themen des Religions- oder Ethikunterrichts gibt es Beispiele von Menschen, deren Leben besonders durch diese Themen bestimmt wird. Das können negative Erfahrungen sein (z. B. Sucht, Krankheit, Armut), positive Erlebnisse (z. B. Liebe, Naturverbundenheit, Befreiung) oder bestimmte Anliegen, für die sich diese Menschen einsetzen (z. B. Frieden, Menschenrechte, Naturschutz).

Auch historische Epochen oder verschiedene Kulturen und Religionen können durch Biografien nahe gebracht werden.

Materialien bekommt man bei entsprechenden Organisationen und Initiativen, z. B.: *Albert-Schweitzer*-Zentrum, Frankfurt a. M.; *Hermann Gmeiner* – SOS-Kinderdorf-Verlag, München; Christliche Initiative *Romero* e. V., Münster; *von Bodelschwingh*'sche Anstalten in Bethel b. Bielefeld; *Anne-Frank*-Zentrum, Berlin

Biografische Bücher oder Filme als Leitmedien

Wenn man sich im Unterricht ausführlich mit einem Menschen beschäftigen will, eignen sich besonders Spielfilme oder biografische Romane, weil Schüler sich dabei gut in die Hauptpersonen hineinversetzen können. Auch längere Dokumentarfilme oder dokumentarische Bücher (besonders Jugendbücher) sind manchmal so gekonnt zusammengestellt, dass sie Jugendliche fesseln können. Zum Einsatz von Spielfilmen und ihre Einbindung in Unterrichtsreihen *(Abraham, Gandhi, Jesus)* vgl. S. 125 ff.

Weitere empfehlenswerte **Spielfilme:**

- *Korczak* (sehr eindrucksvoll!), geeignet ab Klasse 9, Themen: Judenverfolgung, Leben im Ghetto, Einsatz für Kinder, Erziehung, Vorbilder.
- *Romero* (z. T. bedrückende, brutale Wirklichkeit der Unterdrückung in El Salvador), geeignet ab Klasse 10, Themen: Menschenrechte, Arm und Reich, Indios. Eine Unterrichtsreihe über die Befreiungsbewegung in Lateinamerika

sollte vorangestellt werden (Material bei der Christlichen Initiative Romero e. V., Frauenstr. 3–7, 48143 Münster).

● *Die weiße Rose* ist ohne Hintergrundwissen manchmal schwer zu verstehen; der Film sollte deshalb besser als zusätzliches Medium zum Jugendbuch „Das kurze Leben der Sophie Scholl" (S. 86 und 125) eingesetzt werden oder durch andere entsprechende Informationen vorbereitet werden (ab Klasse 10).

Biografische **Romane** versuchen eine Person nahe zu bringen, indem sie Charaktere und äußere Umstände ausschmücken oder verändern. Gelungene Beispiele sind zwei Romane von LUISE RINSER (beide zusammen als Fischer TB 50158):

● *Mirjam* ist ein Roman über Maria Magdalena, der die Jesus-Bewegung in der damaligen Zeit für heutige Menschen verständlich widerspiegelt (geeignet ab Klasse 9).

Luise Rinser kratzt in Mirjam Schicht um Schicht den Lack von einem zwanzig Jahrhunderte lang übertünchten, kultischen und verkitschten, deformierten und ständig neu gekreuzigten Jesus. Sie erweckt den Mann aus Nazareth zu neuem Leben ... (FRANZ ALT in „Die Zeit")

● *Bruder Feuer* versetzt das Leben des Franz von Assisi in die heutige Zeit (geeignet ab Klasse 8).

Es ist reizvoll, den Sprung zu tun, über die Jahrhunderte hinweg ... Was wäre der heilige Franziskus, wenn er statt im 12. im 20. Jahrhundert zu Hause wäre? Luise Rinser hat aus diesem Buch ein Gedankenspiel gemacht ...
(Frankfurter Allgemeine Zeitung)

Besonders gelungen und eindrucksvoll ist der **Dokumentarfilm** über Martin Luther King: *Dann war mein Leben nicht umsonst.* Obwohl es sich um eine Aneinanderreihung von dokumentarischen Filmausschnitten (Wochenschaumaterial) handelt, die nicht kommentiert werden, sondern nur den Originalton enthalten (mit deutscher Übersetzung), ist der Film äußerst spannend und beeindruckend (ab Klasse 9). Zu den Themen: Sinn des Lebens, Antirassismus, gewaltloser Widerstand, Nachfolge Jesu (vgl. Zeit haben/Orientierungstage, S. 225).

Verständliche Dokumentationen über das Leben von bekannten Persönlichkeiten bieten viele **Jugendsachbücher.**

● Ein besonders eindrucksvolles Beispiel ist *Das kurze Leben der Sophie Scholl* von HERRMANN VINKE (Ravensburger TB). Es ist auch deshalb zu empfehlen, weil hier über eine junge Frau als Widerstandskämpferin berichtet wird und so auch Mädchen Identifizierungsmöglichkeiten bekommen (ab Klasse 9). Dieses Buch enthält auch ansprechende Fotos, die man gut auf Folie kopieren kann.

● Das *Tagebuch der Anne Frank* wird häufig im Deutschunterricht gelesen. Wenn nicht, sollte es den Schülern im Religions- oder Ethikunterricht vorgestellt werden. Auch dieses Buch bietet u. a. viele Identifizierungsmöglichkeiten für Mädchen dieses Alters (ab Klasse 8).

✔ TIPP Fragen Sie bei den Landesbildstellen oder bei den kirchlichen Bildstellen nach den Filmen.

Zugänge zu Biografien

Titelseite – Kunstwerk – Denkmal

Man kann den Titel und das Bild der *Titelseite eines Buches* meditativ bedenken, z. B. als Einstieg in eine Unterrichtsreihe über die betreffende Person: *Das Buch handelt wahrscheinlich von einem Menschen, der ... Ich frage mich ... Ich überlege ... Der Mensch interessiert mich (nicht), weil ...,* oder kreativ umgestalten als Abschluss einer Unterrichtsreihe (Umriss des Bildes anders füllen, Titel verändern, eigenes Bild gestalten).

In ähnlicher Weise kann man auch ein *Kunstwerk* bedenken (z. B. von HAP Grieshaber „Für Martin Luther King") oder sich mit einem *Denkmal* befassen (z. B. „Janusz Korczak und die Kinder" aus Yad Vashem oder ein Lutherdenkmal).

Interview

Ein Interview kann als *Einstieg* genommen werden, um eine Person kennen zu lernen. Der Lehrer stellt sich als diese Person vor und die Schüler stellen Fragen.

Nach der Beschäftigung mit einer Person können die Schüler selbst diese Person spielen und sich interviewen lassen. Man kann Fernsehsendungen dieser Art als Vorbild nehmen („Ich stelle mich", Pressekonferenz, Talkshow u. Ä.).

Es ist auch möglich, *verschiedene Personen* an einen Tisch zu setzen und *zu einem bestimmten Thema* zu befragen.

Beispiel (10. Klasse): Menschen, die sich unterschiedlichen Unrechtsregimen widersetzt haben, wurden zum Thema „Gewaltanwendung – ja oder nein" befragt. Aus dem anfänglichen Frage-Antwort-Spiel wurde später eine lebhafte Diskussion. Interviews, Befragungen und Diskussionen können auf Ton- oder Videokassette aufgenommen werden.

Lied – Gedicht – Zitate

Es gibt *Lieder* oder *Gedichte* von Personen, die Zusammenfassendes über das Leben dieser Menschen zum Ausdruck bringen und die als Leitmedium im Unterricht einsetzbar sind. Fotos oder Berichte über Erfahrungen dieser Menschen werden den einzelnen Strophen oder Zeilen zugeordnet. Über die Bedeutung des Liedes oder Gedichtes für das eigene Leben wird nachgedacht, z. B. können die Schüler das Lied/Gedicht mit Bild- und Textmaterial aus Zeitungen aktualisieren oder mit eigenen Fotos, Briefen bzw. Tagebucheintragungen ergänzen. Eine reizvolle Aufgabe kann es auch sein, ein ähnliches Gedicht für die eigene Person zu schreiben.

Beispiele: Dietrich Bonhoeffer, *Wer bin ich?* und *Von guten Mächten wunderbar geborgen ...*; Jochen Klepper, *Die Nacht ist vorgedrungen ...*; Martin Luther, *Nun freut euch, liebe Christen gmein ...*

Ein *Zitat* kann Ausgangspunkt sein für die Beschäftigung mit einer Biografie.

Beispiele: *Ich bin Leben, das leben will, inmitten von Leben, das leben will.* Der Satz ist Ausgangspunkt und Grundlage der Ethik der Ehrfurcht vor dem Leben von ALBERT SCHWEITZER. Er selbst sagt dazu: „Dies ist nicht ein ausgeklügelter Satz. Tag für Tag, Stunde für Stunde wandele ich in ihm." Folgende Fragen leiten zum Nachdenken an und bringen das Zitat mit den Erfahrungen Albert Schweitzers und mit dem eigenen Leben in Verbindung: *Welche Erfahrungen liegen dem Satz zu Grunde? Welche Aufforderungen enthält er?* Die Bedeutung des Satzes kann auch durch eine besondere Anordnung der einzelnen Teile dargestellt werden, die mit Bildmaterial ergänzt werden. Meditativ kann man sich mit dem Zitat beschäftigen, indem man Gedanken zu den einzelnen Aussagen bzw. Wörtern aufschreibt und/oder dazu malt („Ich", „Leben", „Wille", „Ich bin Leben", „das leben will" ...)

In ähnlicher Weise kann man sich mit anderen Zitaten beschäftigen, z. B. mit dem Satz *Der Weg ist das Ziel* in Bezug auf GANDHIS Leben.

Ein Brief

Es handelt sich hier um einen besonderen Brief, der ein Thema darstellt, das oft beiseite geschoben wird: Die Situation kranker alter Menschen. Es ist der Brief einer anonymen alten Frau, in dem diese ihr Leben in der Rückschau aus der jetzigen Situation (Krankenhaus) schildert.

Eine mürrische alte Frau

Was seht ihr, ihr Krankenschwestern, was seht ihr? Was denkt ihr, wenn ihr mich anschaut – Eine mürrische alte Frau, die nicht sehr weise ist? Unberechenbar, mit traumverlorenem Blick. Die nicht mehr richtig essen kann und nicht antwortet, wenn ihr mit lauter Stimme sagt: „Versuchen Sie's doch wenigstens!" Die das, was ihr tut, nicht zu sehen scheint. Die immer einen Strumpf oder einen Schuh verliert. Die euch widerspruchslos oder protestierend tun lässt, was ihr wollt, baden, füttern – damit nur der lange Tag herumgeht.

Ist dies, was ihr denkt und was ihr seht?

Dann macht eure Augen auf, denn ihr habt nicht richtig hingeschaut. Ich sage euch, wer ich bin, wenn ich hier so still sitze, wenn ich aufstehe, weil ihr es wünscht, und esse, weil ihr es wollt.

Ich bin ein kleines Mädchen von 10 Jahren mit Vater und Mutter, mit Brüdern und Schwestern, die sich lieb haben; ein junges Mädchen von sechzehn Jahren mit Flügeln an den Füßen, die von einem Märchenprinzen träumt. Und mit zwanzig eine Braut – mein Herz klopft laut, wenn ich an die Schwüre von damals denke. Mit fünfundzwanzig habe ich eigene Kinder, die mich brauchen, um ein glückliches Zuhause zu haben. Mit dreißig sehe ich meine Kinder heranwachsen, sie sind einander herzlich verbunden. Mit vierzig sehe ich meine Söhne aus dem Haus gehen, doch mein Mann sorgt dafür, dass ich nicht traurig bin. Mit fünfzig sind wieder kleine Kinder um mich herum, an denen ich mich mit meinem geliebten Mann erfreuen kann. Dann aber wird es dunkel um mich, mein Mann ist tot, und mir schaudert, wenn ich an die Zukunft denke. Und die jungen Leute leben ihr eigenes Leben, und ich denke zurück an die schönen Jahre und meine Liebe.

Nun bin ich eine alte Frau. Die Natur ist grausam und macht sich einen Spaß daraus, Alte zu Narren zu machen. Der Körper verfällt, Anmut und Vitalität schwinden. Wo einst mein Herz schlug, ist jetzt ein Stein. Und dennoch lebt in diesem alten Körper ein junges Mädchen weiter, und von Zeit zu Zeit schwillt mir das geschundene Herz in der Brust: Ich denke an die Freude und an den Schmerz und ich liebe wieder und lebe mein Leben noch einmal. All die Jahre, viel zu wenige und viel zu rasch, doch ich weiß wohl, dass nichts von Dauer ist. Öffnet also eure Augen, ihr Krankenschwestern, und seht nicht eine mürrische alte Frau, schaut genau hin – seht MICH!

Eine anonyme Frau aus Ulster

Die Schüler versetzen sich in die Rolle der Krankenschwester, die den Brief findet. Aus deren Sicht schreiben sie einen Brief an eine Freundin, einen Eintrag ins Tagebuch oder einen Antwortbrief an die Frau.

Symbole und Motive

Manchen Personen können bestimmte Symbole zugeordnet werden. Diese Symbole können in ihrer allgemeinen Bedeutung und auf die betreffende Person hin bedacht werden: *Bei dem Symbol fällt mir ein ..., denke ich an ..., Das Symbol passt zu der Person, weil ... , Es spiegelt folgende Erfahrungen/Vorstellungen: ...*

Man kann die einzelnen Elemente des Symbols bedenken, sie entsprechend der Persönlichkeit farbig ausgestalten oder sie kreativ verändern. In Umrisszeichnungen können Aussagen über die Person geschrieben werden.

Beispiele:

- Das *Gewand* ist ein Leitmotiv *in der Josephsgeschichte.* Die verschiedenen Gewänder Josephs spiegeln das Auf und Ab seines Lebens (vgl. S. 94 f.). Jüngeren Schülern macht es Spaß, diese Gewänder zu malen und durch Verzierungen oder andere Merkmale (z. B. Risse, Schmutz, Blutflecke, Kette) Josephs jeweilige Situation zu verdeutlichen.

- Die *Geschichte des Petrus* (Freundschaft – Verleugnung – Einsatz für Jesus) wird mit Hilfe der Symbole *Fels und Hahn* verdeutlicht. Das Symbol *Fels* kann meditativ bedacht werden (Steine mitbringen! Vgl. S. 71). Unter der Überschrift *Ein Fels bröckelt ab. Hält das Fundament?* können die Gefühle des Petrus in den Umriss eines Felsens geschrieben werden.

  Der Hahn ist auf vielen Kirchturmspitzen zu sehen (vgl. S. 80). Die Schüler können den Hahnenschrei in Menschensprache übersetzen. *(Woran erinnert er Petrus? Mit dem ersten Schrei mahnt er ...., beim zweiten Schrei ruft er ...)*

Die **Lutherrose**, das Wappen Martin Luthers, erklärt dieser selbst in einem Brief:

„Das erst sollt ein Kreuz sein schwarz im Herzen, das seine natürliche Farbe hätte, damit ich mir selbst Erinnerung gäbe, dass der Glaube an den Gekreuzigten uns selig machet. Denn so man von Herzen gläubt, wird man gerecht. Ob's nu wohl ein schwarz Kreuz ist und soll auch wehtun, noch lässt es das Herz in seiner Farbe, verderbt die Natur nicht, sondern behält lebendig. ... Solch Herz aber soll inmitten einer weißen Rosen stehen, anzuzeigen, dass der Glaube Freude, Trost und Friede gibt ... denn weiße Farbe ist des Geistes und aller Engel Farbe. Solche Rose stehet im himmelfarbenen Felde, dass solche Freude im Geist und Glauben ein Anfang ist der himmlischen Freude zukünftig, jetzt wohl schon drinnen begriffen, und durch Hoffnung gefasset, aber noch nicht offenbar. Und um solch Feld einen güldenen Ring, dass solch Seligkeit im Himmel ewig währet, und kein Ende hat, und auch köstlich über alle Freude und Güter, wie das Gold das höhest, köstlichst Erz ist" (an Spengler, 8. Juli 1530)

Die Schüler bekommen eine Kopie der Lutherrose und beschäftigen sich mit den einzelnen Elementen (Kreuz, Herz, Rose, Ring): Was sagen diese Zeichen aus? Danach lesen sie (mit Hilfe des Lehrers) die Deutung Luthers, malen die Kopie nach Luthers Angaben farbig aus und sprechen über die Bedeutung der Farben und Formen.

Zum *Leben und Wirken des Erzbischofs* **Romero** passt das Symbol der Befreiungsbewegung in Lateinamerika, das *Campesinokreuz.*

Das Kreuz symbolisiert hier die Unterdrückung, dargestellt durch die landwirtschaftlichen Geräte des einfachen Campesinos, der durch den Bauernanzug und den Hut gekennzeichnet ist. Wenn Schüler sich mit der Person Romeros befasst haben (z. B. anhand des Spielfilms, S. 85 f.) können sie eine Predigt entwerfen, die das Campesinokreuz zum Inhalt hat. Die Frage *Warum passt das Symbol zu Romero, obwohl er selbst kein Campesino ist?* weist auf die Identifikation des Bischofs mit den unterdrückten Ureinwohnern hin und auf seinen Einsatz in der Nachfolge Jesu. Die Organisation *Christliche Initiative Romero e. V.*, die sich für das Anliegen Romeros einsetzt und auch die Erinnerung an ihn wach halten will, verwendet dieses Kreuz als Emblem, u. a. für den Briefkopf (S. 85 f., vgl. S. 79).

Aufbrüche und Wendepunkte

Aufbrüche und Wendepunkte gibt es im Leben vieler Menschen. Es sind Übergangszeiten: Etwas Altes wird zurückgelassen, damit etwas Neues beginnen kann.

„Manchmal ist es schmerzhaft, Gewohntes aufzugeben, Abschied zu nehmen. Aber Aufbruch bedeutet oft auch Befreiung. Auch viele Menschen der Bibel haben solche Aufbrüche gewagt. Es beginnt schon mit *Adam und Eva*, die das Paradies verlassen und sich in der Realität bewähren müssen. Dann ist da *Noah*, der von Gott den Auftrag bekommen hat, die ganze Schöpfung vor dem Untergang zu bewahren. Er verlässt sich auf die Zusage Gottes, wird gerettet und bekommt die Möglichkeit neu anzufangen. Der Nächste ist *Abraham*, der aus dem mächtigen und reichen Land Babylonien aufgebrochen ist, um in eine ungewisse Zukunft zu gehen, um das Land zu suchen, das anders ist, das Gott selber ihm zeigen wollte. Schließlich ist da die Geschichte, die erzählt, dass ein ganzes Volk aufgebrochen ist. Ermutigt durch *Mose* haben die Israeliten die Sklaverei durch die Ägypter abgeschüttelt und sich voller Hoffnung auf Gottes Hilfe auf die lange und entbehrungsreiche Wüstenwanderung begeben. Zu nennen sind noch die *Propheten*, die sich oft unter Lebensgefahr gegen die Mächtigen gestellt haben, um der Wahrheit zu ihrem Recht zu verhelfen. Schließlich ist da der Mann, auf den wir uns in unserem Glauben beziehen: *Jesus Christus*. Er hat immer wieder Mauern aufgebrochen und Menschen zu einem neuen Leben verholfen. Er war und ist bis heute für viele Menschen der Anstoß, in seinem Sinn weiterzuwirken. Einer von ihnen war *Franz von Assisi*. Er lebte als reicher und angesehener Kaufmannssohn im Mittelalter, genoss das Leben in vollen Zügen, bis er erkannte, dass ihn dieses Leben nicht ausfüllte. Er verzichtete auf alles, stellte sich in den Dienst der Armen, der Kranken und der Natur und wurde glücklich dabei. Ist auch unser Leben von Aufbrüchen geprägt?"
(aus einem Schulgottesdienst)

Im Unterricht können die Schüler zunächst von eigenen Erfahrungen erzählen (z. B. Schulwechsel, Umzug) und sich dann mit Aufbruchserfahrungen von anderen Menschen beschäftigen. Das Leben vor dem Aufbruch wird verglichen mit dem Leben nachher: *Wie verlief das Leben vorher? Welche Gründe gab es für den Aufbruch? Wie verlief das Leben nachher? Welche guten oder schlechten Erfahrungen haben den Menschen jeweils geprägt? Welche Auswirkungen hat der Aufbruch auf andere Menschen?* Das Leben kann in der Rückschau erzählt werden von den Menschen selbst (vgl. „Ich bin Maria Magdalena", S. 145 ff.) oder aus einer anderen Perspektive. Weitere Beispiele: *Buddha* (Veränderung durch die vier Begegnungen), *Paulus* (vom Christenverfolger zum Botschafter für Christus), *Albert Schweitzer* (ändert sein Leben auf Grund einer ethischen Überlegung) und viele andere bekannte und unbekannte Menschen.

Literatur

ALMUT LÖBBECKE, *Aufbruch*. AV-Religion, Unterrichtsentwürfe und Medien für die Primar- und Sekundarstufe, Hasenkampstr. 20, 56638 Iserlohn

Das Leben im Überblick

Für einen kurzen Einblick in das Leben von bekannten Persönlichkeiten eignen sich Lexika, Texte aus Sammelbänden (wie „Große Männer", „Große Frauen", „Liebhaber des Friedens", „Friedensnobelpreisträgerinnen" u. a.) oder tabellarische Übersichten aus dem Anhang von biografischen Büchern.

Bei bestimmten Gedenktagen (Geburts- oder Todestag) werden oft Lebensbilder im Fernsehen, Radio oder in der Zeitung vorgestellt. Wenn die Person für den Religions- oder Ethikunterricht relevant ist, stelle ich sie meistens – unabhängig vom Thema – in einer Schulstunde an diesen Tagen vor. Auf jeden Fall „sammle" ich solche Medien als Material für den Unterricht.

Foto-Text-Bücher

Solche Bücher können die Schüler selbst gestalten, indem sie zu wichtigen Stationen, Lebensthemen oder Zitaten dieser Menschen passende Fotos aus Biografien (oder Zeitungen bei Gedenktagen) suchen und zuordnen (zur Vorgehensweise vgl. S. 167 f.). Solch ein Buch könnten die Jugendlichen auch für das eigene Leben oder für das Leben von nahestehenden Personen gestalten und verschenken (z. B. zum runden Geburtstag der Oma).

Steckbrief und Personalbogen

Steckbriefe können für Personen entworfen werden, die mit den jeweils Herrschenden im Konflikt sind, z. B. Gestalten aus der Bibel (Propheten, Jesus, Paulus usw.), der Kirchengeschichte (Luther) oder Menschen, die in Unrechtsregimen Widerstand leisten.

Entweder entwirft der Lehrer den Steckbrief und lässt Lücken, die die Schüler mit Hilfe von biografischen Angaben bzw. bei biblischen Gestalten entsprechenden Bibelstellen ausfüllen (Beispiel für Paulus in „Entdeckungen machen – Werkstatt" 2, S. 107, Cornelsen). Oder die Schüler entwerfen in Gruppenarbeit einen solchen Steckbrief, tauschen ihre Entwürfe aus und jede Gruppe füllt einen nicht selbst entworfenen Text aus.

Personalbögen (z. B. für Behörden) können in ähnlicher Weise für alle Personen entwickelt werden. Wenn im Unterricht verschiedene Biografien besprochen worden sind, können die Schüler die Personalbögen dieser Personen ohne Namensnennung vorstellen und die Mitschüler raten lassen.

Piktogramme und Ratespiel

Einfache Zeichen oder Bilder für Stationen und Ereignisse aus dem Leben prägen sich oft besonders gut ein und sind als Erinnerungsstütze geeignet.

Die Schüler erhalten den Auftrag, zu den Stationen des Lebens einfache Zeichen oder Bilder zu malen, die das Wichtigste verständlich zum Ausdruck bringen. Neben diese Bilder schreiben sie in ein bis zwei Sätzen eine Zusammenfassung der Ereignisse oder Lebensabschnitte.

Es kann sich eine *Ratestunde* anschließen. Ein Schüler malt ein Zeichen oder Bild aus dem Lebenslauf der betreffenden Person an die Tafel; die anderen raten, auf welche Station es sich bezieht. Wer richtig geraten hat, darf ein anderes Zeichen an die Tafel malen ... usw.

Anschließend wird eine zeitliche Reihenfolge herstellt, indem die Zeichnungen mit Linien verbunden werden (es entsteht ein kurvenreicher Lebensweg). Die Lebensgeschichte kann jetzt anhand der Bilder nacherzählt werden. Ich habe mit dieser Methode gute Erfahrungen gemacht, wenn es darum ging, sich Stationen von wichtigen Personen einzuprägen (z. B. Buddha, Mohammed, Luther ...).

Anhand der Bilder kann man sich einige Stationen auswählen, um sich näher damit zu befassen.

Gesellschaftsspiele selbst gestalten

Eine Möglichkeit, sich mit Informationsmaterial zu einer Biografie oder mehreren Personen intensiv zu befassen und sich mit dem Erarbeiteten auseinander zu setzen, ist die Herstellung von eigenen Gesellschaftsspielen. Als grundlegende Spielideen bieten sich hier das Frage-Antwort-Spiel in verschiedenen Variationen bis zu Würfelspielen mit Spielplan und Frage- und Ereigniskarten an. Diese Idee eignet sich auch als Ergänzung zu einem Roman oder zu einem Film oder auch dann, wenn in Gruppen arbeitsteilig zu verschiedenen Personen gearbeitet werden soll.

Jahrgangsstufe: ab 7
Zeitaufwand: 4–8 Stunden
Arbeitsform: empfehlenswert ist Partnerarbeit
Material: Lexika, Biografien, Zeitungsartikel, Fachzeitschriften und sonstige Informationsquellen; Schere, Klebstoff, Farbstifte, evtl. Material für Spielfiguren, Würfel, Klarsicht-Klebefolie
Intentionen: Auseinandersetzung mit einer bedeutenden Person und deren sozialem, religiösem, politischem oder geografischem Umfeld; Umsetzung der Informationen in ein Gesellschaftsspiel
Thematische Stichpunkte: Menschen in ihrer Zeit, Menschen unseres Jahrhunderts, 2000 Jahre Christentum, Religionsstifter, Frauen
Tipp: auch für fachübergreifenden Unterricht mit Kunst geeignet

In einer *Einführungsstunde* wird über den Sinn des gemeinsamen Spielens nachgedacht und verschiedene Gesellschaftsspiele werden zusammengetragen:

- Kartenspiele (Quartett, Mau-Mau ...)
- Würfelspiele (Kniffel, Mensch ärgere dich nicht ...)
- Frage-Antwort-Spiele (Trivial Pursuit ...)
- Geschicklichkeitsspiele (Mikado ...)
- Brettspiele (Monopoly ...)

Nachdem die Schüler über die Themenstellung informiert worden sind, werden sie gebeten, gemeinsam mit ihren Partnern/Gruppen eine erste Spielidee, einen Entwurf zu skizzieren. Für die nächste Stunde muss notiert werden, welche Materialien mitzubringen sind.

In der nächsten Stunde wird Informationsmaterial zum Thema in möglichst vielfältiger Form bereitgestellt – auch von den Schülern –, das für die Dauer der Arbeit zur Verfügung steht. Es sollte nun ein verbindlicher Zeitrahmen abgesteckt werden, um die Arbeit genau planen zu können. Folgende Punkte sollten für alle verbindlich sein:

- Das Spiel muss sich am gestellten Thema orientieren und Informationen dazu geben – je mehr, desto besser.
- Die Spielregel muss gut verständlich geschrieben sein.
- Die äußere Gestaltung des Spiels muss zum Thema passen.
- Die optische Gestaltung des Spiels muss ansprechend und sauber gearbeitet sein.
- Jede Form von Gewaltdarstellung ist unerwünscht.
- Das Spiel muss interessant zu spielen sein.

In den weiteren Stunden werden nun die genannten Gesichtspunkte umgesetzt. Zum Unterricht gehört natürlich auch die Auswertung: das gegenseitige Ausprobieren der Spiele.

✔ **TIPP**   Ein fertiges Brettspiel zur Biografie Martin Luthers ist abgedruckt in „Typisch Evangelisch" – Das Magazin zum Lutherjahr '96, S. 16/17, Deutsche Bibelgesellschaft, Stuttgart.

Lebenskurve

Beispiel zur Josephsgeschichte (Kl. 5)

Wenn eine Biografie besonders von Höhen und Tiefen geprägt ist, kann dieses Auf und Ab durch eine Lebenskurve veranschaulicht werden. Diese Linie wird für alle sichtbar auf ein großes Plakat gemalt bzw. mit Hilfe eines Fadens auf einem entsprechenden Untergrund nachgestaltet (Filz, Kork) oder von den Schülern in ihr Heft bzw. auf ein Blatt (Querformat) gezeichnet.

Zu den einzelnen Höhen und Tiefen können anschließend Bilder gemalt und mögliche Gedanken oder Gebete geschrieben werden.

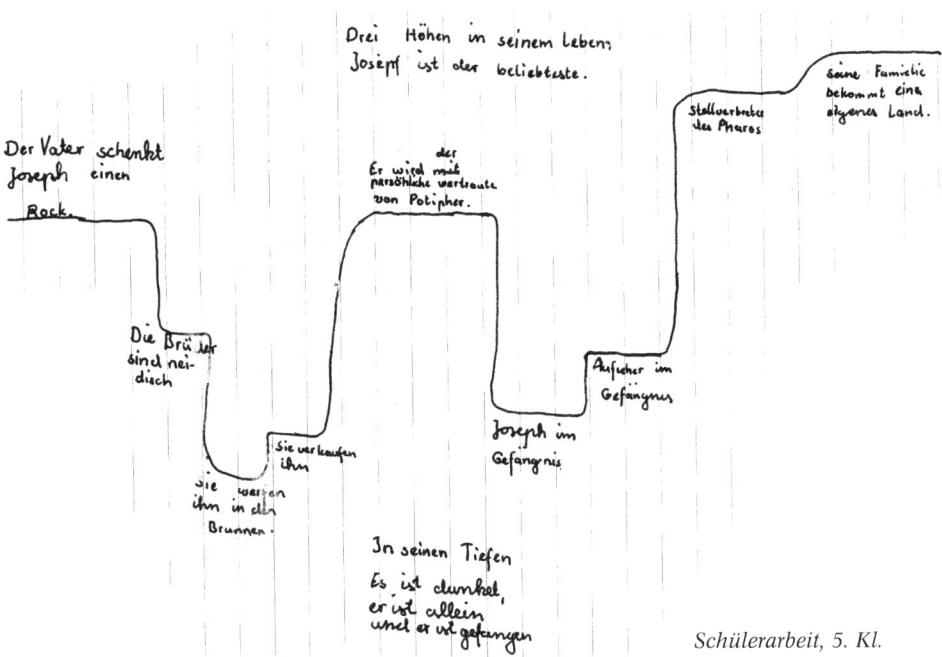

Der Vater schenkt Joseph einen Rock.

Die Brüder sind neidisch

Sie warfen ihm in den Brunnen.

Sie verkaufen ihn

In seinen Tiefen
Es ist dunkel,
er ist allein,
und er ist gefangen.

Er wird mit persönliche verkauft von Potiphar.

Drei Höhen in seinem Leben; Joseph ist der beliebteste.

Joseph im Gefängnis

Aufseher im Gefängnis

Stellvertreter des Pharos

Seine Familie bekommt eine eigenes Land.

Schülerarbeit, 5. Kl.

Lebenswege gestalten

Weg als Symbol für das Leben von Menschen ist schon im Begriff *Lebensweg* enthalten. Mit „Wegen" kann man die verschiedenen Lebensläufe grafisch darstellen und auf Typisches aufmerksam machen. Auch in anderen Redewendungen wird auf dieses Symbol verwiesen: Lebenslauf, Auf und Ab, Höhen und Tiefen, Wege kreuzen sich, auf verschlungenen Pfaden gehen, in eine Sackgasse geraten, ein schwerer Weg liegt vor einem, geradlinig sein, Steine werden einem in den Weg gelegt … usw.

Wenn es darum geht, Lebenswege durch eine passende grafische Gestaltung übersichtlich und informativ darzustellen, z. B. für eine Ausstellung, kann man diese Redewendungen aufgreifen und grafisch umsetzen. Wichtige Stationen können in einen Weg geschrieben oder gezeichnet (vgl. Piktogramme, S. 93) und durch Steine, Blumen, Kreuzungen, Hinweisschilder, Sackgassen u. Ä. verdeutlicht werden.

Lebenswege von engagierten Frauen

(nach einer Idee von Ingeburg Lange)

Lebenswege von Frauen sind oft weniger bekannt. Umso wichtiger ist es, Frauen vorzustellen, besonders wenn sie herkömmliche Rahmen verlassen und Rollenklischees widersprechen. Biografien über Frauen sind nicht so zahlreich, auch Jugendbücher beschäftigen sich mehr mit Jungen und Männern als mit Frauen und Mädchen. Es gibt aber einige Sammlungen über bedeutende Frauen und einige Bücher, die Biografien von Frauen enthalten.

Zu folgenden Frauen findet man Material: *Fräulein Rabbiner Jonas; Sophie Scholl, Studentin; Ursula Schafmeister, Pfarrerin; Bedriye Eravci, Gastarbeiterin; Betty Williams / Mairead Corrigan, Mütter in Irland; Mutter Teresa, Nonne; Aung San Sun Kyi, Wissenschaftlerin; Rigoberta Menchu, Kämpferin in Guatemala.* In: Angelika Reutter/Anne Reiffer, Friedensnobelpreisträgerinnen, Bastei-Lübbe-Taschenbuch 61379, Bergisch Gladbach 1996; „Schlangenbrut" 38, August 1992. Schlangenbrut e. V., Postfach 7467, 48040 Münster (Fräulein Rabbiner Jonas); Werkstatt Entdeckungen machen 2. Cornelsen Verlag, Berlin S. 88 f. und 97 ff. (Sophie Scholl); Zeitgenossinnen – Frauengeschichte(n) aus NRW, Ministerium für die Gleichstellung von Frau und Mann des Landes NRW, Breite Str. 27, 40213 Düsseldorf (U. Schafmeister/B. Eravci)

Jahrgangsstufe: ab 8
Zeitaufwand: ca. 4–8 Stunden
Arbeitsform: Gruppenarbeit
Material s. u.
Intention: Auseinandersetzung mit dem Leben von verschiedenen Frauen und deren „Lebensthemen"
Thematische Stichpunkte: Frieden, Schöpfung, Menschenrechte, Gleichberechtigung

Kurze Erzählungen über die Lebensläufe von Frauen oder Ausschnitte von längeren Erzählungen werden auf ca. 1–2 DIN-A4-Blättern zusammengestellt und für die Gruppen kopiert. Zusätzlich kann noch eine Seite mit verschiedenen Fotos kopiert werden (wenn vorhanden). Die Erzählungen werden auf Kassette gesprochen. Das Arbeitsblatt mit den Kartenthemen (S. 97 f.) wird für alle kopiert. Mitzubringen sind

- Kopien des Arbeitsblattes und Kopien der Lebensläufe (und evtl. Fotos)
- leere Karten (je Gruppe ungefähr 20)
- die besprochenen Kassetten
- mehrere Kassettenrekorder nach Anzahl der Gruppen
- Tapetenrollen oder große Pappen
- Scheren, Klebstoff, Stifte
- evtl. aktuelle Zeitungen/Zeitschriften

Gruppenarbeit

Für den ersten Schritt (Kassette hören) sind verschiedene Räume nötig. Wenn sie nicht vorhanden sind, können die Texte still gelesen werden. Eine andere Möglichkeit ist, dass sich die ganze Klasse mit derselben Person beschäftigt, die Kassette dazu gemeinsam hört und anschließend in Gruppen unterschiedliche Möglichkeiten der Gestaltung des Lebensweges ausarbeitet. Folgende *Vorgehensweise:*

1. Jede Gruppe hört „ihre" Kassette, alle Gruppenmitglieder haben den Text vor sich liegen und lesen mit.

2. Jeder notiert anschließend Stichworte oder Sätze, die besonders in Erinnerung geblieben sind.

3. Die Kassette wird erneut gehört, im Text wird Wichtiges unterstrichen.

4. Das Arbeitsblatt (Themenkarten) wird gelesen und besprochen.

5. Anhand des Arbeitsblattes werden einzelne Karten hergestellt, die Wichtiges über die jeweilige Person zum Ausdruck bringen.

6. Die ausgefüllten Karten werden auf den ausgebreiteten Tapetenrollen verteilt und verschiedene Anordnungen ausprobiert.

7. Die Gruppe legt sich auf eine Gestaltung des Lebensweges fest und klebt die Karten entsprechend auf die Tapete (Platz lassen für Ergänzungen)

8. Der „Lebensweg" wird gestaltet: Umrahmung durch eine bestimmte Form, Verbindungen durch Linien, Hervorhebung durch Farben und Symbole, Ergänzungen mit Fotos oder Überschriften aus Zeitungen, eigene Meinungen in kurzen Sätzen mit einer anderen Farbe dazuschreiben …

9. Die Ergebnisse werden vorgestellt oder ausgestellt.

Themenkarten – Kartenthemen

Biografische Daten
Name:
geb.: wann? wo?
Religion/Konfession:
(gest.: wann? wo?)
Eltern/Geschwister
Schule/Ausbildung
Beruf/Tätigkeiten
verheiratet/Kinder

Erfahrungen
Leid, Terror, Unterdrückung,
Ungerechtigkeit,
Liebe, Hilfe, Zusammenhalt,
Wunsch, Hoffnung,
Standhaftigkeit, Solidarität,
aufbauen, Glauben, aufgeben,
einsetzen, durchsetzen

Besonderes
Symbole, Namen,
Zitat, Lebensmotto,
Vision, Traum,
besondere Stärke

Religion
getragen durch …
gestärkt durch …
ermutigt durch …
Kritik an der Institution
wichtiger Glaubensinhalt

Lebensstationen
unvergessliche Erfahrung
wichtiges Gedicht/Gebet
auslösendes Erlebnis
Aktionen und Ergebnisse
5 wichtige Daten:

. . . .

Helferinnen und Helfer
Erfolge
Misserfolge
Haft
Einsatz für ... gegen ...
Mittel des Einsatzes
(politisch, humanitär ...)

Gefühle
Antriebskraft, Zufrieden-
heit, Ängste, Entsetzen,
Glücksgefühl, Mut, Traum

Wichtige Reden
5 wichtige Sätze
Hoffnung auf . . . .
durch . . . . . .
Aufruf zu . . . .

Heute
Friedensnobelpreis 19..
vergessen, weil ... /umstritten, weil ...
berühmt, weil ...
Ist das Ziel erreicht?
Gibt es das Problem heute noch?
Wie stellt es sich heute dar?

Auf der Suche nach der Wahrheit:
Friedrich Spee von Langenfeld

Ich bin nicht Robinson: Sind Vorbilder sinnvoll und notwendig?

Vier Zitate stehen am Anfang als erster Versuch einer Antwort auf diese Eingangs-
frage:

Am Wirtstisch einer düsteren, russischen Kneipe sagte Marmeladoff zu Rodion
Raskolnikoff:
„Es müsste doch so sein, dass jeder Mensch irgendwo hingehen könnte. Denn
es kommen Zeiten, wo man sich unbedingt an irgendjemand halten muss."
(F. M. DOSTOJEWSKIJ, *Rodion Raskolnikoff*)

Auf die aktuelle Frage nach Geborgenheit und helfender Weisung antwortet
ein urchristliches Zeugnis:
„Gehet zu den Heiligen, denn die mit ihnen gehen, werden geheiligt werden."
(*1. Clemensbrief, 46, 1*)

Über den heiligen Menschen sagt AUGUST EVERDING, früherer Generalinten-
dant in München: „Zeugnis ablegen durch Wort, Tat, Gesinnung mit Mut, ohne
Menschenfurcht ist ein Wesenszug des heiligen Menschen. Einer, der alles
weiß oder es glaubt, und sich nicht offenbart, weil er nicht formulieren kann
oder zu feige ist, lässt Wesentliches vermissen."
(*Zitiert nach „Das Sonntagsblatt" Nr. 44 v. 31.10.1997.*)

Friedrich Spee sagt von sich selbst, nachdem er in 51 Fragen die *rechtmäßige* Durchführung der Prozesse gegen Frauen, die zu seiner Zeit der Hexerei beschuldigt worden waren, behandelt hat:

„Es gebührt mir nicht, unter denen zu sein, die der Prophet stumme Hunde heißt, die nicht zu bellen wissen." *(Cautio criminalis)*

Daraus ergeben sich folgende Thesen:

- Kein Mensch fängt bei Null an. – Keiner lebt auf einer einsamen Insel.
- Menschen und ihre Geschichte bestimmen unser Leben.
- Geschichte gibt keine Lösungen für heutige Probleme und Fragestellungen, sie zeigt aber exemplarisch Lösungsmöglichkeiten.
- Menschen der Kirche zeigen auf ihre Art und in ihrer Zeit gangbare Wege im Umgang mit dem Glauben.

Spurensuche oder die Geschichte von Hund und Schnecke

Wer in der Jesuitenkirche in Trier das Grab Friedrich Spees besucht, wird den äußeren Zugang zur Krypta mit einer schmiedeeisernen Gittertür verschlossen vorfinden, auf welcher der Künstler eine Reihe von Hinweisen auf das Leben und Werk Friedrich Spees gibt: das Kreuz, das Blätter treibt; die Sonnenstrahlen als Zeichen der guten Schöpfung Gottes; die junge Frau, die sich der Botschaft Gottes öffnet; die Nachtigall als Symbol des Dichters; der Hund, der einen Turm anbellt, und die Schnecke, die langsam aus dem Türrahmen hinauszukriechen scheint.

Hund und Schnecke sind Zeichen, die auf Spees Einstellung und sein Handeln verweisen. Sie lenken den Blick auf die Hoffnung, die er zu leben versucht hat.

Friedrich Spee wurde vor mehr als 400 Jahren am 25. Februar 1591 in Düsseldorf-Kaiserswerth geboren. Damals bekämpften sich die Mächtigen wegen Streitigkeiten im Glauben, viele waren ideologisch festgelegt. Aber auch Machterhalt und -erweiterung waren Gründe und mündeten schließlich in den Dreißigjährigen Krieg. Viele Menschen erfuhren sich als Heimatlose, als Flüchtlinge, als Vertriebene, als Verfolgte, als Geschundene. Die Pest riss in dieser Zeit riesige Lücken in die Bevölkerung der Dörfer und Städte. Viele suchten – wie es so oft in Notzeiten geschieht – Schuldige. So begann ein unbeschreiblicher Wahn: die Verfolgung von Frauen und Männern, die man beschuldigte, ein Bündnis mit dem Teufel zu pflegen

und die darum Hexen und Zauberer seien. Und die Mächtigen? Was taten sie? Die meisten taten nichts dagegen. Im Gegenteil: Sie schürten noch den Hass.

Die Welt „ins Gebet nehmen"

Friedrich Spee erlebt das alles mit wachen Augen und mit geschärftem Bewusstsein, weil er bereit ist, die Not der Zeit und der Menschen zu erkennen. Er schreibt:

> Stelle dir vor / wie in der ganzen Welt / viele arme Gefangene, / Schuldige und Unschuldige, / bei Christen und Nichtchristen / in schweren Banden und Kerkern liegen. / Gar viele, / ja unzählbar viele / werden unschuldig gefoltert, / gepeinigt, / gereckt, /gegeißelt, / geschraubt / und mit neuen, grausamen, unmenschlichen Martern gepeinigt. / Wenn sie auch tausendmal vor Gott unschuldig sind, / man will es ihnen doch nicht glauben. / Was die armen Menschen sagen oder klagen, / ist alles nichts, / solange sie sich nicht schuldig bekennen. / Sie müssen mit Gewalt und Zwang, / mit Recht und Unrecht / schuldig sein, es gehe, wie es wolle, / sonst will man sie nicht hören. / Es hilft kein Heulen, / kein Weinen, / kein Entschuldigen / noch Ausreden. / Weder dies noch das. / Sie müssen schuldig sein. / Da peinigt man sie / dreimal, viermal, fünfmal, / bis sie endlich / entweder sterben / oder bekennen. / Wenn sie noch am Leben bleiben, / so spricht man, / der Teufel stärke sie und halte die Zunge, / dass sie nicht bekennen können. / Sie müssen alsdann schuldig sein / und als Unbußfertige und Verstockte noch gräulicher als sonst / hingerichtet werden.

Der Text ist ein Meditationstext aus dem *Güldenen Tugend-Buch*, einem Meditationsbuch, das Spee als Seelsorger für Frauen geschrieben hat. Nachdem er die Situation, in der sich die nach seiner Meinung zu Unrecht Angeklagten befanden, anschaulich vorgestellt hat, schreibt er weiter:

> O Gott / was ist das für ein Gräuel ? / Was ist das für eine Gerechtigkeit ? / Da ist niemand, / der die betrübten und bedrängten Herzen tröstet, / der sie aufmuntert und ermahnt. / Ja, wer das tun möchte, / der wird nicht zugelassen. / Er muss die armen, elenden Kreaturen, / für die Christus am Kreuz gestorben ist, / in ihrem Kot und Gestank, / Leib und Seele voll von Schmerzen, / ganz allein und verlassen / liegen und verschmachten lassen. / Man soll sich nicht wundern, / wenn viele von ihnen verzweifeln, / sich selbst umbringen / oder sich dem Teufel übergeben. (FRIEDRICH SPEE, *Güldenes Tugend-Buch. Der Text ist in heutige Sprache übertragen.*)

Die Zeit, in der Spee lebt, ist die Zeit, in der das alte Weltbild, die Vorstellung von der Erde als Mittelpunkt der ganzen Welt, in Frage gestellt wird. (Der Prozess gegen Galileo Galilei findet 1632 statt.) Es ist die Zeit, in der neue Nachrichten aus Übersee, aus Indien, Japan, Süd- und Nordamerika die Leute in Spannung versetzen, aber auch neue Hoffnungen bei ihnen wecken, indem sie dort in der Ferne eine *neue Welt* aufbauen wollen, um die *alte* hinter sich zu lassen. SPEE selbst wollte gern als junger Mann in den Fernen Osten, um hier in der Mission den Menschen das Evangelium zu predigen. Sein Platz ist und bleibt aber Deutschland. So wollen es die Oberen des Jesuitenordens, dem er seit 1610 angehört. Darum sagt er den Menschen seiner Zeit, dass es einen guten Gott gibt. Er hat für diese Behauptung eine ganz einfache Lösung, indem er nämlich wünscht, alle möchten doch die Erkenntnis aufbringen, Gottes Schöpfung zu achten und sich selbst als Mensch und Mit-Mensch. In einem seiner vielen Gedichte hört sich das so an:

> Das Maisterstück mitt sorgen (Sorgfalt) / Wer nur wilt schawen an,
> Ihm freylig nitt verborgen / Der Maister bleiben kann:
> Drum wer nun heut, vnd morgen / Erd, Himmel schawet frey,
> Denck nach mit gleichen sorgen, / Wer je der Maister sey?
> O Mensch ermess im hertzen dein, / Wie wunder muss der Schöpfer sein.
> (FRIEDRICH SPEE, *Trutz-Nachtigall*)

Ins Gewissen geredet

In seinem Buch *Cautio criminalis – Rechtliche Bedenken gegen die Hexenprozesse* redet Spee denjenigen, welche die Macht haben, vehement ins Gewissen. Das Buch bekommt über die damalige Zeit hinaus für die kommende Rechtsprechung eine große Bedeutung. Obwohl die öffentliche Meinung seiner Zeit anders denkt, fordert Spee z. B., dass einer so lange für unschuldig zu gelten habe, bis das Gegenteil erwiesen sei. Er plädiert für Freispruch, wenn die Schuld nicht eindeutig zu belegen ist. Und er fordert die Abschaffung der Folter: Jeder – auch der Papst selbst – würde unter der Folter alles bekennen. Jeder wäre demnach eine Hexe oder ein Hexer. Er verlangt für den Angeklagten einen unabhängigen Rechtsbeistand, ohne dass dieser Gefahr laufe, selbst in den Verdacht der Hexerei zu geraten:

> Was von der Folter oder Peinlichen Frage zu halten ist? Ob es wahrscheinlich ist, dass sie häufig auch für Unschuldige Gefahren birgt?
>
> Deshalb …halte ich es durchaus mit einem hochangesehenen, mir befreundeten Manne, der witzig und wahr zugleich zu sagen pflegt: „Was suchen wir so mühsam nach Zauberern? Hört auf mich, ihr Richter, ich will euch gleich zeigen, wo sie stecken. Auf: greift Kapuziner, Jesuiten, alle Ordenspersonen und foltert sie, sie werden gestehen. Leugnen welche, so foltert sie drei-, viermal, sie werden schon bekennen. Bleiben sie noch immer verstockt, dann exorziert sie, schert ihnen die Haare vom Leib, sie schützen sich durch Zauberei, der Teufel macht sie gefühllos. Fahrt nur fort, sie werden sich endlich doch ergeben müssen. Wollt ihr dann noch mehr, so packt Prälaten, Kanoniker, Kirchenlehrer, sie werden gestehen, denn wie sollen die zarten, feinen Herren etwas aushalten können? Wollt ihr immer noch mehr, dann will ich euch selbst foltern lassen und ihr dann mich. Ich werde nicht in Abrede stellen, was ihr gestanden habt. So sind wir schließlich alle Zauberer ...“
>
> (FRIEDRICH SPEE, *Cautio criminalis. Die 20. Frage*)

Warum der Künstler auf der Tür in Trier einen Hund darstellt, der einen Turm anbellt, erkennt man jetzt: Der Hund ist der Wächter in der dunklen Nacht. Was nützt es, einen Hund zu besitzen, der nicht bellt und auch nicht das Haus bewacht. Spee beruft sich, indem er selbst dieses Bild benutzt, auf das Alte Testament:

> Es gebührt mir nicht, unter denen zu sein, die der Prophet stumme Hunde heißt, die nicht zu bellen wissen. (FRIEDRICH SPEE, *Cautio criminalis*)

Er fordert damit jeden Einzelnen auf, der verantwortlich handeln will, kein *stummer Hund* zu sein. Letztlich ruft er durch diesen Satz dazu auf, für Menschenrechte und Menschenwürde einzutreten. Er tut es in der Hoffnung, dass er und alle, die mit ihm *bellen,* auch gehört werden. Zu fragen ist noch, warum der Künstler eine Schnecke darstellt, ein Bild, das bei Spee nicht vorkommt: Es wird 70 Jahre und mehr dauern, bis sich die Prinzipien der *Cautio criminalis* durchzusetzen beginnen. Der deutsche Jurist und Philosoph Christian Thomasius ist der Erste, der am Anfang des 18. (!) Jh.s die Änderung im Rechtsempfinden formuliert und durchsetzt. Er beruft sich dabei ausdrücklich auf Friedrich Spee. Seine Forderungen, die sich auf die Menschenwürde und das Naturrecht berufen, setzen sich im vollen Umfang erst im Laufe des 19. Jh.s durch. Letztendlich sind wir bis heute, das zeigt die Zeitgeschichte, noch an kein Ende gekommen.

Das Bild von einem guten Hirten

Friedrich Spee stirbt am 7. August 1635, nachdem er sich bei der Pflege und Betreuung von Pestkranken infiziert hat. Er hat kompromisslos das getan, von dem er auch in der Parabel vom guten Hirtenknaben berichtet. Es ist der gute Hirt des Neuen Testaments, Christus selbst, den Spee hier erzählerisch darstellt und dem er selbst mit seiner ganzen Person nachfolgt:

> Einstmal im kalten Winter mitten in der Nacht sah ich im Mondschein an einer armen Hütte ein schönes Knäblein, das hatte in seiner Hand einen Hirtenstecken und weinte bitterlich …

So beginnt SPEE die Parabel vom Hirtenknaben zu erzählen, der sich als Sohn des reichen und mächtigen Königs aufmacht, das verlorene Schaf in der Wüste zu suchen. Die Liebe des Vaters zu dem Schäflein macht es so wichtig, so *wertvoll und kostbar,* dass er seinen *allerliebsten Sohn* losschickt, es zu suchen, *damit alle Welt erkennen könne, eine wie überschwängliche Liebe er zu seinem Schäflein hat.* Der Sohn sucht es Tag und Nacht *über Berg und Tal. Kehr wieder, kehr wieder! Ich selbst will dich zu meinem Vater bringen,* heißt es im Text. Die Menschen sollen sehen und hören, wie lieb der Vater dieses Schäflein hat. Zum Schluss überkommt den jungen Hirten die Angst, wilde Tiere könnten das Schäflein zerreißen:

> Ich weiß in dieser Wüste einen Berg, genannt Kalvaria. Darauf steht ein hohler Baum des Kreuzes. In diesem Baum will ich geschwind mein Schäflein verbergen und mich davorstellen. So würden sie über mich herfallen und das Schäflein vergessen. Dann wollte ich ihnen zurufen: Ach kommt her zu mir, ihr wilden Tiere der Wüste, fallt über mich her und vergießt mein junges Blut. Es soll euch preisgegeben sein, wenn nur mein allerliebstes Schäflein leben kann. (FRIEDRICH SPEE, *Güldenes Tugend-Buch*)

Spee hat sich selbst schützend vor Menschen gestellt. Er hat *gebellt,* wo die Mächtigen und damit die öffentliche Meinung aufgeweckt werden mussten, weil sie die Wahrheit nicht erkennen wollten. Er war bei denen, die in Not waren, ob es Frauen waren oder Kranke. Für sie war er die Hoffnung.

Umkehr

Eine Hoffnung wider alle Hoffnung? Der Einsatz für die Kranken hat einigen das Leben gerettet. Der Einsatz für die Gefangenen hat ihnen neue Perspektiven eröffnet. Der Einsatz für die Frauen hat zur Veränderung der Prozessordnung beigetragen und vielleicht auch mit zur Erklärung der Menschenrechte.

Rechtliche Bedenken im Sinne der *Cautio criminalis* gibt es auch heute. Trotz Erklärung der Menschenrechte gibt es Folter, Unterdrückung und Unmenschlichkeiten. Hoffnung hat etwas von einem *bellenden Hund* an sich, der die Schlafenden aufweckt. Hoffnung hat auch etwas von der Schnecke an sich. Sie bewegt sich, wenn auch langsam, sodass wir unduldsam werden, weil es nicht voranzugehen scheint. Beide Zeichen zusammen – bellender Hund und kriechende Schnecke – machen bei Spee das Zeichen der Hoffnung aus: Aktives Eingreifen *und* Geduld.

In dem *Gespräch des gekreuzigten Christus* hat Spee die auch heute noch aktuelle Frage aufgegriffen, warum Christus gekreuzigt wurde. Es ist auch die grundsätzliche Frage nach Schuld, Versagen und Sünde. Das Gespräch deutet zunächst an, dass die Verantwortung für den Tod Christi weitergereicht wird: vom Nagel, der Christus am Kreuzesbalken festhält, zum Hammer, der ihn eingeschlagen hat, zum Zimmermann, der den Hammer geführt hat, usw., bis die Verantwortung schließlich bei Gott selbst ankommt. Der aber sieht in der übergroßen Liebe seines Sohnes zum Menschen und in der Verfasstheit des Menschen selbst die Lösung des Problems. Darum wendet sich Christus vom Kreuz direkt an den Menschen:

Du, Mensch ! / Du kannst mich auf diese Weise umbringen, / Du kannst mich töten, / Indem du mich ans Kreuz schlägst ? / Seht doch zu, / Ihr Menschen, / Ihr Völker, / Wenn ihr an meinem Kreuz vorübergeht: / Gibt es auf der ganzen Erde / Einen Schmerz, / Der meinen Schmerzen gleicht ? / Kinder ! / Kinder dieser Welt, / Ihr seid es, / Die mich töten. / Weil ihr vielfältige Schuld / Auf euch ladet, / Muss ich sterben, / Damit ihr lebt. / Ich habe euch zu sehr geliebt. / Hört auf das, / Was ich euch zurufe ! / Hört auf, / Euch schuldig zu machen: / An euch selbst, / An anderen Menschen ! / Hört auf, / Denn ich muss sterben. / Kehrt um ! / Seht das Kreuz an ! / Eure Hoffart / Hat mich gekrönt; / Euer Geiz, / Euer Denken an euch selbst / Haben mich ans Kreuz genagelt. / Eure Lieblosigkeit / Hat mich gegeißelt. / Euer Zorn, / Euer Hass / Haben mich durchstochen. / Eure Gier / Hat mich mit Galle getränkt. / Eure Trägheit, / Eure Uneinsichtigkeit / Nehmen mir das Leben. / Schaut das Kreuz an. / Dann kehrt um ! / So sehr liebe ich euch ! /
(FRIEDRICH SPEE, *Güldenes Tugend-Buch*)

Wenn Friedrich Spee heute noch etwas zu sagen hat, dann dieses: *Bellen,* um der Gerechtigkeit, der Menschenwürde, der Liebe mehr Platz in unserer Welt zu verschaffen; zu warten – und das in Geduld –, wenn gute und richtige Einsichten sich nicht sofort durchsetzen lassen.

Friedrich Spee war im Denken seiner Zeit weit voraus. Durch seine Art, über den Menschen nachzudenken, Hoffnung zu vermitteln, wachzurütteln, Wahrheiten beim Namen zu nennen, ist er für uns ein Leitbild, wie wir selbst Hoffnung für uns und unsere Zeit entwickeln und weitergeben können.

Zuordnung im Unterricht

Sich hinführen lassen / selbst einen Weg gehen / zum Lernen bereit sein

„Es gebührt mir nicht, unter denen zu sein, die der Prophet stumme Hunde heißt, die nicht zu bellen wissen." (FRIEDRICH SPEE, *Cautio Criminalis*)

1. Einstieg: Das Bild von Hund und Schnecke – Die Bildzeichen erarbeiten: Spontane Äußerungen zu den beiden Bildzeichen. • Realität und Bildhaftigkeit erkennen. • Auf die menschliche Ebene übertragen: „Was sind das für Menschen, die sich wie Hund und Schnecke verhalten?" • Je nach Altersgruppe ein Bild, einen Comic malen oder eine Geschichte schreiben, in denen die jeweilige „Rolle" der beiden Tiere deutlich wird. • Ältere Schüler können einen Essay über „Hund und Schnecke" schreiben, eine Karikatur entwickeln.

2. Biografische Notizen: Friedrich Spee – Arbeit am Text: Lesen der Geschichte von „Hund und Schnecke": Die Lebensdaten: Einheit von Wort und Tat • Der Auftrag: Die Welt ins Gebet nehmen • Die Folgerung: Ins Gewissen geredet • Die eigene Rolle: Das Bild vom guten Hirten • Die Konsequenz: Umkehr

3. Die historische Dimension: Vom Lernen aus der Geschichte – Hintergründe erarbeiten und Aktualität erkennen: Der Dreißgjährige Krieg: Der Mensch im Krieg (Soldat, Gefangener, Flüchtling, Verwundeter, Kranker) • Hexenprozesse: Ausdruck von Intoleranz und Ignoranz • Der Mensch in Abhängigkeit von der Macht

4. Die soziale Dimension: Von der Gleichwertigkeit der Menschen – Konsequenzen darstellen: Die Suche nach einem Sündenbock • Die Suche nach Wahrheit und Gerechtigkeit und Liebe • „Anwalt" sein für Benachteiligte

5. Die personale Dimension: Vom Selbstwert des Menschen – Sich selbst wiederfinden: Wer bin ich? Auf der Suche nach der eigenen Identität • Motive und Motivation für das eigene Denken und Handeln • Das Vorbild: Eine mögliche Antwort? Hilfe oder Hindernis bei der Suche?

6. Die religiöse Dimension: Vom Menschen als Bild Gottes – Die weitergehende Antwort der Bibel: Die biblische Botschaft von den Rechten der Menschen • Mut haben, gegen Machthaber und „öffentliche Meinung" Stellung zu beziehen • Identifikation mit Jesus – Bindung an Jesus als konkreter Lebensvollzug

✔ TIPP Ausgangspunkt zur Arbeit an den 6 Punkten ist der Text über Friedrich Spee, der Sachinformationen bietet aber auch als Erzählung gelesen werden kann. Als weiterführende Arbeitshilfen bieten sich an:

JUTTA SCHUBERT, *Hexenbrennen – Schauspiel zum Leben und Werk des Jesuitenpaters Friedrich Spee*, Trier (Spee-V.) 1997 (mit ergänzenden Hinweisen). Geeignet für Kurse in der Sekundarstufe II.

INGEBORG ENGELHARDT, *Hexen in der Stadt* (Roman mit Spee als Hauptfigur), München (dtv) 1994. Geeignet für Sekundarstufe I (ab Kl. 8, Deutsch und Religion).

REINHOLD SCHNEIDER, Der Tröster (Erzählung), Hünfelden (Präsenz-V) 1992. Die Erzählung ist in den 30er-Jahren geschrieben worden und ist auch eine Antwort Schneiders auf den Nationalsozialismus. Geeignet für Kurse der Sekundarstufe II.

HANS MÜSKENS, Friedrich Spee – Keine Hexerei, in: Religion betrifft uns Nr. 5/1996, Aachen (Verlag Bergmoser und Höller) 1996. Materialheft mit Hinter-grundinformation, Beschreibung konkreter Arbeitseinheiten und lernzielorientierten Stundenverläufen. Geeignet für Sekundarstufe I und II.

THEO G. M. VAN OORSCHOT, Friedrich Spee von Langenfeld – Zwischen Zorn und Zärtlichkeit. Göttingen (Muster-Schmidt) 1993. Geeignet für eigene Vorbereitung.

Kapitel 2

Zugänge zu religiösen und ethischen Themen

Umgang mit Medien

Experimente mit Bibeltexten

Biblische Texte gehören zu den grundlegenden Medien des Religionsunterrichts. Sie vermitteln die christliche Botschaft, indem sie Fragen an die menschliche Existenz stellen und Antworten anbieten. Leiderfahrung, Befreiung und Hoffnung werden angesprochen. Bestimmte Texte sind auch prägend für unsere Kultur und Wertvorstellungen (z. B. der Dekalog), finden sich in unseren Festen und Gebräuchen wieder (z. B. Weihnachten) oder haben Einfluss auf unsere Vorstellungswelt und Sprache (z. B. Schöpfung, Jüngstes Gericht, Sodom und Gomorrha, Engel usw.). Eine Beschäftigung mit biblischen Texten ist für alle Fächer, die sich mit Existenz-, Sinn- und Wertfragen beschäftigen, sinnvoll. Die hier vorgestellten Versuche konzentrieren sich auf eher kreative Möglichkeiten der Vermittlung und Erschließung von biblischen Texten. Übertragen lassen sich diese Zugangsweisen auch auf andere Texte, z. B. Erzählungen, Gedichte, Lieder (Beispiel S. 108).

Verschiedene Zugangsweisen

Die folgenden Zugangsweisen sind ausgewählt aus JÜRGEN KLUGE/KERSTIN AHRENS-THISSEN, *Beim Lernen was erleben*, *Pädagogisch-Theologisches Institut der EKiR*, 53177 Bonn (Bestellungen an den Presseverband der EKiR, PF 320805, 40237 Düsseldorf).

Beten – Mitfühlen mit Menschen einer Geschichte

Nach dem Vorlesen des Textes wendet man sich den einzelnen Personen(gruppen) zu und versetzt sich in ihre Situation: *Was bedrängt sie? Worüber freuen sie sich? Was wünschen sie sich?* Eine oder zwei Personen werden ausgewählt, um ihnen Gebete in den Mund zu legen. Ihnen wird durch die Sprache Lebendigkeit verliehen. Die Gebete werden nun mit der Geschichte verwoben, indem sie in den Text eingefügt werden. Es entsteht eine sich entfaltende Erweiterung des Textes. **Beispiel:** Das Gleichnis von den Arbeitern im Weinberg (Mt. 20,1–16)

Emotionale Satzsequenz

Nach dem Lesen bestimmen die Schüler die Figuren des Textes und treffen eine Auswahl. Beim nochmaligen Lesen können sie die Gestimmtheit, die Gefühle der

Personen entdecken und mit Hilfe von Sätzen etwa folgendermaßen formulieren: *Ich freue mich ... Ich bin glücklich ...Ich bin ärgerlich ... Ich bin mutlos ... usw.* Diese Sätze werden in Gesten oder pantomimisch umgesetzt. Beim Vorstellen dieser Sequenz entdecken die Zuschauenden, welche Person gemeint ist. Zum Abschluss erfolgt ein Gespräch über eigene Erfahrungen und Einsichten.
Beispiel: Das Gleichnis vom ungerechten Richter (*Lk. 18,1–8*)

Gestaltung eines „Sehtextes"

Nach dem Vorlesen wird das, was für die Schüler als entscheidendes Merkmal des Wahrgenommenen angesehen wird, notiert. Die Sprache des Textes wird dann unterschiedlich gestaltet (farblich/ groß oder klein/ versetzt oder kreisförmig angeordnet ...) ins „Bild" gebracht. Die Geschichte bekommt eine signalisierende Überschrift und die unterschiedlichen Gestaltungen werden verglichen. Der Facettenreichtum von Interpretationen wird deutlich. Die in den Bibelübersetzungen übliche Überschriften können mit den selbst formulierten verglichen und kritisch auf ihre Angemessenheit befragt werden.
Beispiel: Die Heilung der syrophönizischen Frau (*Mk. 7,24–30*)

Inszenieren auf dem Overheadprojektor

Der Text wird laut vorgelesen. Personen sowie Situationsmerkmale werden skizziert und notiert. Entsprechende Zeichen und Symbole werden zugeordnet, auf Papier gezeichnet und ausgeschnitten. Die einzelnen Szenen werden auf dem Overheadprojektor mit den ausgeschnittenen Teilen „gespielt", die Szenen werden durch Abblenden getrennt. Die Sprache des Textes kann jetzt den Szenen zugeordnet werden, entweder frei erzählend oder zitierend. Oder man inszeniert ohne Sprache und die Betrachter äußern Vermutungen zu den dargestellten Szenen.
Beispiele: Das Buch Jona oder das Buch Ruth

Weiterspielen eines Textes

Eine Geschichte mit einem offenen Schluss wird weitergespielt oder eine Geschichte wird an einer Stelle abgebrochen und ein eigener Schluss wird überlegt. Nach dem Vorlesen des Textabschnittes wird der Handlungsablauf skizziert. Die Schüler erhalten die Aufforderung, sich in einzelne Personen hineinzudenken und hineinzufühlen: Wie könnten sich diese Figuren in der Fortsetzung des bereits Erzählten verhalten? Spielszenen können jetzt mit oder ohne Worte entworfen werden; danach erfolgt die Präsentation der Spielszenen.
Beispiele: „Verlorener Sohn" (*Lk. 15, 11–32*) und „Der 12-jährige Jesus im Tempel" (*Lk. 2, 41–52*)

Visualisierung durch Fotos und Bilder

Nach dem lauten Lesen äußern die Schüler, was ihnen an der Geschichte wichtig erscheint. Die Äußerungen werden notiert. In Kleingruppen sichten die Schüler Fotos/Bilder, wählen aus und ordnen zu. Entsprechungen und Widersprüche können sich ergeben. Sie wählen eine Form der Bilderanordnung aus (z. B. Kreis,

Fragezeichen, Ausrufezeichen, Weg) und erörtern, was die Form der Bildsequenz zur Einsicht in den Text beiträgt. Dann werden die Foto- bzw. Bildsequenzen vorgestellt und verglichen. Die Mehrdimensionalität und Wirkungskraft eines Textes kann somit entdeckt werden.

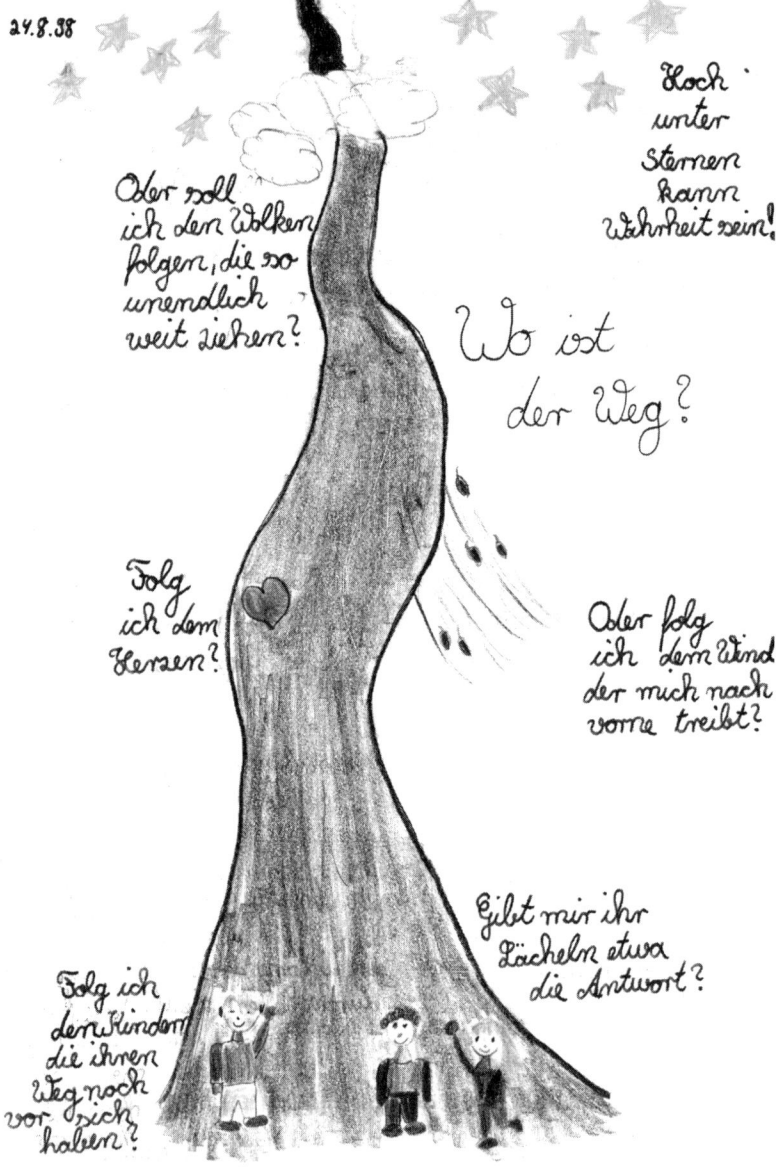

Visualisierung eines Textes aus dem Musical „Hair"

Personen nachempfinden – der blinde Bartimäus

Jahrgangsstufe: 5/6
Zeitaufwand: 1 Doppelstunde
Arbeitsform: Interaktionsspiel/Partnerübung, Gruppengespräch
Material: Halstücher/Schals, Schreibzeug
Intention: sich in andere Situationen hineinversetzen
Thematische Stichpunkte: krank sein – gesund sein, Vertrauen haben – sich helfen lassen, Menschen mit anderen Erfahrungen
Tipp: Ich und die anderen/Vertrauensspiele, S. 187 f.

Diese Übung kann eine Hinführung zum Bibeltext *Der blinde Bartimäus* (Mk. 10, 46–52) sein oder im Zusammenhang zu einem der oben aufgeführten Themenbereiche eingesetzt werden. Als Einstieg in die Thematik der Stunde wird folgender Satz an die Tafel geschrieben: *Weißt du eigentlich, wie ein Blinder sich fühlt?* Dann folgt der Auftrag:

Wir machen jetzt ein Experiment. Dazu müssen zwei von euch bereit sein, mitzuspielen. Einer bekommt die Augen verbunden, der andere muss ihn durch den Klassenraum führen und zwar so vorsichtig, dass sich der „Blinde" nicht verletzt. Er soll sich gut und sicher geführt fühlen.

Während der Übung soll nicht gesprochen werden. Für die beobachtenden Schüler gilt Folgendes: *Jeder beobachtet aufmerksam die beiden handelnden Personen und notiert ins Heft, was ihm auffällt.*

Für das erste Schülerpaar sollte die Führung nicht zu lange dauern (ca. 3 Minuten). Danach wird gewechselt. Erfahrungsgemäß wollen mehrere Schüler das Experiment wiederholen; wichtig ist, dass nicht zu viele Versuche gemacht werden. Sonst besteht die Gefahr, dass sich das Spiel verselbstständigt und der jeweilige thematische Zusammenhang verloren geht. Die „Geführten" bzw. die „Helfer" notieren, welche Erfahrungen sie während des Experiments gemacht haben.

Unter folgenden Aspekten werden nun alle Beobachtungen ausgetauscht: *Hat der „Blinde" sich helfen lassen? War der Helfer zuverlässig? Wie hat wer auf Hindernisse reagiert?*

Mit der Ausgangsfrage *Kannst du dir vorstellen, wie das ist – blind zu sein?* kann jetzt versucht werden, die Beobachtungen und Empfindungen in die Form eines Textes (Gedichtes) zu bringen. Hilfreich kann es sein, Satzanfänge vorzugeben:

Kannst du dir vorstellen, wie das ist, blind zu sein?
Du fühlst ...
Du riechst ...
Du hörst ...
Aber du kannst nicht ...

Beispiele (Kl. 5)

Kannst du dir vorstellen, wie das ist, blind zu sein?
Du hörst die Stimmen deiner Nachbarn,
du riechst ihren Atem,
du fühlst ihre Nähe,
du siehst sie aber nicht.
Kannst du dir vorstellen, wie das ist, blind zu sein?
Du hörst das Rauschen der Blätter,
du riechst den feuchten Waldboden,
du fühlst den Regen in deinem Gesicht,
du siehst aber nichts.

Die entstandenen Texte können sauber abgeschrieben und auf Plakatkarton aufgeklebt im Klassenraum präsentiert werden.

✔ TIPP Der Geschichte von der Heilung eines Gelähmten (Mk. 2, 1–12) kann man sich mit der Übung „Transport auf einer Trage" annähern (vgl. S. 188).

Bildergeschichte/Comic – Abraham unterwegs

Kindern der 5. und 6. Jahrgangsstufe sind die biblischen Erzählungen der Erzväter häufig aus der Grundschulzeit und aus dem Kindergottesdienst bekannt. Deshalb ist es angebracht, die bekannten Erzählungen einmal in anderer Form – als Bildergeschichte bzw. Comic – von den Schülern bearbeiten zu lassen. Ein paar grundsätzliche Dinge müssen zu Beginn geklärt werden:

● Anders als bei der Illustration eines Textes muss der Verlauf der Erzählung aus der Bilderfolge verstanden werden können.
● Deutlich zeichnen!
● Konzentration auf das, was für die Handlung wichtig ist! Nicht zu viele Einzelheiten!
● Die Anzahl der Bildchen muss vor Beginn des Zeichnens festgelegt werden, z. B. durch Einteilen des Textes in verschiedene Erzählabschnitte. Die Anzahl ist dann für alle verbindlich.
● Sollen die Bilder die Geschichte „Ohne Worte" erzählen? Soll es Sprechblasen geben? Oder lieber kurze Texte unter oder über den jeweiligen Bildchen?
● Mehrmals auftretende Personen müssen eindeutig erkennbar sein – also auf besondere Kennzeichen achten wie Kleidung, Frisur, Haar- und Augenfarbe!

Das Zeichnen einer Bildergeschichte wird hier für das Beispiel Abraham (1. Mose 12, 1–9) vorgestellt. Je nach Schwiergkeitsgrad sollten Bibeltexte vom Unterrichtenden in eine den Schülern verständliche Form gebracht und vorgelesen bzw. erzählt werden.

Jahrgangsstufe: 5–7
Zeitaufwand: ca. 4 Stunden
Material: Heft, Zeichenblock, Bleistift, Buntstifte, Radiergummi, Bibel
Intentionen: intensive Beschäftigung mit dem Text auf verschiedenen Ebenen (hören, lesen, erzählen, gliedern, zeichnen)
Thematische Stichpunkte: Abraham – Mit Gottvertrauen unterwegs sein, auch andere Bibeltexte
Tipp: Medien/Spielfilme/Erzväter audiovisuell (S. 126 ff.), Produkte/Arbeitsheft (S. 180 ff.)

Eingangsphase: *Menschen reisen aus verschiedenen Gründen.* Das Thema wird in einem Klassengespräch erörtert, Ergebnisse an der Tafel notiert.
Möglicher Tafelanschrieb:

> *Menschen reisen*
> → *um sich zu erholen*
> → *um Neues kennen zu lernen*
> → *um zu sehen, wie Menschen anderswo leben*
> → *um Verwandte zu besuchen*
> → *um sich in Sicherheit zu bringen*
> → *um vor etwas zu flüchten*

Sicherlich werden auch die heute gebräuchlichen Verkehrsmittel und die Frage des Gepäcks ausführlich beschrieben. Daran kann sich die folgende Aufforderung anschließen: *Wir wollen versuchen uns vorzustellen, wie Menschen vor ungefähr 3000 Jahren gereist sind.* Stichpunkte sind: Leben in Zelten, Kleinviehnomaden, Hausrat, Knechte und Mägde, Familie, Ehe, Verkehrsmittel, Wanderung durch die Wüste – klimatische Bedingungen, Kleidung – Schutz vor Sonne und vor Kälte. Der *Bibeltext 1. Mose 12,1–9* wird vorgelesen.

Im Anschluss daran sollte die Geschichte in sinnvolle *Erzählabschnitte* gegliedert werden, z. B.: 1. Abraham und seine Leute leben zufrieden in der Nähe von Haran. 2. Abraham bekommt den Auftrag, in ein anderes Land zu ziehen. 3. Abraham und seine Leute packen alles zusammen und machen sich auf den Weg. 4. Sie wandern durch die Wüste. 5. Sie sehen das versprochene Land. 6. Sie sind angekommen. Abraham baut einen Altar und bringt Gott ein Dankopfer.

Die erarbeitete Gliederung wird von der Tafel oder Folie ins Heft übertragen und dient als Erinnerung für die folgende Stunde und gleichzeitig als Gliederung für die Bildergeschichte.

Für die Bildergeschichte wird ein Zeichenblockblatt durch Einteilung in sechs Kästchen (entsprechend der Anzahl der Abschnitte) vorbereitet. In jedes dieser Kästchen soll nun zu jeweils einem Abschnitt der Geschichte ein Bild gezeichnet werden. Einige Arbeiten können im Klassenraum präsentiert werden und die Schüler durch die sich vielleicht anschließende Arbeit über den Glaubensweg Abrahams begleiten.

Bibeltexte aus heutiger Sicht

Bibeltexte enthalten menschliche Erfahrungen. Die zeitliche Entfernung kann man überbrücken, indem man Strukturen der Erzählung übernimmt und mit eigenen Erfahrungen verbindet. Dabei geht es nicht immer um eine Interpretation der biblischen Geschichte. Die Bibel kann auch nur Anlass sein, eigene Erfahrungen und Überlegungen zum Ausdruck zu bringen.

Genesis 3 („Sündenfall")

Jahrgangsstufe: 7–10
Zeitaufwand: 1–2 Stunden
Arbeitsform: Einzel- oder Partnerarbeit
Material: Bibeltext *Genesis 3*
Intentionen: mit Verführung, Abschieben von Schuld u. Ä. auseinander setzen
Thematische Stichpunkte: Verführung, Schuld, Drogen

Die Schüler lesen den Text *Genesis 3,1–13*, finden eine Überschrift und schreiben sie in ihr Heft (jeder für sich). Möglichst viele Überschriften werden ungeordnet an die Tafel geschrieben. Die Überschriften, die verschiedene Aspekte der Geschichte aufgreifen, werden dann gemeinsam nach der Reihenfolge der biblischen Erzählung geordnet. So ergibt sich eine Gliederung der Geschichte.
Beispiel:
- Vom Reiz des Verbotenen
- Von der Verführung zum Ungehorsam
- Von der Angst, ertappt zu werden
- Von der Verteidigung der eigenen Unschuld
- Vom Abschieben der Schuld auf andere

Das Gespräch über die einzelnen Überschriften kann von der Frage ausgehen: *Welcher Aspekt der Geschichte ist in den Überschriften jeweils besonders betont?* Die Schüler erzählen Beispiele aus ihrem Leben oder Erfahrungsbereich. Anschließend schreiben sie anhand der Beispiele zu dem biblischen Text eine eigene Erzählung.

Aufgabe:

Nehmt eins der erzählten Beispiele als Anlass, den Text in eine Erzählung umzu-schreiben, die in der heutigen Zeit spielt. Versucht euch möglichst an den Ablauf der Handlung des Bibeltextes zu halten.

Es hat sich gezeigt, dass der Inhalt des Bibeltextes von den Schülern nicht so weit entfernt ist, wie man zunächst meint. Vom „Reiz des Verbotenen" und von der „Angst, ertappt zu werden" können fast alle etwas berichten. Unter den Schüler-geschichten finden sich viele Beispiele von „Drogenkarrieren". So hat der Lehrer die Möglichkeit, Fragen zu diesem Thema anhand der Schülergeschichten zu besprechen.

Matthäus 2,13-23 (Die Flucht nach Ägypten)

Jahrgangsstufe: ab 7
Zeitaufwand: 1 Stunde
Material: Bibeltext *Matthäus 2, 13-23*
Intention: aktuelle Problematik Asyl mit dem Bibeltext verbinden
Thematische Stichpunkte: Ausländerhass, Flucht und Asyl, Jesu Geburt
(Bedrohung des Kindes)

Die Idee, diesen Bibeltext mit der gegenwärtigen Asyldiskussion zu verbinden, entstand aus einem aktuellen Anlass. Während der Vorbereitung eines Weihnachtsgottesdienstes wurde in den Nachrichten die Meldung von einem Anschlag auf ein Asylbewerberheim gebracht. Diese schockierende Realität konnten wir bei dem Gottesdienst nicht ausklammern. Ich las mit den Schülern den Bibeltext und gab die Anregung: *Versucht diesen Text in die heutige Zeit zu übertragen.* Das Ergebnis spricht für sich.

Die Flucht

Als die Sozialarbeiter das Asylantenheim verlassen hatten, legten sich Yussuf, Aisha und ihr neugeborenes Kind schlafen.

Im Traum hatte Yussuf eine Vision: „Es werden verrückte Neonazis kommen und versuchen, euer Heim anzuzünden. Sie werden wieder so fürchterliche Parolen wie ‚Deutschland den Deutschen! Ausländer raus!‘ oder ‚Ich bin stolz, ein Deutscher zu sein!‘ brüllen."

Da erzählte Yussuf den Mitbewohnern, was er gehört hatte, und alle flohen nach Holland. Dort wurden sie freundlich empfangen.

In Deutschland dagegen töteten die Neonazis drei Türkinnen, weil sie Angst hatten, dass die Türken ihnen die Arbeitsplätze und Wohnungen wegnehmen könnten. Als aber dieser Irrtum von fast allen Neonazis eingesehen worden war, kamen Yussuf und Aisha mit ihrem Kind zurück nach Deutschland. Sie wohnten dort und waren glücklich.

Aber sie dachten immer wieder an die getöteten Türkinnen, denen keine Vision hatte helfen können.

(Jan, Kl. 9)

---

2. Samuel 11, 1-17 und 2. Samuel 12, 1-13 (Davids Ehebruch)

Jahrgangsstufe: 7-10
Zeitaufwand: 2 Stunden
Material: Bibeltexte *2. Samuel 11, 1-17* und *12, 1-13*
Intentionen: Macht und Machtmissbrauch der Königszeit in Israel mit heute vergleichen; über Ehe und Ehebruch nachdenken
Thematische Stichpunkte: Königtum und Propheten in Israel, Macht und Machtmissbrauch, Ehe und Ehebruch, Schuld – Strafe – Vergebung

Aktuelle Anlässe finden sich für diese Thematik wahrscheinlich immer. Nach einer kurzen Einleitung über Macht und Recht in Israel (besonders über das so genannte „Königsrecht") und über die damaligen Ehegesetze wird der erste Text (*2. Sam. 11, 1–17*) gelesen. Die Schüler sprechen über ihre eigene Beurteilung von Davids Handlungen.

Nach einer Einführung über Propheten in Israel (evtl. zusammenfassender Text aus einem Schulbuch) wird als zweiter Text Nathans Gleichnis ohne Deutung (*2. Sam. 12, 1–4*) gelesen. Die Schüler deuten das Gleichnis und fragen nach der Bedeutung für David. Anschließend wird der Schluss der Geschichte gelesen und gedeutet (*2. Sam. 12, 5–13*). Es folgt ein Gespräch über die Frage, ob sich etwas Ähnliches auch in der heutigen Zeit abspielen könnte. Beispiele werden erzählt.

Aufgabe:

Übertragt den „Fall David" in die Gegenwart. Schreibt anhand der biblischen Geschichte einen Zeitungsartikel für eine heutige Zeitung. Die Namen und Titel könnt ihr ändern.

Beispiele (Kl. 7)

JERUSALEMS AKTUELLE NEWS
Wie konnte David das tun? Das Volk ist erschüttert über König Davids Schandtat. Alle bewegt das Schicksal der jungen Bathseba. Zuerst hatte sie ein Verhältnis mit König David, dann starb ihr Mann. Wer steckt dahinter? Das Volk sucht nach dem Täter. Sonderermittler vermuten, dass König David dafür verantwortlich ist. Bathseba ist nämlich schwanger. Steckt wirklich der König dahinter? Von wem ist das Kind?

DNN Die Neuesten Nachrichten
In unserer letzten Ausgabe berichteten wir über den Tod von Uria. Wie der Journalist Nathan aufdeckte, starb Uria nicht durch Zufall, sondern durch Absicht. Nathan fand heraus, dass König David ein Verhältnis mit Bathseba, der Frau von Uria, hatte. Uria wurde im Auftrag von König David umgebracht, doch anfangs schien es, als sei es ein Unfall gewesen. Das Gerücht geht um, dass Bathseba schwanger sei. Wir werden Sie weiter auf dem Laufenden halten.

JERUSALEM TIME
Eines Tages stand David auf dem Dach des Bundestages und sah sich sein Land an. Er erblickte eine Frau namens Bathseba. Er lud sie in seinen Palast ein. Nach einem Essen schliefen sie miteinander. Doch als sie schwanger war, ließ David ihren Mann umbringen. Wer hätte das von ihm gedacht?

ECHO JERUSALEM   *   News Telegramm   *   ***Davids Skandal!!!***
König David hatte Affäre mit **Bathseba**. **Nathan** deckte auf. **David** ließ **Uria** (Ehemann von Bathseba) in die Klingen des Feindes laufen.

Zugänge zu Bildern

Was kann man mit Bildern im Unterricht machen, um bei den Schülern Interesse zu wecken, Interesse zu erhalten oder Einsichten zu vermitteln? Soll das Bild
- Einstieg sein für ein neues Thema?
- einen Sachverhalt illustrieren?
- mit einem Sachverhalt bekannt machen?
- Impuls für eine weiterführende Diskussion sein?
- eine oder mehrere Personen zeigen?
- über das Leben und Wirken einer Person informieren? Ist es in dem jeweiligen Zusammenhang wichtig, etwas über die Person des Malers/Fotografen zu wissen, oder ist es sogar wesentlich, die Sichtweise dieser Person zu kennen?
- Anregung zu eigener bildnerischer Produktion sein?
- Anlass bieten zu erweiternder inhaltlicher Auseinandersetzung?
- in Einzelarbeit, Gruppenarbeit oder in der ganzen Lerngruppe präsentiert werden?
- als Druck, Postkarte, Dia, Folie ... präsentiert werden?

Was man mit Bildern machen kann

Farbe geben

- Das ausgewählte Bild wird als Schwarzweiß-Kopie an die Schüler verteilt.

Auftrag:

Durch Farben ist es möglich, bestimmte Dinge zu verdeutlichen. Versuche einmal, mit unterschiedlichen Farben in diesem Bild darzustellen, was dir wichtig erscheint. Über die unterschiedlichen Akzentuierungen wird gesprochen, evtl. mit dem Original verglichen.

- Die Umrisse eines Bildes werden auf Transparentpapier nachgezeichnet, um dann farbig gestaltet zu werden. Die Bedeutung und Wirkung von „warmen" oder „kalten" Farben sollte bekannt sein oder in diesem Unterrichtszusammenhang deutlich werden: „Warme" und „kalte" Farben können Stimmungen erzeugen oder unterstützen, können Abstand oder Nähe zum Ausdruck bringen, können Gefühle beim Betrachter auslösen, Spannungen verdeutlichen.

Bei der Gestaltung sollten die Schüler ihre Kenntnisse über die mögliche Wirkung der verschiedenen Farben einsetzen. Diese Übung eignet sich gut als Partnerübung; über die Diskussion der Farben steigt man unbemerkt in eine inhaltliche Deutung ein, was für ein anschließendes Unterrichtsgespräch hilfreich sein kann.

Ich suche mir einen Platz im Bild

Die Schüler bekommen eine menschliche Figur aus Papier, die sie selbst mit Filzstift oder Buntstift mit persönlichen Attributen versehen und dann an einen Platz im fotokopierten Bild (oder in einer Werbeanzeige, in einem Zeitschriftenbild) kleben, an dem sie sich wohl fühlen können, ... der sie anzieht, ... der sie neugierig macht, ... an dem sie sich überhaupt nicht wohl fühlen, ... der ihnen Angst macht. Hier sind Variationen je nach Themenstellung möglich. Nachdem die Schüler sich einen Platz im Bild gesucht haben, kann ein Gespräch in der Gruppe stattfinden, z. B. mit der einleitenden Fragestellung: *Warum habe ich diesen Platz im Bild gewählt?*

Diese Methode eignet sich auch für Aufgaben, bei denen die Schüler aufgefordert sind, sich selbst ein Bild zu einer Thematik auszusuchen (vgl. auch S. 224 f.)

Assoziieren (Gedankenstern)

Das ausgewählte Foto (sehr gut geeignet für diese Methode sind Illustriertenfotos oder Werbeanzeigen!) wird in die Mitte eines großen Papierbogens wie z. B. Plakatkarton, Tapetenrückseite oder einfach an die Tafel geklebt bzw. geheftet. Die Schüler tragen nun schweigend ihre Gedanken zu dem Bild zusammen, indem sie Stichworte rund um das Bild eintragen, zu jedem Gedanken verläuft ein Strahl ähnlich einem Stern vom Bild als Mittelpunkt ausgehend nach außen.

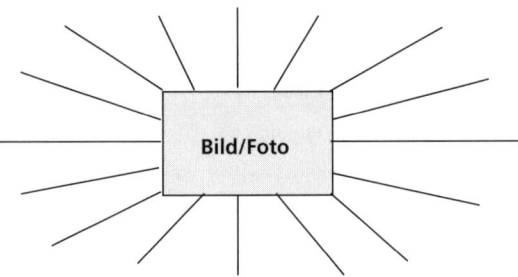

Für eine große Lerngruppe ist es sinnvoll, mehrere solcher Gedankensterne vorzubereiten und sie in Kleingruppen entwickeln zu lassen. Die Ergebnisse der Gruppenarbeit laden zu einem anschließenden Vergleich und einer intensiven Auseinandersetzung mit der Thematik ein.

Bildmeditation

Präsentation des Bildes in geeigneter Form (Dia, Folie, Reproduktion ...).

Arbeitsauftrag:

„Sieh dir das Bild in Ruhe an. Lass es auf dich wirken. Verweile mit deinen Augen bei Dingen, die dir wichtig erscheinen. Vervollständige dann die Sätze:
Ich sehe ... Ich denke ... Ich fühle ...
Ich sehe ... Mir fällt auf ... Ich frage mich ...
Oder: Ich sehe ... Ich vermute ... Ich wünsche ...

Je nach Gruppengröße können die Ergebnisse später vorgelesen und im gemeinsamen Gespräch bedacht werden oder auf Wandzeitungen bzw. Folie festgehalten werden, um dann auch in einer späteren Stunde noch einmal in Erinnerung gerufen werden zu können (s. dazu Beispiele S. 154 ff.)

Verändern eines Bildes

Diese Methoden eignen sich als Abschluss einer Bildbetrachtung:

- Das ausgewählte Bild wird als Fotokopie an die Schüler bzw. an kleine Schülergruppen oder -paare verteilt. Durch Hinzufügen von bereitgestelltem zusätzlichem „Schnippelmaterial" (z. B. Fotos aus Zeitschriften oder Katalogen) darf das Bild jetzt verändert werden. Die auf diese Weise entstandenen „Collagen" können im Klassenraum ausgestellt werden.
- Der Lehrer zerlegt das Bild in verschiedene Elemente. Von den Schülern – entweder gemeinsam oder in Kleingruppen – werden die Bildelemente neu angeordnet und evtl. mit eigenen Ideen zeichnerisch ergänzt oder farbig gestaltet.

Bilder mit Darstellungen von Personen

Bilder nachempfinden

Schüler versuchen auf dem Bild dargestellte Figuren oder Figurengruppen nachzustellen. Ein Schüler übernimmt die „Regie" und korrigiert, bis die Szene „stimmt".

Mögliche Fragestellungen:

Welche Haltung nehmen die Darsteller zueinander ein? Wie fühlen sie sich an ihrem Platz? Was sagt die Anordnung, Haltung der Personen über ihre Beziehung zueinander aus? Was sagt ihre Position im Bild evtl. über ihren gesellschaftlichen Stand aus?

✔ TIPP Mit einer Sofortbildkamera kann diese nachgestellte Szene wiederum als „Bild" – evtl. sogar perfektioniert mit Kostümen – festgehalten und mit dem „Original" verglichen werden.

Blickrichtung der Personen verdeutlichen

Dazu wird den Schülern das Bild als Fotokopie ausgeteilt. Mit verschiedenfarbigen Stiften werden die Umrisse der Gesichter nachgezeichnet und die Blickrichtungen der Personen durch Pfeile eingetragen. Eine andere Möglichkeit ist die Präsentation des Bildes auf dem OHP. Auf die Bildfolie wird eine leere Folie aufgelegt und die oben beschriebene Vorgehensweise wird auf der unbeschriebenen Folie vorgenommen. Diese Vorgehensweise eignet sich besonders in den Fällen, in denen ein Bild von einer größeren Schülergruppe gemeinsam untersucht wird, oder für ein Klassengespräch, während die erste Möglichkeit besser für die Arbeit in einer Kleingruppe bzw. für Einzelarbeit geeignet ist.

Mögliche Fragestellungen:

Beschreibe die Blickrichtung der dargestellten Personen? Wer nimmt in der Darstellung mit wem Kontakt auf? Beschreibe das Verhältnis der Personen zueinander (Mann/Frau, alte Menschen/junge Menschen, Kind/Erwachsener …) Sagen eure Beobachtungen etwas über die Beziehung der Personen aus?

Weiterspielen einer Szene

Die Schüler versuchen sich intensiv in ein Bild einzuleben, sich jeweils in eine der dargestellten Personen hineinzudenken/einzufühlen. *Welche Rolle spielt die ausgewählte Person im Bild?*

Die Gruppe versucht das Bild nachzuerleben, indem sie die Haltung und die Anordnung der dargestellten Figuren zueinander einnimmt und jeder versucht, sich in die Stimmung der jeweiligen Person hineinzuversetzen. Die Personen kommen so – ausgehend von der genauen Beobachtung und des „Sich-Einfühlens" – miteinander ins Gespräch und beginnen die Szene weiterzuspielen.

Mögliche Fragestellungen:

Was hat sich ereignet, bevor die dargestellte Szene entstand? Wie könnte sich die Situation weiterentwickeln?

Eventuell kann man für die einzelnen dargestellten Personen auch Satzanfänge vorgeben.

 TIPP   Für kleinere Gruppen geeignet!

Gedankenblasen/Sprechblasen

Die Schüler bekommen Kopien des Bildes, zeichnen für die dargestellten Personen Sprech- bzw. Gedankenblasen und beschriften sie. Diese Methode kann mit dem Verfahren des Nachempfindens/Weiterspielens einer Szene kombiniert bzw. ergänzt werden.

Bibelstellen zuordnen

Zu einem Bild werden geeignete Textstellen aus der Bibel ausgewählt und zusammengestellt. Die Schüler fertigen zu dem Bild eine Umrisszeichnung an und ordnen nun den einzelnen Personen jeweils eine Bibelstelle zu.

 TIPP   Die Schüler bekommen eine Fotokopie des Bildes und schreiben die ausgewählten Textstellen in eine Sprechblase zu der zugeordneten Person.

Literatur: Vgl. zu den hier zusammengestellten Methoden auch: JÜRGEN KLUGE und KERSTIN AHRENS–THISSEN, *Beim Lernen was erleben. Pädagogisch-Theologisches Institut, 53177 Bonn/Bad Godesberg, Fachbereich Schulischer Unterricht*

Geschichte zu einem Bild erzählen – Marc Chagall

Viele der Bilder Marc Chagalls zeigen religiöse – jüdische und christliche – Darstellungen. Sein Werk bietet sich für den Religionsunterricht auch deshalb an, weil seine Bildsprache auch für jüngere und in der Bildbetrachtung ungeübtere Schüler verstehbar ist. Chagalls Bilder enthalten zwar „erkennbare" Gegenstände, lösen sie aber aus ihrem Alltag und stellen neue Zusammenhänge her. Chagall bleibt also der Wirklichkeit insofern nahe, als Dinge erkennbar und benennbar sind. Farbgebung, Anordnung und Größenverhältnisse verändern jedoch den gewohnten Zusammenhang und entführen den Betrachter in eine Welt der Fantasien und Träume.

Chagalls *Der Musikant* von 1950 eignet sich für Jahrgangsstufe 5/6, da die Fähigkeit, sich in Fantasie- und Märchenwelten hineinzubegeben, hier noch stark ausgeprägt ist.

Aus dem Bildinhalt ergibt sich ein Erzählanlass, der erste Einblicke in die Biografie des Künstlers gestattet und damit vielleicht auf weitere Beschäftigung mit ihm und seinem Werk neugierig macht.

Auf ähnliche Weise kann man zu anderen Künstlern und ihren Werken Zugänge anbahnen, sofern Informationen über Leben und Werk zu bekommen sind. Wenn man erst einmal damit angefangen hat, Geschichten zu erzählen, macht es großen Spaß, weitere zu schreiben!

Jahrgangsstufe: 5/6
Zeitaufwand: 1 Stunde
Arbeitsform: Lehrervortrag; Bildbetrachtung
Material: Reproduktion des Bildes „Der Musikant" von Marc Chagall, möglichst auf OHP-Folie kopiert, Tageslichtprojektor, ovales Papierteil zum Abdecken des Geigers, Vorlesetext, 1–2 unbeschriebene Folien, Folienstifte in verschiedenen Farben
Intention: durch Bild und Erzählung Zugang zu Biografie und Bildwelt des Künstlers finden

Als *Vorbereitung zu Beginn der Unterrichtsstunde* die Bildfolie auf den Tageslichtprojektor legen, Geiger so abdecken, dass das Dorf während des Vorlesens zu sehen ist. Ideal wäre es, wenn die Papierform wie der Schatten eines Kinderkopfes, der aus dem Fenster sieht, aussähe. Unbeschriebene Folien und Folienstifte bereitlegen, wenn möglich, Raum etwas abdunkeln.

Zu *Beginn der Stunde* werden die Schüler gebeten, sich bequem hinzusetzen und aufmerksam der nun folgenden Geschichte zu lauschen.

Der Projektor wird eingeschaltet, das teilweise abgedeckte Bild wird während des Vortrags präsentiert, an der im Text markierten Stelle wird die Abdeckung entfernt und das ganze Bild bis zum Ende der Geschichte gezeigt.

Es folgt nun eine *gemeinsame Bildbetrachtung*. Dabei sollte immer wieder der Bezug zum Text deutlich werden, z. B. das Leben im Dorf, der fantasiebegabte kleine Junge, der manchmal Dinge sah, die kein anderer sah, die verschneite Nacht usw. Die besonderen *Gestaltungsmittel* des Künstlers sollten in diesem Zusammenhang hervorgehoben werden wie Farbgebung, Größenverhältnisse der dargestellten Gegenstände und Personen zueinander.

Hier können jetzt die unbeschriebenen Folien eingesetzt werden: Eine Folie wird auf die Bildfolie gelegt und mit schwarzem Folienstift werden – am besten von Schülern – die *Umrisse der Umgebung*, mit einer anderen Farbe die *Umrisse der*

Personen nachgezeichnet. Nun wird die Bildfolie entfernt und nur noch die Umrissfolie gezeigt. Diese Methode ist hilfreich, um der Komposition des Bildes auf die Schliche zu kommen. Wahrscheinlich entdecken die Schüler erst jetzt, dass ein Haus oben links auf der Dachspitze steht.

Am Schluss der Stunde sollte jedoch wieder das ganze Bild präsentiert werden, damit bei den Schülern der Gesamteindruck des Bildes als zentrales Thema der Stunde in Erinnerung bleibt und nicht das Zerlegen in Einzelteile, das ja hier nur als Mittel zum besseren Verständnis eingesetzt wurde.

✔ **TIPP** Es gibt verschiedene Bilder von Chagall mit dem Motiv des Geigers. Sie können durchaus auch zu diesem Text passen, falls die Reproduktion nicht zu bekommen ist.

Vorlesetext zu: Marc Chagall, Der Musikant (1950)

Bild wird als Folie präsentiert, der „Musikant" wird zunächst während des ersten Teils der Geschichte – bis zur im Vorlesetext markierten Stelle – durch eine ovale Form (Marcs Kopf, der aus dem Fenster schaut) abgedeckt.

Die Geschichte spielt im Winter des Jahres 1897 – also vor über hundert Jahren. Sie spielt in Russland, in einer kleinen Stadt mit dem schwierigen Namen *Witebsk*. Niemand weiß so genau, ob sich die Geschichte tatsächlich genau so zugetragen hat, wie ich sie heute erzähle. Aber sie *könnte* sich genau so ereignet haben.

Viel Schnee war in dieser Nacht gefallen, aber fast alle Bewohner der Stadt schliefen schon. Sie mussten tagsüber hart arbeiten und abends waren sie dann zeitig im Bett, denn am nächsten Morgen ging es früh wieder an die Arbeit. Außerdem war die elektrische Glühbirne gerade erst erfunden worden. In Witebsk aber beleuchteten die Menschen ihre langen Winterabende mit Kerzenschein oder Petroleumlampen, und damit musste man sparsam sein. Also ging man früh zu Bett.

Langsam und leise versteckte sich die Stadt unter einer dicken, weißen Schneedecke. Es war draußen ganz still. Nur einer bemerkte die glitzernde weiße Pracht da draußen vor dem Fenster: Marc – ein Junge aus der jüdischen Siedlung dieser Stadt – er war gerade zehn Jahre alt. Marc hatte eine Lieblingsbeschäftigung: Wenn Vater, Mutter und seine Geschwister längst schliefen, schlich er sich ans Fenster und beobachtete die Sterne. Manchmal zählte er sie sogar, und wenn er dann beim Zählen am Fenster einschlief, hatte er am nächsten Tag vergessen, wie weit er gekommen war, und fing am Abend wieder von vorn an – wenn er Lust dazu hatte.

Aber er beobachtete nicht nur die Sterne, er beobachtete auch ganz genau, was vor seinem Fenster, in dem Teil der jüdischen Siedlung, den er sehen konnte, geschah. Marc beobachtete sehr genau und behielt die Bilder, die er dort sah, lange – ja, man kann sagen, ein Leben lang, in Erinnerung. Und das war sehr lang, denn wie wir heute wissen, ist er sehr alt geworden – 98 Jahre alt! Aber das konnte er damals noch nicht ahnen.

Und er erinnerte sich an all das, was er sah, sehr gerne, denn er liebte seine Heimatstadt, er liebte seine jüdische Siedlung, er liebte seine Eltern und Geschwister und er liebte die Geschichten aus dem Alten Testament, die er von seinen Eltern hörte. Aber nun zurück zu unserer Winternacht vor über 100 Jahren: Marc stand also am Fenster und schaute über die Dächer der Siedlung, zählte ein wenig die Sterne und da – wie aus dem Nichts – tauchte plötzlich jemand vor ihm, vor

(Musikant aufdecken!)

seinem Fenster auf, mit dem er um diese Nachtzeit wirklich nicht mehr gerechnet hätte. Er traute seinen Augen nicht, aber dazu hatte er auch allen Grund, denn manchmal sah er wirklich Dinge, die nur er sah und sonst niemand. Aber das, was er jetzt sah, war ziemlich echt. Nur sah es ja außer ihm wieder niemand, denn alle anderen schliefen ja schon. Und morgen würde die Mutter ihn wieder necken, wenn er es ihr erzählte und sagen: „Ach, mein lieber kleiner Nachtschwärmer, da hast du etwas Schönes geträumt." Dann erzählte er es manchmal lieber gar nicht, sondern behielt seine Geheimnisse für sich. Bevor Marc es überhaupt richtig merkte, war er schon aus dem Fenster geklettert und stand vor der merkwürdigen Entdeckung des Abends – so, als hätte er einen alten Freund wieder getroffen.

Es war der Musiker, der Geiger, den Marc schon am Nachmittag im Dorf musizieren gehört hatte – und der hatte nun den Weg zu ihm gefunden, durch die dunkle Nacht, durch den frischen Schnee, geradewegs bis zu seinem Fenster, an dem Marc saß und die Sterne beobachtete. Mit der Violine unter dem Arm! Um diese Zeit konnte Marc den Geiger schlecht bitten, zu musizieren, aber er wollte höflich sein und bot ihm eine Sitzgelegenheit an.

Als der Musiker auf dem herbeigeschafften Stuhl Platz genommen hatte, mit dem silberfarbenen Mond im Rücken, fing an, Marc Geschichten aus seinem Leben zu erzählen. Er erzählte und erzählte, wunderschöne Geschichten, nachdenkliche und traurige Geschichten, und Marc hörte zu, bis es wieder hell wurde und er schon wieder aufstehen musste, denn er liebte Geschichten. Und auch die Erinnerung an diese merkwürdige Winternacht liebte er sehr. Immer wieder – auch als er längst ein berühmter Maler war – versuchte er dieses Ereignis in seinen Bildern festzuhalten als eine der vielen Erinnerungen an sein geliebtes Heimatstädtchen Witebsk.

Der Name dieses Malers ist Marc Chagall. Er wurde 1887 in Witebsk in Russland geboren und starb 1985 in Saint-Paul-de-Vence in Frankreich.

(Ursula Mueller)

Kinder- und Jugendbücher zum Vorlesen

Der Schriftsteller Hans Georg Noack hat einmal in einem Referat gesagt: *Das Schreiben von Jugendbüchern ist Fortsetzung der Pädagogik mit anderen Mitteln.* Ähnlich hat sich Willi Fährmann geäußert: *Ich schreibe, weil ich glaube, dass die Welt zum Guten hin verändert werden muss* ... Wenn diese Auffassungen richtig sind, dann gilt auch: Das Lesen oder Vorlesen von Jugendbüchern ist Pädagogik und ist besonders in den Fächern sinnvoll, denen der Glaube zu Grunde liegt, „dass die Welt zum Guten hin verändert werden muss". Wo liegt nun *das „Pädagogische" an Jugendbüchern?*

- Sie sind *für Jugendliche* geschrieben (Adressaten).
- Sie *veranschaulichen* etwas Abstraktes (z. B. die „Zeit" in „Momo") oder bringen etwas weit Entferntes (räumlich und zeitlich) nah.
- Sie *motivieren* (z. B. durch Spannung oder Humor).
- Es werden *Probleme* aufgezeigt und *Lösungen* angedeutet (z. B. Randgruppen).
- Es werden *Identifikationsmöglichkeiten* gegeben („Weißt du, in jeder Geschichte findest du ein Stück von dir selbst. Du lernst dich besser kennen", sagt Lillimaus in „Der überaus starke Willibald" von W. Fährmann).
- Und schließlich: Das Vorstellungsvermögen und die *Fantasie* werden angeregt, gefördert und ausgebildet.

Für den Deutschunterricht ist das Lesen von Jugendbüchern inzwischen auch in den Lehrplänen verankert. Es gibt sinnvolle und praktikable Unterrichtsvorschläge bei den Verlagen, bei der „Stiftung Lesen" usw. ..., in denen u. a. auch kreative Möglichkeiten der Erschließung von Jugendliteratur vorgestellt werden.

Im Religionsunterricht beschränke ich mich, wenn ich ein gutes Kinder- oder Jugendbuch zu einem Thema finde, oft nur auf eine Methode: *Vorlesen mit anschließendem Gespräch.* Die Schüler (und ich!) genießen es, Zeit für das Lesen bzw. Hören einer langen Geschichte zu haben, bei der sie nicht auf Aufbau, sprachliche Mittel usw. achten müssen, sondern sich in die Welt dieses Buches hineinversetzen können. Anders als beim Film wird beim Lesen und besonders beim Hören viel stärker ihre Fantasie beansprucht, d. h., sie selbst sind stärker beteiligt. Ich lese meistens selbst vor oder benutze eine Kassette (z. B. Autorenlesung), um die Konzentration der Schüler auf den Inhalt zu fördern. Dabei habe ich auch die Möglichkeit zu unterbrechen, wenn es sinnvoll erscheint, z. B. wenn etwas erklärt werden muss oder wenn etwas Neues beginnt. Nach meiner Erfahrung hören Schüler besser zu, wenn sie das Buch nicht selbst haben. Auch die Vorfreude auf die nächste Stunde ist größer: „Lesen wir heute weiter?", werde ich oft noch vor der Tür zum Klassenraum gefragt.

Im Folgenden werden ein paar Jugendbücher mit einigen Tipps zur Einbindung in den Unterricht vorgestellt. Die Auswahl der Bücher richtet sich jeweils auch nach der Absprache mit den Deutschlehrern. Bücher, die für jüngere Kinder geschrieben sind, eignen sich manchmal auch für einen Einsatz in höheren Jahrgängen; aus der Perspektive von älteren Jugendlichen können oft noch andere Dimensionen wahrgenommen werden.

Jahrgangsstufe 5/6

- ERICH KÄSTNER, *Die Konferenz der Tiere, dtv junior*
Inhalt: Weil die Menschen nicht in der Lage sind, in Frieden zu leben, versammeln sich die Tiere zu einer Konferenz. Durch die Entführung der Kinder erreichen sie, dass die Menschen schließlich einen Vertrag unterschreiben, der den Frieden in Zukunft sichern soll (mit viel Witz und Ironie geschrieben).
Nach dem Vorlesen: Malen (die Welt vor und nach der Konferenz); Gespräch über die einzelnen Punkte des Vertrages (Bezug zur Gegenwart), besonders der Satz *Es gibt keine Trägheit des Herzens mehr* wird bedacht (evtl. Beschäftigung mit dem Symbol „Herz", vgl. S. 64 ff.).
- PETER HÄRTLING, *Ben liebt Anna. Beltz und Gelberg*, ist eine altersgemäße Liebesgeschichte (einfühlsam und humorvoll).
- MAX BOLLINGER, *Joseph, Mose, David, Daniel. Ravensburger.* Die vier Bücher sind spannende und einfühlbare Nacherzählungen der biblischen Geschichten.
- EVELYN CLEVE, *Helen Keller. Cecilie Dressler Verlag, 1947*
Mit viel Einfühlungsvermögen und Verständnis erzählt die Autorin die außergewöhnliche Lebensgeschichte der Helen Keller, die – seit ihrem zweiten Lebensjahr infolge einer Gehirnhautentzündung blind und taub – ihr schweres Leiden mit Hilfe ihrer Lehrerin und Erzieherin Anne Sullivan überwand (auch heute noch beeindruckend).
Themen: Leben, Liebe, Schöpfung, Behinderung, Blindsein
Anschluss: Wundergeschichten Jesu, besonders Heilungen, *Vergleich:* Anne Sullivan – Jesus (*Markus 8, 22–25*).
- ARNULF ZITELMANN, *Zwölf Steine für Judäa. Beltz und Gelberg*
Inhalt: Eine judäische Kriegsgefangene flieht – als Junge verkleidet – aus Rom, um die größte Kostbarkeit Israels nach Jerusalem zurückzubringen. Sie wird von Sklavenfängern des römischen Kaisers verfolgt, erlebt Unwetter und kämpft mit Wölfen. Aber immer wieder findet sie Schutz und Hilfe. In Jerusalem angekommen, findet sie Tempel und Stadt zerstört. Die letzten Freunde ihres Vaters findet sie in der Bergfestung von Masada.
Themen: Situation der Juden unter der Herrschaft der Römer, jüdisches Leben, Zerstörung Jerusalems, Liebe/Freundschaft, Sinn des Lebens (Gnostisches Gedankengut wird für Schüler nachvollziehbar und anschaulich erläutert und mit anderen Vorstellungen verglichen.)

Jahrgangsstufe 7/8

- WILLI FÄHRMANN, *Es geschah im Nachbarhaus. Arena Tb*
Inhalt: Eine jüdische Familie gerät in den Verdacht, ein Kind ermordet zu haben. Das Buch ist nach einer tatsächlichen Begebenheit (um 1900 in Xanten) nach Gerichtsakten geschrieben. Es ist gleichzeitig eine Geschichte der Freundschaft und der Aufklärung von Vorurteilen. Die Hauptperson ist Siggi (12 Jahre alt).

Vermittlung: Das Buch wird vorgelesen und an verschiedenen Stellen für Gespräche unterbrochen; auch längere Exkurse über bestimmte Themen (Geschichte der Juden, Vorurteile heute, Liebe/Freundschaft) oder Kapitel (Schlüsselkapitel mit der Maus) sind möglich. Ausgehend von dem letzten Satz des dritten Kapitels „Arglos übersah er die ersten Zeichen der Mauern, die rings um ihn emporwuchsen" kann eine Mauer gezeichnet werden (mit Bleistift), die nach und nach ausgestaltet wird (Steine beschriften, Durchbrüche, Blumen o. Ä.) und den Verlauf der Geschichte veranschaulicht.

- JAAP TER HAAR, *Behalt das Leben lieb. dtv pocket*
  Inhalt: Durch einen Unfall verliert der 13-jährige Beer sein Augenlicht. In der nächsten Zeit durchlebt er Phasen tiefster Niedergeschlagenheit, aber auch Augenblicke der Hoffnung. Die Familie wird vor Probleme gestellt, die nur mit viel Einfühlungsvermögen zu bewältigen sind. Mit Hilfe eines todkranken Studenten, den er im Krankenhaus kennen lernt, lernt Beer das Leben wieder zu lieben.
  Themen: Blind sein, Sinn des Lebens, Freundschaft
  Nach Vorlesen und Gesprächen über die einzelnen Stationen werden einzelne wesentliche Zitate diktiert. Zum Abschluss schreiben die Schüler einen Aufsatz zum Thema *Was lernt Beer über das Leben?* Vgl. auch S. 109 f. und 187 f.

- ANN LADIGES, *Hau ab, du Flasche! rororo Rotfuchs*
  Das Buch kann man begleitend vorlesen, wenn man das Thema Sucht (Alkoholismus) behandelt.

- HANS GEORG NOACK, *Rolltreppe abwärts. Ravensburger Tb*
  Inhalt: Ein von seinen Eltern allein gelassener Junge gerät auf die schiefe Bahn und landet in einem Heim für schwer erziehbare Jungen. Die Hauptperson ist der 13-jährige Jochen.
  Themen: Außenseiter/Alleingelassene, Erziehung, Schuld/Verantwortung, Kriminalität/Strafe

Schülerarbeit zu „Behalt das Leben lieb"

● *Vermittlung* durch Vorlesen (oder Autorenlesung auf Kassette, Schumm sprechende Bücher, 7157 Murrhardt) und Gespräche.
Möglichkeiten im Anschluss:
Rollenspiel (Kl. 10): Gerichtsverhandlung nach Jochens letzter Festnahme. Personen: Jugendrichter, Staatsanwalt, Verteidiger, Sachverständiger (z. B. Psychologe), Zeugen (Hamel, Mutter, Freunde usw.). *Hauptthema: Schuldfrage* (Ist Jochen schuldig? Wer ist schuld an Jochens Schicksal?)
Malen: Titelbild zum Buch, Plakat zu einer Theateraufführung
Sprachliche Gestaltung: Ein weiteres Kapitel schreiben.
Vergleich mit dem Gleichnis vom verlorenen Sohn (*Lk. 15*): Jesus erzählt das Buch als Beispielgeschichte heute. An welcher Stelle müsste die Handlung anders verlaufen (im Sinn von *Lk. 15* – Entgegenkommen des Vaters)? Wem könnte er es erzählen (wer sind die Pharisäer heute)?

Jahrgangsstufe 9/10 und höher

Bücher für diese Jahrgangsstufe werden im Kapitel *„Biografien"* vorgestellt, S. 86, 105, auch S. 152.

● Anhand des Jugendsachbuches von H. VINKE *Das kurze Leben der Sophie Scholl* kann man über verschiedene Themen nachdenken und diskutieren, wenn man nach dem Vorlesen einzelner Kapitel bestimmte Seiten kopiert und mit entsprechenden Arbeitsaufgaben versieht.
Mögliche Themen: Christen im Widerstand, Werte/Normen und der Einsatz für sie, Autorität, Beziehung zur Natur, Freiheit/Abhängigkeit, die Bedeutung „christlichen Verhaltens", Verhältnis Politik und Religion, Lohnt sich der Einsatz eines Einzelnen, wenn er mit dem Leben bezahlen muss?

● Gute Erfahrung habe ich mit dem Lesen des Kinderbuches *Der überaus starke Willibald* von WILLI FÄHRMANN in dieser Jahrgangsstufe gemacht durch einen Vergleich mit dem Trickfilm *Die Farm der Tiere* nach GEORGE ORWELL.

Spielfilme – ihre Einbindung in Unterrichtsreihen

Einwände und Chancen

Der Einsatz von Spielfilmen in zweistündigen Fächern ist schon von der Zeit her problematisch. Die Spieldauer beträgt meist mindestens 90 Minuten. Wenn man die Zeit für Aufbauen und Wegräumen mitrechnet, schafft man es selbst in einer Doppelstunde nicht, den Film zusammenhängend und komplett zu zeigen. Und die nötige Einführung und Aufarbeitung, die nach meiner Erfahrung am besten im zeitlichen Zusammenhang mit dem Film erfolgen sollte, muss dann auch entfallen.

Ich halte es dennoch für Gewinn bringend, Spielfilme im Unterricht einzusetzen, zumal wenn es gute Filme sind, die Schüler sich sonst eventuell gar nicht ansehen oder zumindest nicht reflektieren würden (vgl. auch S. 48 ff.). Zwei Voraussetzungen müssen beim Einsatz von Spielfilmen im Unterricht erfüllt sein: *Der Film muss aufgearbeitet werden und er sollte in eine Unterrichtsreihe eingebettet werden.* Schüler sind es gewöhnt, dass Filme durch Werbung unterbrochen werden, deshalb haben sie keine Probleme, wenn man den Film nach einer gewissen Zeit abbricht. In einer 45-minütigen Unterrichtsstunde kann man ca. 35 Minuten eines Films zeigen. Der Rest bleibt für die Reflektion des Gesehenen durch ein Unterrichtsgespräch oder durch Notizen, die Schüler nach vorher gegebenen Beobachtungsaufgaben machen. Wegen der Länge der Zeit wird der Spielfilm in der Regel als Leitmedium eingesetzt.

Erzväter audiovisuell – Abraham

In der Ausgabe 2/96 der Zeitschrift für Medienpädagogik „Medien praktisch" befindet sich ein Bericht von FRANK HIDDEMANN (Theologe und Literaturwissenschaftler) über eine Tagung von Medienexperten zu Leo Kirchs Bibelfilm-Reihe. *Erzväter audiovisuell – Zwischen neuer Unbefangenheit und alter Kulturkritik* lautet die Überschrift.

Ich habe mich für die „neue Unbefangenheit" entschieden und den zweiteiligen Abraham-Film in einer Klasse 5 gezeigt. Ein paar Aussagen in dem Bericht haben mich bestärkt: Die Serie wurde *unter ständiger Beratung durch Kirchenvertreter aller Konfessionen (und eines Konfessionslosen) geplant und entwickelt.* Ein vom Katholischen Filmwerk (KFW) angebotenes Paket mit Videokassetten und Begleitmaterial *ermöglicht medienpädagogische Vorarbeit. Das Bibelfilm-Projekt hat diese Fabulierlust und teilt die Effektdramaturgie des in weiten Teilen narrativ verfassten Alten Testaments.* Auch in Zukunft werden ethische Orientierungen *eher narrativ erreicht werden müssen.* Dabei geht es *um die mediale Beerbung: die Bilder, Geschichten, Sprüche und Gleichnisse, in denen die jüdisch-christliche Tradition sich aufschrieb und in denen es sich gelassen wohnen lässt.*

Nach einer Einführung in das Thema *Abraham* habe ich den Film in ausgewählten Sequenzen mit Unterbrechungen für Gespräche und Notizen über mehrere Stunden hinweg gezeigt. Alle Schüler waren bei der Sache, haben sich auf die nächste Stunde gefreut und jeweils am Ende einer Sequenz bereitwillig die entsprechenden Aufgaben erledigt. Bei der abschließenden Beschäftigung mit einem neutestamentlichen Text, der sich auf Abraham bezieht (Hebr. 11) wurde deutlich, dass Abraham die Kinder bewegt und als Vorbild für die heutige Zeit gesehen wird.

Jahrgangsstufe: 5–7
Zeitaufwand: ca. 10 Stunden für die ganze Reihe
Material: Bibel; Film: Abraham (I/II), Joseph Sargent, BRD/Italien/USA 1993, 180 Min.
Intentionen: Nachdenken über die Bedeutung von Abraham früher und heute
Thematische Stichpunkte: Abraham, Aufbruch, Glaube an Gott, Menschenfreundlichkeit, „Stadt Gottes", Stammvater für drei Religionen
Tipps: Comic zu Abraham (S. 110 f.); Darstellung der Aufbruchssituation (Arbeitsheft, S. 182); Segen (Symbol „Hand", S. 72); Biografien S. 91

Hinführung

Die Schüler beschäftigen sich als *Hinführung* zunächst mit dem Beginn der Abrahamserzählung in der Bibel: *Genesis 1,1–9.* Sie können die Erzählung gliedern und evtl einen Comic dazu zeichnen (vgl. S. 110 f.).

Auf einige *Hintergründe* kann man näher eingehen:

- Nomadenleben (evtl. Dias zeigen)
- Die ursprüngliche Heimat Abrahams (Ur in Chaldäa): das Leben in den großen Städten Babyloniens (Turmbau, Tempel, Herrscherpaläste, Sklavenarbeiter usw.)
- Glaube an Gott und Götter, Bedeutung von Opfern

Folgende Aspekte können auf *heutige Situationen* bezogen werden:

- Aufbruchssituationen: *Wann geben Menschen ihr bisheriges Leben auf, um etwas Neues zu beginnen? Warum?* Die Schüler erzählen z. B. über Umzug oder Schulwechsel. *Was bedeutet der Abschied? Welche Chancen bietet der Neuanfang?* (vgl. S. 91, Biografien)
- Segen: *Bevor Abraham sich auf den Weg macht, denkt er darüber nach, was Gott gesagt hat. Er fragt sich: Was meint Gott mit „Sei ein Segen"? Schreibt einige Gedanken Abrahams auf.*

Die Schüler betrachten ein Bild, das die Situation zwischen Abschied, Verheißung und Aufbruch deutlich macht (*Walter Habdank: Abraham,* S. 182) und sprechen über die einzelnen Elemente des Bildes. Die Haltung Abrahams können sie selbst ausprobieren. Sie bekommen eine Kopie des Bildes und vervollständigen sie mit ihren Gedanken: *Was liegt hinter Abraham? Was verlässt er? Was liegt vor ihm?* (der Weg durch die Wüste) *Was sieht/erträumt er?* (vgl. Beispiel einer Schülerarbeit S. 182).

Der Film

Der Film wird in Sequenzen gezeigt. Man kann ihn immer dann unterbrechen, wenn eine neue Situation beginnt.

Die Schüler bekommen den Auftrag, besonders auf die Person des Abraham zu achten. Nach jeder Sequenz schreiben sie einen Satz auf, der etwas über Abraham aussagt. Außerdem wird ihnen Gelegenheit gegeben, Fragen zu stellen.

Beispiel aus dem Heft einer Schülerin (Kl. 5):

Abraham schenkt einem Sklaven Freiheit / Er verzichtet auf das Land und vermeidet damit einen Krieg / In der Verzweiflung bittet er Gott / Er gibt die Hoffnung nicht auf, trotzdem, Sara bestärkt ihn in seinem Glauben / Er liebt Sara, sie ist ihm wichtiger als sein Leben / Er ist großzügig, er teilt das Wasser mit den anderen / Lot geht weg, weil nicht genug Wasser da ist, Abraham lässt auch Lot die Freiheit / Lot macht seine eigene Erfahrung, in Sodom / Abraham verspricht dem Elieser sein Vertrauen / Abraham ist sehr mutig / Er verzichtet auf Beute und auch auf Gefangene / Gott schließt mit Abraham einen Bund.

Gott gibt ein Versprechen an Abraham: so viele Sterne am Himmel stehen, so ein großes Volk wirst du haben. Du wirst auch Kinder haben. Auch wo sie schon so alt sind, glaubt er Gott doch. / Die Magd Hagar bekommt den Sohn Ismael. Abraham lehrt seinen Sohn, besonders lehrt er ihn Gott / Der Bund wird erneuert: Abraham und Sara sollen einen Sohn bekommen, Isaak soll er heißen / Abraham lässt nicht locker, sich für die Gerechten einzusetzen / Abraham ist Gottes Freund / Sara lacht zuerst: wie soll denn das gehen? Danach glaubt sie aber / Isaak = lachen / Abraham hat Ismael und Hagar weggeschickt. Aber Ismael und Hagar stehen im Glauben zu Gott. Wasser fließt in der Wüste / Abraham vertraut Gott absolut / Gott will nicht, dass Menschen geopfert werden / Ende

Man kann bestimmte Sequenzen auswählen und sich mit ihnen näher befassen. Die Schüler können sich auch mit anderen Personen des Films beschäftigen, z. B. Sarah, Lot, Hagar, Isaak, Ismael (evtl. die entsprechenden Bibelstellen dazu lesen). Auch die Beziehungen zwischen den einzelnen Personen können Thema sein.

Weiterführung

Zwei Bilder aus dem Schluss des Films können Anlass sein, sich über die Bedeutung Abrahams Gedanken zu machen:

1. *Vor der „Opferung" Isaaks reckt Abraham die Arme hoch und ruft: „Warum???"* Die Bindung Isaaks zeigt Abrahams absolutes Vertrauen. *Gibt es heute Situationen, in denen von Menschen solches Vertrauen gefordert wird?* Die Schüler nennen Beispiele, wo Menschen trotz Leiderfahrung den Glauben nicht verlieren.

2. *Über dem Grab von Abraham reichen sich Ismael und Isaak die Hände.* Dieses Bild kann Anlass sein, über die Bedeutung Abrahams für die Moslems zu sprechen. Auch auf das gegenwärtige Verhältnis zwischen Juden und Moslems kann eingegangen werden (Handschlag zwischen Arafat und Rabin).

Die Schüler können diese beiden „Bilder" aus dem Film beschreiben, malen oder nachstellen, Gedanken dazu aufschreiben und über die Bedeutung sprechen.
    Die Bedeutung Abrahams für Christen kann man mit einem Text aus dem Neuen Testament erklären: Hebräer 11,8–10.

Aufgabe:

Was wird über Abraham gesagt? Was ist mit „Stadt Gottes" gemeint? Was ist wichtig für diese Stadt? Malt einen Stadtplan oder Häuser oder eine Stadtmauer und schreibt eure Gedanken dazu. Ihr könnt dem Fluss, den Straßen, den Brücken, Plätzen und Gebäuden passende Namen geben oder eure Überlegungen in die Steine der Stadtmauer oder an die Türen der Häuser schreiben.

Als Abschluss der Unterrichtsreihe kann jeder Schüler Abraham einen persönlichen Namen geben *(Ich nenne Abraham den ...).*

Gandhi

Den Gandhi-Film leite ich durch zwei längere Unterrichtsreihen ein (Hinduismus, Bergpredigt) und lasse nach dem Film einen Test schreiben, der den Film mit Themen der beiden Reihen verbindet. Dadurch ist sowohl das Thema *Hinduismus* als auch die Beschäftigung mit der *Bergpredigt* eingebettet in einen Zusammenhang. Der Hinduismus ist als Grundlage für die Herkunft und den Glauben Gandhis wichtig. Die Bergpredigt wird an einigen Stellen zitiert und zeigt die christliche Version der „Gewaltlosigkeit", die Martin Luther King später aufgegriffen hat. Außerdem ist sie die Zusammenfassung der Lehre Jesu und damit wichtig für das Verständnis des Christentums. Auch Gandhi hat Jesus verehrt.

Jahrgangsstufe: ab 8
Zeitaufwand: je nach Intention ca. 10 Stunden (für den Film: 5 Stunden)
Intentionen: Kennenlernen wesentlicher Elemente des hinduistischen Glaubens, Beschäftigung mit Aussagen der Bergpredigt, Einordnung der Person Gandhis, Auseinandersetzung mit dem Prinzip der Gewaltlosigkeit

Man kann mit einer allgemeinen Information über Indien und den hinduistischen Glauben beginnen, z. B. anhand einer Dia-Reihe. Eine Zusammenfassung des **Hinduismus** und gleichzeitig eine Hinführung zum Film ist das *Glaubensbekenntnis Gandhis:*

> Ich nenne mich einen Hindu, weil ich an die Veden, die Upanischaden, die Puranas und alles, was zu den Hinduschriften gehört, glaube, und darum auch an Awataras und an Wiedergeburt. Ich glaube an Varnashrama in einem, nach meiner Meinung, strikt vedischen Sinne. Ich glaube an den Schutz der Kuh. Ich verwerfe die Bilderverehrung nicht.

Die Schüler bekommen den Text des Bekenntnisses und eine Zusammenstellung mit Erklärungen der Begriffe, die darin vorkommen: Veden, Upanishaden, Puranas, Awataras, Wiedergeburt, Vanashrama, Schutz der Kuh (vgl. „Entdeckungen machen 2", S. 238 f., Cornelsen). Sie können auch mit einem (Religions-)Lexikon arbeiten (UDO TWORUSCHKA, *Lexikon Die Religionen der Welt. Gütersloh 1999*).

Aufgabe:

Schreibt das Glaubensbekenntnis Gandhis so, dass man versteht, was mit den einzelnen Begriffen gemeint ist.

Anschließend kann jeder ein eigenes Glaubensbekenntnis formulieren bzw. versuchen zu begründen, warum er nicht glaubt (diese Möglichkeit sollte allen zugestanden werden): *Ich nenne mich Christ/Christin, weil ... oder: Ich nenne mich nicht Christ (Ich glaube nicht), weil ...*

Beispiel (Kl. 9):

Ich nenne mich eine Christin, weil ich an Gott glaube und an geringe Teile des Alten Testamentes. Ich glaube an den Himmel, die Kirche und die Vergebung, aber nicht an die Hölle. Ich bin mir nicht sicher über Jesus, das Neue Testament und viele Teile des Alten Testamentes, z. B. glaube ich nicht an Adam und Eva. Ich glaube an die 10 Gebote und den Schutz der Anwesenheit Gottes.

Je nach Interesse der Schüler kann man auf bestimmte Inhalt des hinduistischen (und christlichen) Glaubens näher eingehen. Das Prinzip der Gewaltlosigkeit gegen alle Lebewesen (ahimsa) sollte angesprochen werden (vgl. S. 14 ff.).

Nach einer Information über die **Bergpredigt** (historisch-kritische Einordnung) und ihre Bedeutung ist es sinnvoll, den Schülern den gesamten Text z. B. in einer modernen Übersetzung vorzulesen. Zunächst kann man dann auf unverständliche Stellen eingehen oder auf Aussagen, die unrealistisch scheinen. Anschließend sucht sich jeder einen Abschnitt aus, der ihn interessiert, und schreibt ein paar Gedanken dazu auf. Nach der Vorstellung der ausgesuchten Textstellen wird über das jeweilige Thema diskutiert. Je nach Interesse können für die nächste Stunde noch Zusatzinformationen oder aktuelle Beispiele gesammelt werden. Auf Sätze, die sich auf das Thema „Gewaltlosigkeit" oder „Feindesliebe" beziehen, wird besonders eingegangen (*Matth. 5, 1–12* und *5, 38–48*). Über die Umsetzung der Feindesliebe in den politischen Alltag wird diskutiert (*Kann man mit der Bergpredigt regieren?*). Menschen, die die Bergpredigt als Maßstab für ihr Leben gesehen haben, können vorgestellt werden (z. B. Franz von Assisi und Martin Luther King).

Bevor der **Film** gezeigt wird, wird eine kurze Information über die politische Situation zur Zeit Gandhis gegeben (Entkolonialisierung, britisches Mandat). Auch über die Moslems sollten die Schüler etwas wissen. Es würde zu weit führen, alle Zusammenhänge im Einzelnen zu erklären, vieles wird auch in dem Film deutlich. Ein kurzer Überblick über Gandhis Leben ist sinnvoll, aber zum Verständnis des Films nicht unbedingt nötig.

Der Film wird fortlaufend gezeigt, ca. 10 Minuten vor Ende des Unterrichts wird er unterbrochen, um Möglichkeiten für Rückfragen zu geben. Aufgearbeitet wird der Film nach dem Ende des letzten Teils. Danach wird über einzelne Szenen gesprochen. Je nach Interesse werden Zusatzinformationen gegeben, z. B. anhand einer Biografie (MIKE NICHOLSON, *Mahatma Gandhi. Arena, Würzburg 1989, Reihe: Vorbilder*). Zitate von und über Gandhi werden aufgeschrieben (und eventuell auswendig gelernt). Die Frage „Was ist gewaltloser Widerstand?" wird ausführlich besprochen und anhand einiger Filmszenen erklärt. Über die Wirkung Gandhis z. B. auf Martin Luther King („Von Christus habe ich den Geist, von Gandhi die Methode") wird informiert.

Da die Leistung der Schüler während der Film-Zeit (ca. 5 Ustd.) nicht bewertet werden kann, muss sie anschließend „abgefragt" werden (die meisten sehen das ein). Der **Test** (ca. 20–40 Min.) ist eine Verknüpfung der beiden Unterrichtsreihen mit dem Film und gleichzeitig eine Überprüfung dessen, was von den Themen und vom Film in Erinnerung geblieben ist.

Aufgaben:

1. *An welchen Stellen des Films wird etwas über den Hinduismus deutlich? Was?*
2. *Nenne Sätze aus der Bergpredigt, die zu dem Film passen, beschreibe die entsprechende Szene und begründe die Zuordnung. (Die Bibel kann benutzt werden.)*
3. *Was ist gewaltloser Widerstand? Erkläre den Begriff und bringe Beispiele aus dem Film.*

Die Schüler können Schwerpunkte selbst wählen. Mindestanforderung ist ein Beispiel für jeden Punkt. Bewertet werden nur die richtigen Aussagen (1 Punkt für jede richtige Aussage).

Ich habe mit diesem Test positive Erfahrungen gemacht. Fast alle Schüler haben passende Beispiele gefunden und zu den Themen etwas beitragen können.

Jesus von Montreal

Dieser Spielfilm ist ein gelungener Versuch, das Thema „Jesus" in die heutige Zeit zu übertragen. Für Jugendliche ist er u. a. deshalb ansprechend, weil die Hauptpersonen junge Menschen sind, die in Sprache und Erscheinungsbild „modern" wirken.

Zum Inhalt: Ein junger Schauspieler bekommt den Auftrag, in einem Passionsspiel in Montreal Jesus darzustellen. Er ist zunächst skeptisch, weil er dem christlichen Glauben nicht sehr nahe steht, sieht die Aufgabe aber dann als Herausforderung und sagt zu. Er findet andere junge Schauspieler und Schauspielerinnen, die bei dem Projekt mitmachen wollen. Er nimmt seine Aufgabe sehr ernst und beschäftigt sich intensiv mit dem Thema. Er lernt die moderne Theologie mit ihren umstrittenen Themen kennen und erfährt „am eigenen Leib", welcher „Sprengstoff" in der Person Jesu steckt. Während der Proben lernt er auch die konservative Haltung der katholischen Kirche kennen. Zunehmend identifiziert er sich mit der Person Jesu, handelt ähnlich und erlebt Ähnliches, z. B. die „Versuchung" durch einen Manager, der ihm Geld und Ruhm verspricht, wenn er sich durch ihn „vermarkten" lässt. Die Identifikation mit Jesus geht im Film so weit, dass die Hauptperson während der Aufführung bei einem Tumult mit dem Kreuz stürzt, lebensgefährlich verletzt wird und schließlich stirbt. Ob die Organspende, der seine Kolleginnen (Jüngerinnen?) nach langer Überlegung zustimmen, an die Auferstehung Jesu erinnern soll, bleibt offen. Dieser Punkt bietet neben vielen anderen für Schüler eine gute Diskussionsgrundlage. Eine interessante Parallele zu Jesus erkennt man auch in der Beziehung der Hauptperson zu den Frauen.

Die Schüler identifizieren sich besonders mit dem sympathischen jungen Hauptdarsteller und befassen sich auf diese Weise mit den Anliegen Jesu, die im Film nach und nach deutlich werden.

Jahrgangsstufe: ab 10
Zeitaufwand: ca. 4 Doppelstunden
Intention: über die Person und Botschaft Jesu und ihre Relevanz für die heutige Zeit nachdenken

Als Voraussetzung sollten sich die Schüler vor Ansehen des Films mit der Person Jesu auseinander gesetzt haben, evtl. auch etwas über die historisch-kritische Forschung und die moderne Theologie wissen. Eine Unterrichtsreihe über die Passion Jesu kann dem Film vorausgehen, in der die Gründe für die Kreuzigung und die Bedeutung der Auferstehung deutlich werden sollten. Sinnvoll ist auch eine Beschäftigung mit dem Thema *Jesus und die Frauen.*

Da dieser Film sehr viele Informationen enthält und auf verschiedenen „Ebenen" spielt (Jesus/Schauspieler), ist es sinnvoll, ihn zweimal zu zeigen.

Das erste Mal wird er ohne spezielle Einführung gezeigt. Die Schüler sollen sich zunächst in die Situation der Hauptperson und der anderen Mitwirkenden hineinversetzen und den Film auf sich wirken lassen, ohne sich mit den theologischen Hintergründen zu befassen.

Nach Ende des Films werden spontane Eindrücke genannt, Fragen gestellt und Deutungen geäußert. Eine Überschrift, die den Hauptinhalt des Films zusammenfasst, wird an die Tafel geschrieben. Dann werden die Gemeinsamkeiten mit der Geschichte Jesu herausgesucht und stichwortartig unter die Überschrift geschrieben.

Beispiel (Kl. 10)

Die Geschichte einer zunehmenden Identifizierung mit Jesus

Film	Neues Testament
– Schauspieler werden ausgesucht (aus einfachen Kreisen)	– Jesus beruft seine Jünger (aus einfachen Kreisen)
– Verbot der Aufführung durch die Kirche	– Ablehnung Jesu durch führende Vertreter des Judentums
– Der Schauspieler wirft die Kameras um (bei Proben für Werbespot).	– Jesus wirft Warentische im Tempel um.
– Gerichtsverhandlung (Daniel reagiert nicht auf Vorwürfe)	– Jesus vor dem Hohen Rat (verteidigt sich nicht)
– Schauspieler lehnt Karriereangebot ab (Der Mensch lebt nicht vom Geld allein).	– Jesus widersteht der Versuchung durch den Teufel (Der Mensch lebt nicht vom Brot allein).
– Tod mit dem Kreuz	– Tod am Kreuz
– Durch Organtransplantationen (Augen/Herz) können Menschen wieder sehen bzw. weiterleben.	– Wunder Jesu (Blindenheilung, Totenauferweckung)
– Weiterleben in anderen Menschen durch Organspende	– Auferstehung

Beide (Daniel und Jesus) sehen Frauen mit anderen Augen, die Frauen folgen ihnen bis zum Tod und darüber hinaus.

Arbeitsteilige Gruppenarbeit

Jede Gruppe sucht sich ein Thema aus, befasst sich mit dem entsprechenden Bibeltext und setzt sich mit dem Thema auseinander. Zum Abschluss formuliert jede Gruppe Beobachtungsaufgaben zum Film (*Worauf soll besonders geachtet werden?*) Beim zweiten Ansehen des Films achten die Schüler besonders auf „ihre" Szenen und machen sich Notizen. Die Gruppen befassen sich erneut mit ihrem Thema aus dem Film und dem entsprechenden Bibeltext. Die Ergebnisse werden schriftlich fixiert unter der Überschrift:
Themen aus dem Neuen Testament – Im Film aktualisiert

Aufgaben:

Was steht im Bibeltext? (Inhalt und Erklärung). *Wie wird das Thema im Film dargestellt?* (Umsetzung). *Ist die Aktualisierung gelungen?* (Meinung der Gruppe). *Welche Bedeutung hat das Thema für uns?* (Evtl. Vorschläge für andere Möglichkeiten der Aktualisierung)

Anschließend tragen die Gruppen ihre Ergebnisse im Plenum vor. Die anderen stellen Fragen und äußern ihre Meinungen dazu. Je nach Interesse können einzelne Themen auch Ausgangspunkte für weitere Diskussionen und Informationen sein.

 TIPP Die beiden Filme sind in Videotheken erhältlich. Weitere empfehlenswerte Spielfilme für ältere Schüler: Biografien, S. 85 f., zum Sciencefictionfilm vgl. S. 48 ff.)

Die Zeitung – ein aktuelles Unterrichtsmaterial

Beim Zeitunglesen entdecke ich fast täglich irgendetwas, das ich für den Unterricht gebrauchen kann: einen Bericht über ein aktuelles Ereignis, Meinungen zu einem bestimmten Thema, Abhandlungen über verschiedene Bereiche des menschlichen Lebens, neue Forschungsergebnisse oder Gerichtsurteile, interessante Kleinanzeigen, bewegende Todesanzeigen, manchmal auch aussagekräftige Fotos oder zum Nachdenken anregende Karikaturen. Selbst die Werbung bietet oft Material (vgl. S. 51 ff.). Meistens schneide ich die Artikel aus und lege sie in meine Sammlung für bestimmte Themen. Wenn mich etwas besonders bewegt, nehme ich die Zeitung noch am selben Tag mit in den Unterricht und lese meinen Schülern den Artikel vor. Auf „frische" Meldungen reagieren fast alle interessiert. So werden den Schülern Themen nahe gebracht, die sonst eventuell aus Zeitgründen oder weil sie nicht im Lehrplan stehen, nicht behandelt werden. Aber auch zu den gerade „laufenden" Themen finden sich oft aktuelle Beispiele. Besonders zu den großen Themenbereichen „Frieden", „Gerechtigkeit" und „Schöpfung" findet man fast täglich etwas. In den Zeitungen sind mehr negative Meldungen enthalten als positive. Eine schöne Aufgabe für Schüler ist es, einige Tage nur ermutigende Meldungen herauszusuchen und eine „Hoffnungszeitung" zusammenzustellen (vgl. S. 68).

Zeitung als Unterrichtseinstieg

Die Schüler bringen abwechselnd Zeitungsartikel mit, die nach ihrer Meinung etwas mit „Religion" oder „Ethik" zu tun haben, und stellen sie den anderen vor. Über die Beziehung zum Fach wird kurz gesprochen. Der Vortragende kann am Schluss selbst die Begründung nennen (*Ich habe diesen Artikel ausgewählt, weil ...*) oder die anderen begründen die Zuordnung (*Der Artikel passt zum Religions- bzw. Ethikunterricht, weil ...*). Wer keine Zeitung zu Hause hat, kann auch über eine Fernsehmeldung oder -sendung berichten. Alle Schüler schreiben das jeweilige Thema mit Datum in ihr Heft. So haben alle am Ende des Schuljahres eine Sammlung von aktuellen religiösen oder ethischen Themen.

Aktualisierung von Themen

Zu vielen Themen (Gen-Technik, Tierversuche, Kirchenasyl, Gewaltfrage usw.) findet man oft innerhalb weniger Tage mehrere Artikel, die man dann zu einem Arbeitsblatt zusammenstellen kann.

Methodische Möglichkeiten: Fragen zu den Texten beantworten, Pro-und-Kontra-Diskussion, eigene Erfahrungen oder Beispiele erzählen, Expertenmeinungen zusammenstellen. Besonders bewährt hat sich, zu den einzelnen Artikeln Leserbriefe zu schreiben, in denen die eigene Meinung zum Ausdruck gebracht wird (vgl. auch S. 53). Auch meditativ kann man sich mit den Artikeln befassen: *Wenn ich den Zeitungsausschnitt lese, denke ich ... frage ich ... fühle ich ... fürchte ich ... hoffe ich ... will ich selbst ...* Im Religionsunterricht kann die Zeitung auch Anlass sein, Gebete zu formulieren oder Bibeltexte zuzuordnen bzw. mit Hilfe der Zeitungstexte zu aktualisieren. (vgl. S. 112 ff.)

Collagen aus Überschriften und Schlagzeilen können den aktuellen Bezug eines Themas besonders deutlich machen. Dazu muss allerdings viel Zeitungsmaterial zur Verfügung stehen, damit ein ganzes Blatt zu einem Thema gefüllt werden kann. Die unterschiedlichen Anordnungen zeigen die verschiedenen Akzentuierungen.

Beispiele für Leserbriefe zum Thema „Was ist der Mensch wert?" (Kl. 9)

„Tote Babys vom Arzt verkauft? Ist das wirklich wahr? Wie kann der Mensch nur so etwas tun? Das muss doch schlimm für die Mütter sein, falls sie überhaupt davon wissen! Ich finde, man kann auch ein tot geborenes Baby nicht als Sache behandeln, denn es ist doch immerhin ein Mensch. Man verkauft ja auch nicht die Leichen von Menschen, die in hohem Alter gestorben sind. Man muss etwas dagegen tun. So was muss bestraft werden!" *(Christina K.)*

„Liebe Damen und Herren der Redaktion FZX, ich finde es sehr lobenswert, dass Sie den Artikel ‚Krankenhaus verkauft Babies' veröffentlicht haben. Denn ich finde, dass endlich jemand die Geschäftemacherei mit Menschenleben aufdecken sollte. Ich finde es gut, dass Sie die Öffentlichkeit auf das Problem Menschenhandel aufmerksam gemacht haben. Es wird z. B. armen Müttern im Krankenhaus gesagt, dass ihr Kind gestorben wäre, und wird ins Ausland für viel Geld verkauft. Dies ist unmenschlich und menschenverachtend, Babys wie Dinge zu behandeln. Außerdem ist es ungerecht, dass Jungen mehr wert als Mädchen sind, dies ist unlogisch, da alle Menschen gleich viel wert sind und niemand bevorzugt werden darf." *(Uwe H.)*

Leben und Tod im Spiegel von Zeitungsanzeigen

Fast alle wichtigen Stationen des Lebens begegnen einem in Tageszeitungen in Form von Anzeigen: Geburt, Einschulung, Kommunion/Konfirmation, Prüfungen, Hochzeit, runde Geburtstage usw. und (natürlich?) der Tod. Todesanzeigen nehmen den meisten Platz ein. Warum? Darüber kann man mit Schülern nachdenken.

Dazwischen gibt es Anzeigen, die keiner besonderen Phase zugerechnet werden können, sondern allgemein menschliche Erfahrungen widerspiegeln, die meisten zum Thema „Liebe" mit den positiven (Glück ...) und problematischen (Enttäuschung, Trennung ...) Seiten. Manche davon sind verschlüsselte Botschaften, z. T. weil es sich um „verbotene" Liebe handelt. Diese Anzeigen interessieren Schüler besonders (das zeigt auch der Erfolg der gleichnamigen Fernsehserie „Verbotene Liebe"). Aber auch Todesanzeigen finden ihr Interesse.

Wenn man sich im Unterricht mit den Themen Leben und Tod, Liebe und Enttäuschung befasst, können die Schüler selbst auf die Suche gehen und passende Anzeigen mitbringen. *Was wird in den Anzeigen über die verschiedenen Aspekte der Themen ausgesagt? Was ist für die Menschen „Leben"? Was ist ihnen wichtig?* Zu manchen Anzeigen kann man sich Geschichten ausdenken (vgl. S. 68).

Fragestellungen:

Wer könnte die Anzeige aufgegeben haben? In welchem Zusammenhang? Warum? An wen könnte sie gerichtet sein?

Süßeste Supermatte!
Vor gut 8 Monaten wußte ich nicht
wie schön das Leben sein kann. Dann
lernte ich, was lieben heißt.
Von heute ab noch ein Jahr,
und wir sagen ja!
In Liebe
Dein Mondnasenschlumpf

Para la madre de mis hijos!
Verzeiht mein Handeln,
aber mein Herz zeigt mir den richtigen Weg!
Y.T.q. tan mucho para siempre!
Paß' mir gut auf Ch. und L. auf!

Liebe Ilona!
Du hast recht, ich kann nicht mehr in den
Spiegel schauen, doch ich möchte es wieder, gib mir die eine Chance, ich liebe Dich,
auch wenn [...]

„11" Jahre
Ich liebe Dich wie am 1. Tag.
Peter

Zur Silberhochzeit
Helga & Ludger
16. Oktober   70 - 95
. . . nie vergessen
Vor 25 Jahren
war Liebe & Vertrauen der Anfang von allem.
Er hat Dir, Du hast ihm so gut gefallen,
Euer Leben war wunderbar, heiter & leicht.
Heute geht's nur noch um den Versorgungsausgleich.
Ihr konntet nicht genug voneinander bekommen,
seht Ihr Euch heute, sind Eure Herzen beklommen,
zum Reden fehlte der Mut und die Zeit.
Den Bach hinunter ging die Menschlichkeit.
Es hat nicht sollen sein.
Ihr seid nun jeder für Euch - allein
vom Guten zum Bösen ist kein Sprung,
der Übergang ist unmerklich gemacht,
wie der Tag durch die Dämmerung sich verliert in die Nacht . . .

Happy End.
Leben. Bis
zum Tod.

Nachdenken über Sterben und Tod
Sterben und Tod sollen nicht mehr in der Öffentlichkeit verdrängt werden. Deshalb startet die Diakonie Düsseldorf eine Diskussionsreihe über
dieses Thema. Mit großflächigen Plakaten wird jetzt auf die Aktion hingewiesen. Das erste wurde gestern am Rathaus vorgestellt von Diakonie-
pfarrer Konrad Seidel (r.), Oberbürgermeisterin Marlies Smeets, die die
Schirmherrschaft übernommen hat, und André Wester von Antenne Düsseldorf, der eine öffentliche Talkrunde auf dem Schadowplatz moderiert.
RP-Foto: Thomas Bußkamp

Drei Dinge sind uns aus dem Paradies geblieben:
Sterne, Blumen und Kinder.
(Dante Alighieri)

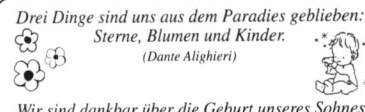

Wir sind dankbar über die Geburt unseres Sohnes

Niklas
am 19. Juni 1998 um 18.19 Uhr
58 cm · 4.330 g

*Mit **Jana**, die jetzt ein Brüderchen zu versorgen hat,*
*freuen sich riesig **Petra und Norbert Schmitz**.*

Geburtsanzeigen

Das Wunder des menschlichen Lebens wird hier besonders zum Ausdruck gebracht.

Fragestellungen:

Was bedeutet den Eltern (bzw. Großeltern) das Kind? Welche Symbole werden gebraucht im Bild und in der Sprache? Wird eine religiöse Haltung deutlich?

In diesem Zusammenhang kann über die Bedeutung und das Für und Wider der Kindertaufe gesprochen werden. Wenn die Taufe abgelehnt wird: *Sollte die Geburt mit einem anderen Ritus gefeiert werden? Wie wird sie in anderen Religionen gefeiert?* Die Sprüche verschiedener Anzeigen können gesammelt werden. Jeder sucht sich einen aus (oder bringt einen eigenen) und entwirft eine Karte als Segenswunsch zur Geburt eines Kindes. Der Song „Menschenjunges" von REINHARD MEY eignet sich gut zur Vertiefung des Themas.

Todesanzeigen

In Todesanzeigen wird besonders deutlich, welche Beziehung verschiedene Menschen zum Leben, zum Sterben und zur Religion haben.

- Wird ein *Symbol* dargestellt? Was bedeutet es allgemein und in diesem Zusammenhang?
- Gibt es einen *Spruch oder ein Gedicht*? Was wird darin ausgesagt? Woher kommt er/es (Bibel, Verfasser, unklar?)?
- Wie wird *„sterben"* zum Ausdruck gebracht? Mit welchen Begriffen?
- Was erfahren wir aus dem *Leben des Verstorbenen*?
- Was erfahren wir über den *Charakter des Verstorbenen*?
- Welche *Beziehungen* werden zum Ausdruck gebracht? Welche *Gefühle* der Angehörigen?
- Kommt eine *Hoffnung* zum Ausdruck (im Spruch, im Begriff für „sterben" oder sonst)? Welche? Was bedeutet *„tot sein"* für die Menschen?
- Gibt es *Besonderheiten* oder Auffälliges in der Anzeige?

Besondere Anzeigen findet man manchmal in den Zeitungen. Zu einer Anzeige, die mir aufgefallen war, haben meine Schüler freie Gedanken aufgeschrieben. Die Anzeige war nicht schwarz umrandet, sie bestand aus einer Fotomontage (Grashintergrund, Engelskulptur, Mensch), dem Namen einer Frau und den Lebensdaten.

Text eines Schülers dazu (Kl. 9):

Ich denke, dass es eine Todesanzeige ist, weil es so aussieht, als wenn die Frau mit dem Engel in den Himmel geht. Wie ein Marsch wird dieses Bild dargestellt, weil sie so einen schnellen und langen Schritt haben. Aber warum lächelt die Frau? Sie ist doch auf dem Weg in den Himmel. Aber vielleicht soll dadurch gezeigt werden, dass das Leben im Himmel schön ist und man keine Angst vor ihm haben muss. Man kann sich auf den Himmel freuen.

Veränderung im Blick haben – Karikaturen und Cartoons

Karikaturen kritisieren bestehende Ordnungen oder Machtverhältnisse. Sie sind besonders gut für die ethische Erziehung geeignet. Mit dem Mittel der Übertreibung versuchen sie die Aufmerksamkeit des Betrachters zu gewinnen, damit sich dieser mit dem dargestellten Problem auseinander setzt. Das ist der erste Schritt für Veränderungen. Karikaturen haben eine bessere Zukunft im Blick, sie lösen Wünsche aus und vermitteln Hoffnung auf die Veränderbarkeit der Welt. Das visionäre und utopische Potenzial der Menschen wird angesprochen. Das alles erreichen Karikaturen und Cartoons mit den Mitteln des Humors, des Witzes oder der beißenden Ironie.

Reinhold Löffler

Schüler-arbeit

Man kann sie gut einsetzen, wenn man auf ein Problem oder eine Fragestellung aufmerksam machen will; sie bringen ein Thema „auf den Punkt".

- Man kann sie als **Gesprächsanlass** nehmen. Eine Karikatur wird vergrößert auf die Mitte eines Plakates geklebt oder als Folie präsentiert. Die Schüler äußern Meinungen, Fragen und Aspekte zum dargestellten Thema. Sie können diese Äußerungen auch mit verschiedenen Farben auf das Plakat um die Zeichnung schreiben. *Welches Problem wird dargestellt? Worauf will der Zeichner aufmerksam machen? Ist seine Meinung auch meine Meinung? Welche Lösungen ergeben sich bzw. könnte es geben?*
- Die Schüler finden passende **Titel**. Eine eventuell vorhandene Beschriftung kann vorher abgedeckt und später mit den selbst gefundenen Titeln verglichen werden.
- Die **Versprachlichung** eignet sich besonders für eine Cartoonfolge: Die Schüler schreiben fortlaufende Sätze zu den Bildern, überlegen Situationen vor der dargestellten und denken sich einen Schluss aus.

- Eine beliebte und sinnvolle Vorgehensweise ist es, **Sprech- bzw. Gedankenblasen** anzufügen. Vorhandene können abgedeckt werden und die Schüler tragen ihre Versionen ein.
- Wenn verschiedene Personen abgebildet sind, kann ein **Gespräch oder Rollenspiel** entwickelt, aufgeschrieben und/oder nachgespielt werden. Man kann auch verschiedene Positionen einnehmen und diskutieren (z. B. pro und kontra).
- Eine Möglichkeit ist es auch, **Briefe** an die Personen oder Figuren zu schreiben. Dabei sollten möglichst alle von den Schülern angeschrieben werden, damit die unterschiedlichen Aspekte eines Sachverhaltes zum Ausdruck kommen.
- Da Karikaturen auf **Veränderung** zielen, ist es sinnvoll, sie auch selbst zu verändern. Man kann Alternativen oder Lösungen zeichnen. Auch Träume der dargestellten Personen lassen sich malen oder schreiben.
- Die Karikatur kann umrahmt werden mit **Fotos und Zeitungsberichten**, die das Dargestellte entweder verdeutlichen oder einen Kontrast herstellen.

 TIPP   Karrikaturen in diesem Buch S. 28, 130, 138, 174, 199

Von Hausgöttern und Glücksbringern

In der Geschichte der Menschheit begegnen uns in fast allen Kulturen Götter für die verschiedensten Naturereignisse (Hochwasser, Gewitter, Sonnenschein usw.), für die Jagd, für die Ernte, für die Fruchtbarkeit, für die Liebe und für fast alles andere, was dem Menschen (über-)lebenswichtig war und ist. Es gab Kulturen, in denen jede Familie oder Sippe ihre eigenen „Hausgötter" hatte: aus Ton gebrannte Figuren in menschlicher Gestalt, die innerhalb der Familien weitervererbt wurden (z. B. im altorientalischen Raum die so genannten „Teraphim") und mit denen häufig auch eine ganz individuelle Familiengeschichte verbunden war. Auch heute gibt es Beispiele für „heilige" Gegenstände oder Orte, die auf bestimmte Ereignisse oder Erfahrungen einzelner Menschen zurückgehen (vgl. S. 22 ff. und 37 ff.).

Mit diesem kleinen Unterrichtsversuch wollte ich den Schülern der Klasse 6 deutlich machen, dass nicht nur die Menschen vor 3000 Jahren zur Zeit Abrahams ihre „Hausgötter" hatten. Die Schüler sollten verstehen, dass die vermeintliche „Beruhigung", die ein Talisman z. B. während einer Klassenarbeit hervorrufen kann, trügerisch sein kann, wenn er die Vorbereitung ersetzen soll.

Es darf jedoch nicht Ziel der Stunde sein, den Teddybären oder die Schmusepuppe, die Kindern in diesem Alter oft noch sehr wichtig sind, abzuwerten bzw. sich darüber lustig zu machen! Vielmehr ist zu fragen: *Was macht diesen Gegenstand für mich so wichtig? Welche Erinnerungen / Empfindungen verbinde ich mit ihm? Warum fühle ich mich traurig/unsicher, wenn ich ihn nicht dabeihabe?* Das beruhigende Gefühl, das etwas Vertrautes uns geben kann auf der einen Seite – die

Abhängigkeit, in die wir geraten können, wenn wir uns krampfhaft daran klammern auf der anderen Seite: Das sind die Grenzen, innerhalb derer die Intention dieser Stunde angesiedelt ist.

Jahrgangsstufe: ab 5
Zeitaufwand: ca. 1 Stunde
Material: eigene „Glücksbringer" der Schüler
Thematische Stichpunkte: Abraham, Jakob und Laban, Schutzgötter, Glaube und Aberglaube, Christen im römischen Reich, Identität (Wer bin ich?)
Tipp: „Heiliges und Profanes/Heiliger Raum", S. 22 ff., Esoterik, S. 37 ff.

Ausgehend vom thematischen Zusammenhang werden die Schüler gebeten, darüber nachzudenken, ob es nicht auch heute noch so etwas wie „Hausgötter" gibt. Zur nächsten Stunde sollen sie einen Gegenstand mitbringen, der für sie eine besondere Bedeutung hat, z. B. einen Talisman, einen „Glücksbringer", ein besonderes Reiseandenken.

Im *Stuhlkreis* der nächsten Stunde versuchen die Schüler zunächst zusammenzutragen, welche Glücksbringer *allgemein* als solche bekannt sind (vierblättriges Kleeblatt, Hufeisen, Schweinchen, Schornsteinfeger, Pfennig usw.). Wichtig ist hier herauszustellen, dass sie allgemein als „Glücksbringer" gelten, völlig unabhängig von persönlichen Biografien oder Bindungen.

Anders verhält es sich mit den *persönlichen* Glücksbringern, die die Schüler mitgebracht haben. Diese genau zu betrachten und die jeweilige Bedeutung für den Besitzer herauszufinden ist sicherlich für alle eine spannende Angelegenheit.

Folgende Aufgabe zum Nachdenken wird an die Tafel oder auf eine Folie geschrieben und bleibt während des Unterrichtsgespräches als „Erinnerungsstütze" sichtbar:

> *Vielleicht möchtest du deinen Mitschülern den Gegenstand, den du mitgebracht hast, vorstellen.*

Fragen:

Warum bedeutet dieser Gegenstand mir etwas?
Welche Erinnerung verbinde ich mit diesem Gegenstand?
Ist dieser Gegenstand für mich so wichtig, dass ich ihn zu entscheidenden Ereignissen mitnehmen möchte (z. B. zu einer Klassenarbeit, zu einer Prüfung, zu einem Sportwettkampf)?

Wenn die Schüler sich bei der Vorstellung an den Leitfragen orientieren, wird deutlich, dass diese Gegenstände häufig mit einer ganz persönlichen Geschichte verbunden sind und dass sie sich dadurch grundsätzlich von den allgemeinen Glücksbringern unterscheiden. Manchmal gibt es allerdings sehr modeabhängige und kurzfristige Glücksbringer (bestimmte Tierchen oder Gegenstände) – vielleicht ergibt sich während des Unterrichtsgespräches eine Möglichkeit, auch diesen Aspekt aufzugreifen.

Der nächste Schritt sollte jetzt über die Beschreibung des Gegenstandes und die persönliche Verbundenheit hinaus zu einer eher *kritischen Einschätzung* führen. Hier sollte man behutsam vorgehen, damit für die Schüler keine Peinlichkeiten entstehen bzw. sie sich nicht vorgeführt fühlen.

Die Aufgabe könnte lauten:

Hast du deinen „Glücksbringer" schon einmal vergessen? Wie hast du dich dabei gefühlt?

Während des Gesprächs sollte deutlich werden, dass es zwar ein sehr schönes und sicheres Gefühl ist, den „Glücksbringer" immer dabeizuhaben, dass aber andere Faktoren zu Erfolg oder Misserfolg einer Sache in stärkerem Maße beitragen, wie z. B. regelmäßiges Training, Lernen, Aufpassen auf sich selbst und auf andere usw.

✔ TIPP Neben den Glücksbringern kann es auch spannend sein, andere Gegenstände zu untersuchen, die eine „Geschichte" haben. Interessen und Hobbys, Sammelleidenschaften und kleine Verrücktheiten können dabei deutlich werden und wir können dabei eine Menge über uns und unsere Mitmenschen erfahren. Hier noch ein paar Möglichkeiten für den Unterricht in verschiedenen Jahrgangsstufen:

● Warum verkleide ich mich zu Karneval gern als ...? (Kl. 5/6)
● Ich habe eine Lieblingsfarbe. (ab Kl. 5)
● Warum sammle ich ...? (ab Kl. 5)
● Welches Spielzeug habe ich als kleines Kind besonders geliebt? (ab Kl. 7) Was sagt es über mich aus? (Aufgabe: Mein Spielzeug erzählt)

Produkte

Statt einer Begründung, warum mir der produktorientierte Unterricht am Herzen liegt, stelle ich zwei Beispiele von Schülerarbeiten an den Anfang des Kapitels: einen Comic und eine Erzählung. Beide Arbeiten sind nicht nur schöne und beeindruckende Ergebnisse des Religionsunterrichts, sondern können zugleich als Grundlage für den Unterricht in anderen Klassen dienen. Sie können den Schülern die darin angesprochenen Themen schon deshalb nahe bringen, weil sie von Gleichaltrigen gestaltet worden sind. Die eigentliche Lernleistung liegt zwar im Prozess des kreativen Arbeitens, die greifbaren Ergebnisse bringen den Schülern aber zusätzlich Stolz und Freude über die geleistete Arbeit und dem Lehrer zugleich Nutzen (in Form von neuem Unterrichtsmaterial) und natürlich auch Stolz auf die eigene Fähigkeit, Schüler zu solchen Leistungen zu motivieren. Auch bei der Bewertung von Schülerleistungen können handfeste Ergebnisse hilfreich sein.

Die beiden folgenden Beispiele sprechen für sich und zeigen, dass es sich lohnt, den Schülern Freiheit bei der Gestaltung zu lassen. So werden verborgene Talente entdeckt.

Comic

„Von einem, der auszog, das Gruseln zu lernen"   *(von Susanne S., Kl. 10)*

Das ist Gabriel. Wie ihr seht, hat Gabriel das E-Harfe-spielen und den Himmel gründlich satt.
Was hat Gabriel nun vor? Gabriel wird a u s b r e c h e n !

Fürbaß! Noch in der selbigen Nacht heckte Gabriel einen kühnen Plan aus; er seilte sich von seiner Wolke ab, hinab in das Reich der Menschen. Wahrlich, wahrlich, dieser Engel leidet wohl an Pubertätserscheinungen!

Erst einmal brach er in einem Kleidergeschäft ein, denn in seinem englischen Aufzug konnte er sich wirklich nicht blicken lassen. Daraufhin schlief er sich in einem zufällig offen stehenden Porsche-Diesel erst einmal gründlich aus. Am nächsten Morgen machte er eine "Expedition durchs Menschenreich".

Das soll ein Engel mal verstehn! Dabei hat Opa Zeus uns immer mit so geilen Stories vollgelabert von Adam und Eva in so 'nem duften Freizeitpark, und von 'nem bärtigen Typ, der sich hat mördern lassen – nur für die Menschen, weil die so tierisch ok. sind und so. Und da dacht' ich immer, "Mensch Gabri", dacht' ich immer, "da unten is schwer was los. Da kannste mal so richtig auf deiner E-Harfe rumfetzen und sahnst den totalen Respekt bei denen ab." Und was is in echt hier Sache? Die haben mich ja echt verscheißert. Das ist ja die reine Hölle, ich glaub mich knutscht 'n Bischof eej !!

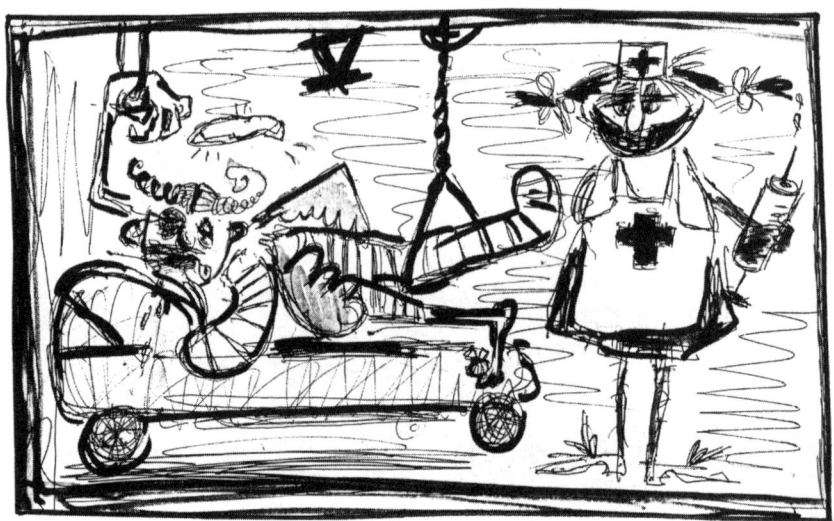

Und Gabriel, voll frustriert, läuft in die nächst beste öffentliche Herrentoilette und kehrt dort erst mal sein Inneres nach außen. Er flippert noch'n bißchen in einer Lusthöhle 'rum, zieht sich einen Joint rein, kommt zufällig in 'ne Demo rein, und weil er so total hart drauf ist in seinem Trip, kriegt er 'ne dicke Portion Tränengas ab und wird darauf birnenweich zekrüppelt. In einer Intensivstation! erlangt Gabri sein Bewußtsein wieder und beschließt erneut die Flucht zu ergreifen!

Gar heimlich stahl er sich an der dicken Nachtschwester vorbei, und alsgleich er hinausgelangt, da deucht ihm gar seltsam, daß er vor dem Forschungsinstitut der NASA stand, wo grad ein neuer Satelit abgeschossen werden sollte. Ohne viel Nachdenkens klammerte er sich just in dem Augenblick, in dem dieser sich vom Erdboden löste, an einer der Düsen fest, durchbrach knappe 2,573 Sekunden später die Atmosphäre und ward nie mehr gesehen.

Hinweise für den Unterricht

Jahrgangsstufe: erst ab 9, wegen der verschiedenen Sprachebenen
Thematische Stichpunkte: Ausbruch, Engel, Himmel, Menschen, Paradies

Wie ist der Comic entstanden?

Diese künstlerisch und sprachlich ausgereifte und zugleich witzige Schülerarbeit ist während einer religiösen Freizeit zum Thema „Sinn des Lebens" (vgl. S. 220 ff.) entstanden. Nach der Betrachtung des kurzen Zeichentrickfilms *Ein Leben in der Schachtel* und einem Gespräch im Plenum bekamen die Schüler die Aufgabe, in Gruppen etwas zu dem Thema *In Schachteln leben, aus Schachteln ausbrechen* zu erarbeiten, das am Abend bei dem gemeinsamen Fest präsentiert werden könnte. Die Methode und die Art des Ergebnisses war ihnen freigestellt. Von den Lehrern wurden verschiedene Angebote zur Auswahl gegeben. Eine Schülerin wählte das Thema „Comic", zog sich in ihr Zimmer zurück und arbeitete den ganzen Nachmittag für sich. Am Abend präsentierte sie auf Plakatpapier den Comic.

Möglichkeiten der Erarbeitung

- Den Schülern wird eine Kopie von *Bild 1 und 2* gegeben. Sie schreiben oder malen eine Fortsetzung. (*Was erlebt der Engel auf der Erde?*) Die Ergebnisse werden mit dem Comic verglichen.
- Die Schüler bekommen eine Kopie von *Bild 1 bis 3.* Sie zeichnen eine Gedankenblase zu Bild 3 und füllen sie aus. (*Was sieht Gabriel? Was überlegt er?*)
- Der ganze Comic wird gezeigt (Folie). Die Schüler bekommen die Aufgabe, den *Text von Bild 4* umzuschreiben (*aus dem Jugendjargon ins Hochdeutsche* zu übertragen). Es folgt ein Gespräch über die dort angesprochenen Themen:
  Paradiesvorstellung (Vergleich mit der Realität)
  Opfertod Christi
  Sind die Menschen von Natur aus gut („tierisch o. k.")?
- Die Schüler gestalten einen eigenen Comic mit einem anderen Inhalt: *Was könnte Gabriel auf der Erde erleben, wenn er am Schluss beschließt zu bleiben?*

Erzählung

„Ich bin Maria Magdalena"

Biografische Erzählung von Isabell Müller (Kl. 9)

Wenn ich heute zurückdenke, wird mir klar, warum mir einst so viele Leute aus dem Weg gegangen sind. Meine Liebhaber wechselten ständig, weil ich keinen festen Partner fürs Leben haben wollte. Ich hatte Angst vor einem Leben nach Regeln und lauter Lügen. Vielleicht lag das an meinen Eltern. Sie waren ziemlich spießig und alles musste immer seine Ordnung haben. Ich

passte nie richtig in ihren Plan. Ich war mehr wie ein Junge; das schickte sich aber nicht. Also wurde ich immer in die Rolle der Frau gedrückt. Ich fühlte mich so eingeengt. So lange, bis auf einmal alles ausbrach.
Ich erinnere mich noch genau: Es war an meinem 21. Geburtstag. Ich war immer noch nicht verheiratet und gehörte zur Gruppe der alten Jungfern. Pah, lächerlich! Auf jeden Fall beschloss ich an diesem Tag, dem allen ein Ende zu machen. Aus lauter Trotz zog ich mich aufreizend an und erledigte so meine täglichen Einkäufe auf dem Marktplatz. Alle Männer schauten mir nach, als ich mit erhobenem Haupt an ihnen vorbeistolzierte. Ich genoss es, so begehrt zu sein, und deshalb zeigte ich nach und nach immer mehr meiner Reize. Ab und zu nahm ich einen der Männer mit zu mir nach Hause. Was dann geschah, kann sich wohl jeder ausmalen. Und obwohl ich immer mehr vereinsamte und immer trauriger wurde, trieb ich es so weiter. Die Leute aus dem Dorf mieden mich und gingen mir aus dem Weg. Gegrüßt hatte mich schon länger niemand mehr. Nun, die Möglichkeit zu heiraten war mir nun auch versperrt, denn heiraten so eine wie mich wollte keiner. Zu dieser Zeit ging es mir wirklich schlecht. Nach außen zeigte ich mich zwar fröhlich, doch in Wirklichkeit war ich todunglücklich.
Manchmal veranstaltete ich schwarze Zeremonien; den Draht zu Gott hatte ich schon lange verloren. Doch auch das machte mich nicht glücklich, sondern drängte mich nur noch mehr in eine Ecke. In die Ecke, der ich doch gerade entfliehen wollte.
Eines Tages schlenderte ich über den Marktplatz. Die Männer sahen sich schon lange nicht mehr nach mir um. Den Glanz hatte ich verloren. Am Rande sah ich plötzlich eine Menschenmenge. Als ich auf sie zusteuerte, verjagten mich einige Frauen mit bösen Blicken. Doch plötzlich hielt mich ein „Halt!" mitten aus der Menge zurück. Zögernd drehte ich mich um. Die Menschenmenge löste sich langsam auf und aus ihrer Mitte trat der wohl wunderbarste Mensch der Welt. Er strahlte eine solche Wärme aus, dass ich mich auf einmal wahnsinnig wohl fühlte. Er kam auf mich zu. Er war der Einzige, der mich noch anlächelte, und sein Lächeln war mit solcher Liebe durchdrungen, dass ich es nicht beschreiben kann. Plötzlich überkam mich ein Gefühl der Scham und ich fiel in eine Ohnmacht. Als ich wieder aufwachte, fand ich mich in seinen Armen wieder. Ich fühlte mich so unglaublich geborgen. Vielleicht war es die Geborgenheit, Liebe und Wärme, nach der ich auf meiner Irrfahrt so lange gesucht hatte. Wir sahen uns an und ohne ein Wort zueinander zu sagen fühlten wir beide sofort eine unwahrscheinliche Vertrautheit und Verbundenheit. Im Hintergrund hörte ich eine Frau schreien: „Sie ist eine Sünderin!", doch das Gerede war mir egal. Ich unterhielt mich sehr lange mit ihm und zum ersten Mal fühlte ich mich akzeptiert und verstanden.
Wir freundeten uns an und sehr oft besuchten wir einander. Es war schon seltsam. Ich wusste nicht, wer er war, denn bisher hatte er es mir noch nicht gesagt. Manchmal war er lange weg und eine Schar von Menschen folgte ihm.

Langsam konnte ich auch wieder Kontakt zu anderen knüpfen. Dann erfuhr ich, wer er war. Jesus von Nazareth war sein Name und Menschen, die näher mit ihm zu tun hatten, nannten ihn sogar Gottes Sohn. Ich machte mir viele Gedanken darüber. Ich las in den alten Schriften und immer wieder blieb ich an einer Stelle stehen. Dort stand etwas vom Messias. War Jesus etwa der Messias? Der, der uns Juden den verheißenen Frieden bringen würde? Ich zweifelte daran. Für mich persönlich war er zwar der Erretter. Jemand, der mich frei gemacht und mir geholfen hatte, ein neues Leben anzufangen. Doch er erschien mir viel zu gütig, um ein ganzes Volk von der Unterdrückung zu befreien.

An diesem Abend betete ich seit langem wieder zu Gott. Ich befragte ihn in allen Dingen, die mich bedrückten und erzählte ihm von meinen Gedanken und Gefühlen. Noch in derselben Nacht erhielt ich Antwort. Ja, Jesus war der wahre Sohn Gottes und wahrhaftig der Messias. Gerade wegen seiner Güte würde er es schaffen, uns zu erlösen.

Von diesem Tag an gehörte auch ich zu der Menschenschar, die ihm folgte. Ich gab alles auf. Meine Kleidung, mein Heim, all meinen Besitz. Wir waren alle wie eine Familie und ich bekam Bestätigung, die mir bis jetzt gefehlt hatte. Ich folgte ihm überall hin. So auch auf seiner letzten Reise. In Galiläa waren wir aufgebrochen. Jesus wollte nach Jerusalem gehen. Auf dem ganzen Fußmarsch herrschte eine seltsame Stimmung. Jesus war sehr in sich gekehrt und auch sonst sprach man nicht viel. Ich glaube, jeder hat geahnt, dass es unsere letzte gemeinsame Reise war. Es lag etwas in der Luft, jeder wusste das, doch niemand sprach es aus. Als wir in Jerusalem ankamen, sonderte ich mich mit Maria, der Mutter von Jesus, ab. Die Männer wollten noch etwas feiern, wie sie es nannten. Also suchten wir uns eine Unterkunft für die Nacht und beschlossen, uns für den morgigen Tag auszuruhen. Der heutige Tag war nämlich sehr anstrengend gewesen. Die Bewohner der Stadt hatten uns mit Palmzweigen begrüßt und Jesus auf einem Esel durch die Straßen reiten lassen. Also wollten wir uns ein wenig Schlaf gönnen.

Als wir am nächsten Tag aufstanden, war die Stimmung noch gedrückter als am Vortag. Maria und ich sahen uns an und ohne ein Wort zu sagen brachen wir in die Stadt auf. Überall waren Menschen auf der Straße. Jung und Alt, Groß und Klein. Irgendetwas schien sie zu bewegen, denn alle waren in großer Aufruhr und strebten auf die Innenstadt zu. Wir folgten ihnen. Nach einiger Zeit verstanden wir, weshalb die Menschen alle in Richtung Stadt liefen. Heute war der Tag, an dem Verbrecher gekreuzigt wurden. Ich hatte schon mal davon gehört, aber es noch nie real gesehen. Ich fand es auch sehr abstoßend, deshalb beschlossen Maria und ich, in den Garten Gethsemane zu gehen, in dem wir uns mit Jesus und ein paar seiner Jünger verabredet hatten. Wir wussten nicht, wer dort gekreuzigt wurde; wussten auch nicht, warum; es interessierte uns auch nicht. Während wir zurückgingen, hatte ich ein ganz schlechtes Gefühl im Bauch. Der Tag schien mir so still, so trist, so düster.

Im Garten angekommen, stellten wir fest, dass niemand da war. Ich fühlte mich einsam und allein. Maria war zwar bei mir, doch irgendetwas fehlte mir in diesem Moment. Plötzlich kam Petrus in den Garten hereingestürmt. Er hatte seinen schwarzen Mantel um und sein Kopf war verdeckt. Ich erkannte ihn an seinem Gang. Zwei Augen sahen uns an. Sie waren so nichtssagend wie niemals zuvor und unglücklich waren sie. Er sagte, wir sollten uns verstecken, denn sonst würde man uns auch töten, würde uns gefangen nehmen, wie unseren Herrn.

Herr? Tot? Schnell begriff ich, wer da gekreuzigt worden war. Ein Schaudern überfiel mich. Aber wie konnte das geschehen? Sollte er nicht noch unser Volk erretten? Wo war er jetzt? Wo war Gott jetzt? Waren wir jetzt allein? Ich rannte los. Rannte und rannte. Wohin? Zum Ölberg. Ich wollte ihn noch einmal sehen. Den, der mich so viel gelehrt und mir so viel gegeben hatte. Langsam stieg ich den Berg hoch, an dem bisher nur wenige waren. Ich hatte Angst und mir war kalt. Was machte mein König an diesem Ort? Warum musste er gerade auf so eine grausame Weise sterben? Plötzlich stand ich vor seinem Kreuz. Das einzige Mal im Leben, dass ich ihn schwach sah. Er lebte noch und bevor er endgültig seinen Kopf senkte, blickte er mich noch einmal an. Und wieder durchdrang mich diese Liebe, die einst Anfang eines neuen Lebensabschnitts gewesen war. Jetzt verstand ich es. Er hatte unser Volk errettet. Er gab jedem Einzelnen von uns die Freiheit. Nein, wir waren noch lange ein unterdrücktes Volk; *die* Freiheit meine ich auch gar nicht. Er hatte uns die Lebensweise vorgelebt, die wirklich frei macht.

Noch am selben Tag, da Christus zu seinem Vater zurückgekehrt war, verschwand Maria Magdalena. Niemand hat je wieder etwas von ihr gehört. Manche sagen, sie sei in ein fremdes Land gezogen, habe dort eine Familie gegründet und die Lehre Christi weiterverbreitet. Andere behaupten, sie habe sich im Jordan ertränkt. Vielleicht ist sie aber auch mit ihm gen Himmel gefahren, denn ihren Leichnam hat man nie gefunden.

Hinweise für den Unterricht

Jahrgangsstufe: ab 9
Thematische Stichpunkte: Jesus, Frauen um Jesus, Wunder, Tod und Auferstehung, Messiasglaube, Frauenleben, Liebe

Der Erzählung ist die Beschäftigung mit dem Text aus dem NT über die Jüngerinnen Jesu (*Lukas 8,1–3*) vorausgegangen.

● Der Begriff *Dämonen* wird an die Tafel geschrieben, darunter die von Schülern genannten Assoziationen.
● *Welche Eigenschaften bzw. Lebensweise könnte eine Frau haben, von der man sagt, sie sei von Dämonen besessen?* Die Antworten werden auch an die Tafel geschrieben.

● Über den Begriff *Heilung* wird in ähnlicher Weise nachgedacht. *Habt ihr schon Heilung erlebt? Kennt ihr Menschen, die Heilung erfahren haben? Erzählt Beispiele.*

● Der Bibeltext wird gelesen. Aufgabe: *Schreibt auf, wie das Leben der Maria Magdalena vor der Begegnung mit Jesus und nach ihrer Heilung durch Jesus verlaufen sein könnte.*

● Den Schülern werden noch weitere Bibelstellen genannt, in denen Maria Magdalena vorkommt. Aufgabe: *Schreibt eine Erzählung, die mit den Worten beginnt „Ich bin Maria Magdalena …".*

Die vorliegende Erzählung einer Schülerin kann Grundlage für das Gespräch über verschiedene Themen sein:

● *Charakterisierung der Maria Magdalena nach dieser Erzählung. Wie sieht die Schülerin sie? Was haltet ihr von der Frau?*

● *Was erfährt diese Frau durch Jesus? Wie begegnet er ihr? Wie „behandelt" er sie?*

● *Was wird über den Messias gesagt? Welche Vorstellungen von einem Messias werden angesprochen? Was wird über Jesus als Messias gesagt? (Maria Magdalena hält Jesus für den Messias, weil …)*

● *Was wird über die Jüngerinnen und Jünger Jesu gesagt? Sucht die Stellen heraus und beschreibt die Unterschiede.*

● *Was bedeutet für Maria Magdalena der Tod Jesu?*

● *In welchen Sätzen ist von Auferstehung die Rede, obwohl der Begriff nicht gebraucht wird?*

● *Wie beurteilt ihr den Schluss der Geschichte? Welches Ende haltet ihr für wahrscheinlich?*

Im Anschluss kann man Teile der Erzählung mit den entsprechenden Bibelstellen vergleichen.

Meditative Texte und Gedichte

Meditative Texte eigenen sich besonders für Themen, die die Schüler in ihrer Persönlichkeit berühren. Sie sind der sprachliche Ausdruck ihrer Gefühle bzw. Einstellungen zu Existenzfragen. Gerade dafür ist es wichtig, formale Angaben zu machen, die Schüler zur sprachlichen Distanznahme führen und dadurch zu persönlichen Äußerungen ermutigen.

Gruppentext zu Existenzfragen

Jahrgangsstufe: 7–10
Zeitaufwand: 1 Stunde
Intention: Existenzfragen zur Sprache bringen
Thematische Stichpunkte: Sinn des Lebens, Tod und Leben, Menschen fragen, der Mensch in der biblischen Urgeschichte, Symbol „Licht"

Man beginnt mit **Assoziationen** zu den Begriffen *Licht* und *Dunkelheit*, die zwei Pole von Urerfahrungen des Menschen symbolisieren. Der Lehrer schreibt das Wort „Licht" an die Tafel oder auf Plakatpapier. Die Schüler gehen einzeln nach vorn und schreiben Wörter, die ihnen dazu einfallen, strahlenförmig um den Begriff. So entsteht ein gemeinsames Assoziationsbild, das auch in der Form den Begriff symbolisiert.

Beispiel:

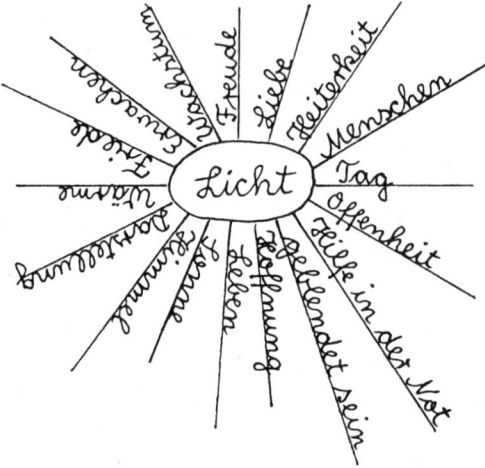

Anschließend bekommen die Schüler die Aufgabe, den Begriff *Dunkelheit* in einer entsprechenden symbolischen Form darzustellen und eigene Assoziationen dazu in ihr Heft zu schreiben. Eine symbolische Darstellung wird dann ausgewählt und an die Tafel (bzw. auf Plakatpapier) gemalt. Jetzt können andere Schüler, wie oben beschrieben, das Bild mit ihren Assoziationen ergänzen.

Beispiel (Kl. 7):

Den Schülern wird die **Inka-Schöpfungssage** vorgelesen, die die Existenzfragen, die sich in den Begriffen *Licht* und *Dunkelheit* widerspiegeln, in einer kurzen Erzählung zum Ausdruck bringt.

> Zu Anfang der Welt gab es nicht Nahrung genug für einen Mann und eine Frau, die der Gott Pachcamac geschaffen hatte. Da starb der Mann vor Hunger und die Frau blieb allein zurück. Als sie eines Tages auf den Feldern zwischen den Dornen nach Wurzeln suchte, erhob sie ihre Augen zur Sonne: „Schöpfer aller Dinge, warum hast du mich das Licht der Welt erblicken lassen, wenn es nur geschah, um mich in Armut vergehen und von Hunger verzehren zu lassen? Warum zeigst du der Welt das Licht und hast doch kein Erbarmen mit dem Heimgesuchten?" *(Aus der Inka-Sage „Pachcamac und Uichama")*

Der Lehrer liest die Sage vor und gibt den Schülern Gelegenheit, sich dazu zu äußern. Die Schüler werden aufgefordert, eine kleine Tabelle mit den Begriffen Licht und Dunkelheit in ihr Heft zu zeichnen. Der Lehrer liest den Text noch einmal langsam vor und gibt den Schülern nach jedem Satz Gelegenheit, Begriffe in die Tabelle zu schreiben, die *Licht* und *Dunkelheit* widerspiegeln.

Licht	Dunkelheit
Anfang, Nahrung, Wurzeln, Sonne, Schöpfer aller Dinge, Licht der Welt, Erbarmen	starb, Hunger, allein, Dornen, Armut, vergehen, verzehren, Heimgesuchte

Nachdem über diese Wörter im Zusammenhang des Textes gesprochen wurde (*Welche Erfahrungen liegen dem Text zu Grunde?*) und mit den eigenen Assoziationen verglichen wurde (*Machen Menschen heute ähnliche Erfahrungen?*), wird die Sage noch einmal vorgelesen.
   Als Nächstes entsteht ein *meditativer Text*, an dem *alle Schüler* beteiligt sind.

Aufgabe:

Schreibt Parallelfragen zu dem letzten Satz der Inka-Sage. Ihr könnt dazu die Wörter aus eurem Assoziationsbild verwenden.

Als Hilfe schreibt der Lehrer den Satz quer über die ganze Tafel:

Warum zeigst du der Welt das Licht   *und hast doch kein Erbarmen*
                                         mit dem Heimgesuchten?

Warum . . . .   *und* . . . . *?*

Alle Schüler lesen anschließend ihre Fragen nacheinander vor (ohne Kommentar!). Auf diese Weise wird das Meditative des gemeinsamen Textes, der die unterschiedlichen Gefühle und Gedanken widerspiegelt, zum Ausdruck gebracht.

Beispiel (Kl. 7)

Warum strahlst du Wärme und Liebe aus
und stürzt uns gleichzeitig in Angst und Sorgen?
Warum lässt du uns Freude und Heiterkeit empfinden
und kurz danach Tränen vergießen?
Warum versprichst du uns den Himmel
und schickst uns in die Hölle?
Warum lässt du uns in der Dunkelheit träumen
und blendest uns anschließend mit grellem Licht?
Warum gibst du uns Hoffnung auf Hilfe in der Not
und tust nichts gegen Panzer und Krieg?
Warum lässt du die Menschen träumen,
wo doch jeder Traum von Ungewissheit und Unmöglichkeit erfüllt ist?
Warum zeigst du den Menschen Liebe auf Gegenseitigkeit,
wenn sie oftmals doch allein sind?
Warum schenkst du den Menschen ihr Leben
und bereitest manchen einen qualvollen und frühen Tod?

Literatur

ALMUT LÖBBECKE, *Die Welt des Menschen – Schöpfung, in: Entdeckungen machen, Werkbuch – Materialien für Lehrer –. Cornelsen Verlag Schwann-Girardet, Düsseldorf 1989, S. 49 f.*

OTHMAR FRANZ LANG, *Warum zeigst du der Welt das Licht? Ein Jugendroman zum Thema Entwicklungshilfe, dtv junior* (Die o. g. Methode eignet sich als Hinführung zu dem Buch)

Freie Gedanken zu einem Satz

Jahrgangsstufe: 9–10
Zeitaufwand: ca. 30 Minuten
Arbeitsform: Einzelarbeit
Intention: Gedanken zu schwierigen Themen (Menschwerdung) ausdrücken
Thematische Stichpunkte: Weihnachten, Menschwerdung, Ebenbild Gottes, Jesus, Was heißt „Mensch sein"?

Folgender Satz wird an die Tafel geschrieben.

Mach's wie Gott: Werde Mensch!

Aufgabe:

Schreibt den Satz ab und verdeutlicht ihn mit eigenen Worten. Ihr könnt den Satz erklären, Beispiele dazu bringen oder Fragen stellen.

Beispiele (Kl. 6 und 7)

Mach's wie Gott: Werde Mensch!
Das bedeutet:
Tröste Menschen
Sei nicht gierig
Unterdrücke niemanden
Stehe zu deinen Fehlern
Gib dein Wissen weiter
Verlier nicht die Hoffnung   *(Katharina)*

Mach's wie Gott: Werde Mensch!
Ich denke an die Menschen, die denken, Mensch zu sein, aber dabei andere
Menschen misshandeln und ihnen Leid zufügen. Als Gott durch Jesus Mensch
wurde, war Jesus ein gütiger und hilfsbereiter Mensch. Und so sollten wohl alle
Menschen sein. Menschen sind keine Wesen, die andere verletzen. Menschen
sind hilfsbereit und gut. Menschen, die andere töten und sich dabei Menschen
nennen, lügen. Und viele solcher Wesen sollten erst einmal Menschen werden,
bevor sie sich so nennen.

(Sandra)

Zunächst werden die Schülertexte ohne Kommentar vorgelesen. Anschließend
äußern die Schüler ihre Eindrücke. *Wie wurde der Satz verstanden? Welche
Themen werden angesprochen?*

In einem **vertiefenden Gespräch** können den Schülern folgende theologische
und anthropologische Aspekte, die in dem Ausgangssatz enthalten sind, nahe
gebracht werden:

- Gott wurde nicht menschlich, sondern ein konkreter Mensch mit allen Begren-
  zungen.
  (Welchen Begrenzungen ist der Mensch unterworfen?)
- Menschsein ist nichts Statisches, sondern immer ein Werden. Man ist immer auf
  dem Weg zum Menschsein. Mensch werden bedeutet auch: Immer wieder neu
  anfangen.
  (In welchen Situationen müssen Menschen ihr Leben neu gestalten?)
- Der Satz ist auch auf Jesus bezogen. Mensch werden heißt also auch: So werden
  wie Jesus.
  *(Was könnte mit dem Satz „Ich bin der Weg, die Wahrheit und das Leben",
  Joh. 14,6, gemeint sein?)*
- Mensch sein verwirklicht sich zwischen den Grenzpunkten Krippe und Kreuz,
  Geburt und Tod, Stärke und Schwäche …
  *(Krippe und Kreuz sind Symbole für Jesus. Was könnten sie für die Menschen
  allgemein bedeuten? Sie sind Symbole der Schwäche, weil … Gleichzeitig sind
  sie aber auch Symbole der Stärke, weil …),* vgl. auch S. 81 f.

● Der Satz beinhaltet die Weihnachtsbotschaft „Ich bin das Licht der Welt".
(Was bedeutet der Satz „Ich bin das Licht der Welt"? Was erwartet Jesus von den Menschen, wenn er sagt: „Ihr seid das Licht der Welt"?)

Gedanken zu einem Bild

Jahrgangsstufe: 7–10
Zeitaufwand: ca. 30 Minuten
Arbeitsform: Einzelarbeit
Material: Karl Rössing „Brudermord"
Intentionen: erste Äußerungen zu Fragen von Gewalt, Schutzlosigkeit bzw. Geborgenheit; die Frage nach Gott überdenken
Thematische Stichpunkte: Gottesfrage, Gewalt, Angst und Geborgenheit, Kain und Abel, menschliches und unmenschliches Verhalten, Symbol „Hand"

Karl Rössing:
Brudermord

Das Bild wird präsentiert (Folie auf Overheadprojektor), die Schüler äußern erste Beobachtungen und Gedanken.
Danach schreiben sie folgende Satzanfänge in ihr Heft:

Ich sehe ...

Ich fühle ...

Ich frage ...

Ich hoffe ...

Aufgabe:

Wählt euch eine Position aus (Betrachter des Bildes, stehende Gestalt, sitzende Gestalt) und schreibt mit Hilfe der Satzanfänge einen Text zu dem Bild.

✔ **TIPP**   Diese Vorgehensweise eignet sich für viele Kunstwerke (vgl. S. 116).

Beispiele (Kl. 9)

Ich sehe eine Hand, in der zwei Menschen stehen bzw. sitzen. Der Stehende hat einen Knüppel in der Hand und schlägt damit auf den Sitzenden ein. Ich denke, dass die Hand eingreifen könnte, ja sogar eingreifen müsste. Genauso ist es zur Zeit in der Welt. Die Hand stellt die reichen Länder dar. Die armen Länder führen Krieg und wir schauen zu. Außer der Hand ist auf dem Bild nichts, das dieser Prügelei Einhalt gebieten könnte. Der Sitzende ist also völlig wehrlos. Die Länder, die im Krieg unterlegen sind, haben niemanden, der ihnen helfen könnte, außer uns. Und wir schauen zu.
(Christian, Kl. 9)

Ich sitze in einer Hand.
Die Hand wärmt mich. Doch ich spüre die Wärme nicht überall. Vor mir steht ein Mann; ein Mann mit einem hasserfüllten Gesicht und mit einer Keule in der Hand. Auf einer Seite ist die Wärme Gottes, auf der anderen Seite – da wo der Mann steht – herrscht Hass und Gewalt. Ich versuche mich zu schützen mit meinen eigenen Händen. Doch die große Hand hinter mir strahlt mehr Wärme aus.
Ich denke, dass die Hand Gott und die ganze Welt symbolisiert. Die zwei Menschen auf der Hand verkörpern die Situation in der Welt, in der die Stärkeren die Schwächeren bekämpfen oder ausbeuten. Der Mensch, der seine Hände über dem Kopf verschränkt, symbolisiert eine Frau, einen Ausländer oder auch einen Kranken, der schwächer ist als der starke Mann mit der Keule. Der Mann nützt dieses aus und lässt seinen Hass oder auch seinen Selbsthass an dem Schwachen aus.
(Sandra, Kl. 9)

Gedanken zu einer Schülerzeichnung

Jahrgangsstufe: 6–8
Zeitaufwand: ca. 30 Minuten
Arbeitsform: Einzelarbeit
Material: Schülerzeichnung
Intention: Zeichnungen von Mitschülern meditativ erfassen
Thematische Stichpunkte: Krieg und Frieden, Schöpfung, Gottesfrage
Tipp: Mit dieser Vorgehensweise können Zeichnungen von Mitschülern bedacht werden, ohne sie zu beurteilen.

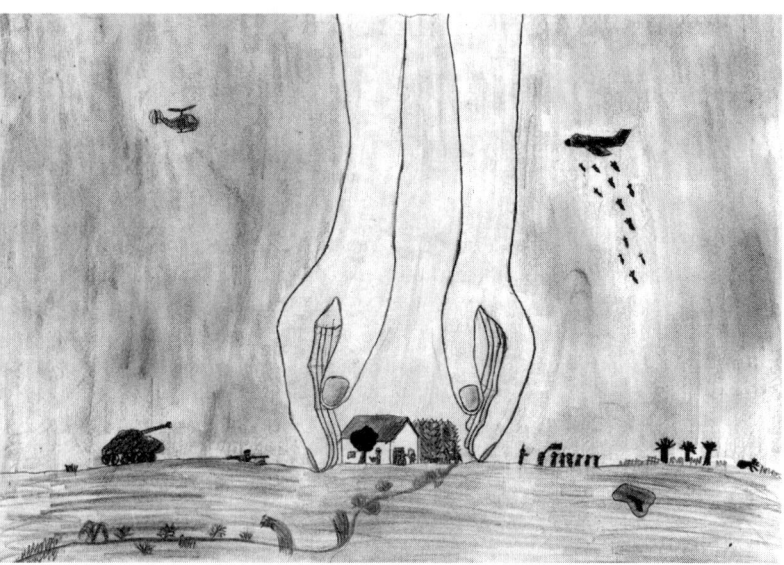

Die Schülerzeichnung wird mit folgenden Worten präsentiert: *Eine Schülerin aus der fünften Klasse hat zum Thema „Wie stelle ich mir Gott vor" dieses Bild gemalt. Was hat sie bewegt? Was wollte sie zum Ausdruck bringen?*

Nach einem Gespräch über die Aussage und Bedeutung des Bildes schreiben die Schüler einen Text mit Hilfe folgender Satzanfänge:

Ich sehe ...
Ich fühle ...
Ich frage (mich) ...
Ich hoffe ...
Ich denke (glaube) ...

Beispiele (Kl. 8)

Ich sehe zwei Hände, die ein Haus von der Außenwelt und vom Krieg ausschließen und es beschützen vor den Gefahren. Dort ist alles grün und friedlich.

Ich fühle Geborgenheit, aber ich denke an die Leute, die trotzdem unschuldig den Krieg miterleben und nicht beschützt werden.

Ich frage mich, ob ich auch beschützt werde.

Ich hoffe, dass ich und alle, die mir nahe stehen, auch beschützt werden und dass es keine Kriege mehr gibt.

Ich sehe zwei Hände, die vom Himmel herabgestreckt sind. Sie schützen ein Haus mit ein wenig Landschaft. Rundherum ist Krieg. Hubschrauber und Kampfflugzeuge fliegen durch die Luft. Ein Panzer rollt über den Boden und alles ist trost- und leblos. Aber dort, wo die Hände das Haus schützen, ist Leben, alles grünt und blüht.

Ich frage mich, warum die Hände nicht noch mehr beschützen. Ich denke, dass der, der in dem Haus wohnt, einsam ist und traurig sein wird, wenn er allein gerettet wird.

Ich hoffe, dass der Rest, der schon zerstört wurde, wieder hergerichtet wird.

Gedanken zu einem gedachten Bild

Jahrgangsstufe: 8–10
Zeitaufwand: 15–30 Minuten
Arbeitsform: Einzelarbeit
Intention: Eindrücke der Außenwelt (Umwelt, Medien) zur Sprache zu bringen
Thematische Stichpunkte: Natur, bedrohte Schöpfung, Arm und Reich, Krieg
Tipp: Da es sich um persönliche Eindrücke handelt, sollte das Vorlesen freiwillig sein.

Die Lehrerin liest einen Beispieltext vor, den sie selbst verfassen kann, z. B.:

Ich werde dieses Bild nicht los:
Der Affe mit den Drähten –
eingezwängt, festgeschnallt –
verängstigte Augen –
Dieser Blick!
Mein Ebenbild.
Ebenbild Gottes.

Nach einem kurzen Gespräch über diesen Text fordert die Lehrerin die Schüler auf, die Augen zu schließen und zu überlegen, ob es **eigene Bilder** *gibt, die immer wieder auftauchen.* Beschreibt Bilder, die euch beeindruckt haben. Skizziert eines dieser Bilder kurz (mit Worten oder als Zeichnung). Schließt dann die Augen und lasst es auf euch wirken. Schreibt ein paar Empfindungen auf. (Angesichts meines Bildes fühle ich ... frage ich ... möchte ich ... hoffe ich ...)

Aus den Vorüberlegungen kann dann jeder einen eigenen Text gestalten. Dazu kann die Struktur des Beispiels als Grundlage genommen werden.

Die Ergebnisse können später getippt und auf ein Plakat geklebt werden. Überschrift: *Bilder, die uns bewegen*

Beispiele (Kl. 9)

Ich sehe Ruinen, Tote (alles Zivilisten), Soldaten. Die Soldaten kümmern sich nicht um die Toten, sie patrouillieren einfach durch das zerstörte Dorf.
Angesichts meines Bildes
fühle ich Trauer um die Toten und Wut auf die Soldaten, die die Dorfbevölkerung getötet und die Häuser zerstört haben,
frage ich, warum die Menschen Krieg führen,
möchte ich, dass die Menschen endlich lernen in Frieden zu leben.

(Reinhard)

Angesichts meines Bildes
fühle ich den Blick des Robbenbabys in mich eindringen und spüre seine Angst,
frage ich mich, was das für Menschen sind, die so etwas tun können,
möchte und hoffe ich, dass sich das ändert.

(Katja)

Der Sonnenuntergang in Italien geht mir nicht aus dem Kopf. Angesichts meines Bildes fühle ich Freiheit. Ich frage mich, ob gerade viele Menschen in der Welt denselben Sonnenuntergang sehen. Ich frage mich, ob sie dasselbe fühlen oder denken. Ich hoffe, dass jedes Lebewesen einmal die Schönheit eines Sonnenunterganges sieht (erkennt).

(Constanze)

Mir fällt ein Bild ein, das ich nicht aus dem Kopf bekomme:
Ein Kind liegt tot im Dreck vor einem zerbombten Haus – keiner kümmert sich um die Leiche –
sie bleibt einfach am Straßenrand liegen –

(Uwe)

Ich habe öfter das Gefühl, dass durch die ganze Industrie die Erde irgendwann vernichtet wird. Dabei fällt mir ein Kraftwerk ein, aus dem Rauch kommt.

(Matthias)

Als ich mit acht Jahren in Sri Lanka war, scharten sich ca. zwanzig Kinder um mich wegen meiner Klamotten und meiner Uhr. Es hat mich beeindruckt, weil ich wegen Sachen bewundert wurde, die bei uns normal sind. Ich frage mich, warum es so große Unterschiede im Reichtum gibt.

(Tim)

Elfergedichte

Elfergedichte eignen sich besonders gut, um Schülern durch eigenes Tun einen Zugang zur lyrischen Sprache zu verschaffen. Immer wieder sind Schüler (oder auch Lehrer) überrascht, welche Talente zum Vorschein kommen. Auch Schüler, die sich sonst nicht trauen etwas zu schreiben, werden ermutigt. Durch die festgelegte Form haben alle dieselben Voraussetzungen. Die Ergebnisse sind trotz des strengen Schemas sehr vielfältig.

Jahrgangsstufe: ab 5
Zeitaufwand: 15–45 Minuten
Arbeitsform: Einzelarbeit (oder Gruppenarbeit)
Intention: lyrische Annäherung an ein Thema bzw. einen Begriff

Grundlage für ein Elfergedicht ist folgendes **Schema**:

----	Ausgangswort
---- ----	2 Wörter
---- ---- ----	3 Wörter
---- ---- ---- ----	4 Wörter
----	Schlusswort

Das Ausgangswort kann das Thema selbst oder ein Aspekt des Themas sein.

Wörter sammeln

Dieses kann auf unterschiedliche Weise gemacht werden. Eine spielerische Methode ist es, **Wortkarten** herzustellen und auszutauschen. Jeder Schüler schreibt einen Begriff, der ihm zu einem Thema, Bild oder Text einfällt auf ein Kärtchen. Die Karten werden eingesammelt und gemischt. Anschließend zieht jeder eine Karte und nimmt das Wort als Ausgangswort für ein Elfergedicht.

Auch mit **Clustering** können Wörter gesammelt werden, z. B. zum Thema *Mensch sein*. Bei dieser Methode darf nicht gesprochen werden. Die Schüler verständigen sich nur schriftlich.

Jeweils 4–6 Schüler sitzen um ein großes Blatt Papier (DIN A2 oder 3), auf dem in der Mitte das Wort „Mensch" steht.

Aufgabe:

Macht euch Gedanken zu dem Begriff. Wem etwas einfällt, der schreibt das Wort auf und verbindet es durch einen Strich mit dem Begriff in der Mitte. Der Nächste kann jetzt einen Gedanken zu diesem Wort aufschreiben und ihn durch einen Strich verbinden. Er kann aber auch einen eigenen Begriff zum Ausgangswort („Mensch") aufschreiben. Jeder hat die Möglichkeit, zu jedem Wort auf dem Blatt einen eigenen Gedanken hinzuzufügen. Die Gedanken können so lange weiterentwickelt werden, bis eine Gedankentraube entsteht.

Erfahrungsgemäß wollen Schüler, wenn sie sich einmal auf die Methode eingelassen haben, so lange schreiben, bis das Blatt voll ist.

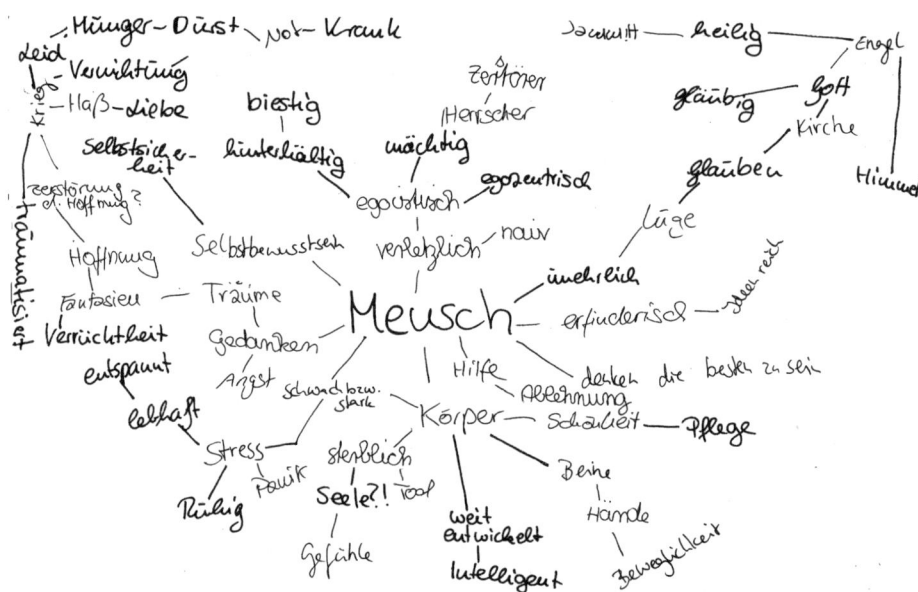

Nach dem Wörtersammeln tauschen die Gruppen ihre Plakate aus. Jede Gruppe sichtet die Gedanken einer der anderen Gruppen und schreibt wichtige Begriffe auf die Rückseite des Blattes:
Die Gruppe hat sich besonders mit folgenden Themen befasst: ...
Nach einem kurzen Gespräch im Plenum sucht sich jeder Schüler einen Begriff aus, der zum Menschsein gehört, und entwickelt daraus ein Elfchen.
Der Lehrer zeichnet das Schema an die Tafel (s. S. 159) und erläutert es:

Schreibt euren ausgewählten Begriff in die erste Zeile. Entwickelt nach dem vorgegebenen Schema dazu einen Text. Es müssen keine vollständigen Sätze gebildet werden. Schreibt als Letztes ein Wort, das sich auf das erste bezieht.

Es können auch Gruppentexte verfasst werden: Fünf Schüler sitzen im Kreis. Jeder schreibt „sein" Wort auf ein Blatt. Die Blätter werden weitergereicht. Auf das Blatt vom Nachbarn werden zwei Wörter geschrieben usw. Die Blätter wandern so lange, bis jeder sein eigenes wiederbekommt.

Beispiele für Einzelarbeiten (Kl. 10)

Forschen
verantwortungsloses Forschen
Forschen wir gewissenlos?
Ist gewissenloses Forschen intelligent?
Tod

Menschenrechte
würdige Behandlung
keinen Hunger haben
von anderen akzeptiert werden
Leben

Tod
ein Geheimnis
jeder Mensch stirbt
du bist ein Mensch
Angst

Freunde
halten zusammen
Glück, Freude, Streit
sind für einander da
Treue

Gereimtes

Jahrgangsstufe: 5–7 (8)
Zeitaufwand: 15–45 Minuten
Arbeitsform: Einzel- oder Partnerarbeit
Intention: Nachdenken über ein Thema mit dem Spaß am Reimen verbinden
Thematische Stichpunkte: viele Themen, zu denen die Schüler spontan Zugang haben (z. B. Freundschaft und Liebe)

Jüngere Schüler dichten gern. Sie haben meistens eigene Ideen und brauchen keine besondere Anleitung. Zunächst werden Wörter zu dem Thema gesammelt. Zu den Wörtern werden in Partnerarbeit Reimwörter gesucht. Anschließend wird mit Hilfe dieser Wörter ein Gedicht verfasst. Dabei können die verschiedenen Aspekte eines Themas in mehreren Strophen zum Ausdruck gebracht werden.

Beispiele (Kl. 6)

Der Freund
Ich suche jemanden, der mit mir geht,
im Guten und Schlechten zu mir steht.
Da vorne steht ein Junge, der ist doch toll,
ob er mein Freund sein soll?
Ich würde ihn ja gern mal fragen,
doch was wird er dann sagen?
Findet er mich schlecht oder gut?
Also los, ich geh, jetzt hab ich den Mut!
„ Hey Boy, bist du noch frei?
Du siehst ja gut aus, du cooles Ei!
Willst du mit mir gehn,
du würdest doch gut zu mir stehn!?"
Und welch ein Wunder geschah –
der coole Typ sagte: „Ja!"
(Nina und Katja)

Freund-Gedicht
Ein Freund hilft uns in jeder Situation
auch bei einer Revolution.
Ein Freund, der lässt einen nicht im Stich.
Er muss so sein wie ich.
Mein Freund soll mit ins Kino gehn,
sonst bleibt er draußen stehn.
Die Mädchen interessieren ihn nicht:
Er interessiert sich nur für mich.
Ich liege nun krank im Bett,
trotzdem ist er sehr nett.
Die Bäume blühen, ich bin zu Haus,
er führt für mich den Dackel aus.
(Stefan, Nils, Jens)

TIPP Eine gute Möglichkeit, ein Gedicht zu verfassen, ist die, die *Form eines Gedichtes* zu übernehmen und *mit einem anderen Inhalt zu füllen.* Weitere gereimte Gedichte von Schülern S. 77 und S. 171.

Lieder

Ein Thema musikalisch zu gestalten ist in jeder Altersstufe möglich. Gerade bei dieser Methode ist es wichtig, Schüler ihre eigenen Vorstellungen verwirklichen zu lassen. Die Vorliebe für eine bestimmte Musikform ändert sich je nach Alter, auch der so genannte Zeitgeist spielt eine Rolle.

Mit der einfachsten Form (eine weitere Liedstrophe zu einem vorgegebenen Lied zu dichten) bis zur schwierigsten Möglichkeit (ein Lied zu dichten und die Melodie zu komponieren) können Schüler ihr eigenes Lied gestalten. Arbeitsanweisungen können bei dieser Methode kaum gegeben werden. Man muss sich auf die eigenen Ideen der Schüler verlassen.

Liedstrophen ergänzen

Jahrgangsstufe: ab 5
Zeitaufwand: 15–45 Minuten
Arbeitsform: Partner- oder Gruppenarbeit
Material: Kassette mit geeigneten Liedern
Intention: weitere Aspekte eines Liedthemas zur Sprache bringen
Tipp: Die Ergänzungen richten sich nach dem jeweiligen Unterrichtsthema

Es wird ein *Lied mit einem einfachen Schema* ausgesucht, das zu dem jeweiligen Thema passt. Die Schüler hören das Lied, singen evtl. mit und bekommen anschließend die Aufgabe, das Lied mit einem entsprechenden Aspekt zu ergänzen.

Gott hält die ganze Welt in seiner Hand (Kl. 5)

Nachdem über menschliches und unmenschliches Verhalten, über Gut und Böse gesprochen worden ist, z. B. anhand des Bildes „Brudermord", werden die Schüler aufgefordert, sich zum Lied noch weitere Strophen auszudenken, die diesen Aspekt zum Ausdruck bringen.

Beispiele:

Er hält die Bösen und die Guten in seiner Hand ...
Er hält die Starken und die Schwachen in seiner Hand ...

Anschließend wird das Lied mit den ergänzten Strophen gesungen.

Gott gab uns Atem, damit wir leben (Kl. 8)

Nachdem darüber nachgedacht wurde, welches die Antriebsfeder für unser Handeln ist, werden Begriffe gesammelt, die dies ausdrücken: Herz, Mut, Verstand, Wille, Geist ... Das Lied wird vorgespielt und über den Inhalt gesprochen. Jeder

Schüler bekommt ein Liedblatt mit Noten und Text des Liedes, auf dem Blatt ist nach der letzten Strophe Platz für eine weitere Strophe gelassen.

Aufgabe:

Dichtet mit Hilfe der gesammelten Wörter eine weitere Strophe zu dem Lied, die zum Ausdruck bringt, wodurch unser Handeln bestimmt wird.

Bei dieser Aufgabe ist eine Beratung angebracht, damit die Silbenzahl zur Melodie passt.

Beispiele

Gott gab uns Kraft, durch die wir leben.
Er gab ein Herz, mit dem wir verstehn.
Gott hat sich selbst auf die Erde gegeben,
dass wir mit seinen Augen sehn.

Gott gab das Herz, damit wir lieben.
Er gab uns Christus, sein wahres Bild.
Er hat die Kälte des Herzens vertrieben
und den Hunger nach Liebe gestillt.

Entweder schreibt jede Gruppe ihre Strophe auf ein eigenes Textblatt oder alle Schüler wählen die „besten" aus und machen ein gemeinsames Liedblatt, das zum Beispiel für einen Gottesdienst aufbewahrt werden kann.

Eigenes Lied dichten und komponieren

Jahrgangsstufe: 9/10
Zeitaufwand: ca. 2 Stunden
Arbeitsform: Gruppenarbeit
Material: Bibel, Musikinstrumente
Intention: ein Thema durch eigene musikalische Gestaltung erfassen
Thematische Stichpunkte: Sinn des Lebens, Identität (Wer bin ich?)

Die musikalische Gestaltung wird der Gruppe freigestellt, die Schüler sollten jedoch vorher entscheiden, welche sie wählen, damit die entsprechenden Instrumente bereitgestellt werden können. Zum Themenbereich „Sinn des Lebens" ist es sinnvoll, Schülern einen Text zu geben, der ihnen Aspekte des Themas anbietet.

Diese Methode eignet sich besonders für religiöse Freizeiten oder Orientierungstage, weil den Schülern dann mehr Zeit und Möglichkeiten zur Verfügung stehen (vgl. S. 220 ff.).

Die Schüler bekommen zwei Bibeltexte zur Auswahl (z. B. *Matthäus 6, 25–34*, „Sorget nicht ...", und *Psalm 139* „Herr, du erforschest mich ..."). Sie setzen sich in Gruppen zusammen, lesen die Texte, sprechen darüber und wählen einen Text als Ausgangspunkt für ein eigenes Lied. Sie einigen sich auf eine Art der Gestaltung. Für diese Arbeit sind Gruppenräume erforderlich, damit die Gruppen die musikalische Umsetzung ausprobieren können, ohne die anderen zu stören.

Lied mit Refrain und selbst komponierter Melodie (Kl. 10)

Refrain:
Quält euch nicht mit Gedanken an morgen
Seht die Vögel, sie haben keine Sorgen!
Gleich wie die Lilien, die sorglos leben
Gott wird auch uns das Notwendige geben

Ich steh vor meinem Kleiderschrank
Die Qual der Wahl macht mich noch krank
Auch der Kühlschrank ist ganz voll
Ich weiß nicht, was ich essen soll
Es gibt ja doch nichts Neues mehr
Ich hab es satt!

Quält euch nicht ... (Refrain)

Ich sitz in meinem Zimmer rum
und komm vor Langeweile um
Jeden Tag der gleiche Frust
Auf morgen hab ich keine Lust
Es gibt ja doch nichts Neues mehr
Ich hab es satt!

Quält euch nicht ... (Refrain)

Was brauch ich noch, was mach ich noch
Denn noch mehr haben muss ich doch
Mehr Ruhm, mehr Macht, mehr Geld, mehr Glück
Nur nach vorn, bloß nicht zurück:
Ohne das kann ich nicht leben –
Oder doch??

Die dazu komponierte Melodie ist im Refrain weich und melodisch, im Grundtext eher monoton.

Lied zu einer bekannten Melodie

Text nach Psalm 139, Melodie: „Horch, was kommt von draußen rein ...“

Manchmal will ich weg von hier,
weg von dir, weg von mir,
rennen, fliegen bis ans Meer,
wo mich niemand find't.
Doch dann seh ich hier wie dort,
überall, wo ich bin:
Die Probleme sind nicht fort.
Gut, dass du mich findst!

Manchmal denk ich: Alles aus!
Keinen Sinn! Kein Zuhaus!
Will nichts hören, nichts mehr sehn
und nichts mehr verstehn!
Doch dann fühl ich eine Hand,
hör ein Wort, seh ein Gesicht,
das durchdringt die dunkle Wand
wie ein sanftes Licht.

Manchmal fühl ich mich bedrängt,
ausgepumpt, eingezwängt.
Alle wollen was von mir,
find keine Ruhe hier!
Doch dann sag ich: Halt mal ein,
nimm dir Zeit, für dich zu sein!
Und ich merke in der Still',
was ich für mich will.

Sprechgesang mit musikalischer Begleitung (Rap-Song)

Hier kann keine Vorgehensweise vorgeschlagen werden. Die Schüler haben selbst die besten Ideen. Die Ergebnisse können nicht gedruckt werden, sie wirken nur durch die Art des Vortragens.

Wenn eine Gruppe intensiv gearbeitet und ein Ergebnis produziert hat, wird die Zusammengehörigkeit und das Gruppenerlebnis durch dieses Ergebnis besonders betont. Oft wird daraus ein „Gruppensong", der immer wieder gesungen wird.

Bilderbücher

Auf einem evangelischen Kirchentag habe ich einmal einen Stand entdeckt, an dem selbst hergestellte meditative Bild-Text-Bücher angeboten wurden. Die Idee war, dass junge Menschen für alte Menschen (besonders in Heimen) etwas machten. Da ich selbst in der Schule schon ein paar Mal erlebt habe, dass Jugendliche sich gern engagieren und auch konkret etwas tun wollen, griff ich die Idee auf. Meine Schüler hatten so viel Freude bei der Herstellung von Bilderbüchern, dass ich diese Idee später abwandelte und auf andere Unterrichtsinhalte bezog. Die Beschenkten brauchten ja nicht nur fremde alte Menschen zu sein, sondern konnten auch Angehörige oder Freunde sein. Viele hatten auch selbst Freude am Ergebnis und wollten es behalten.

Die Fertigstellung der Bilderbücher kann einfach sein (lose Blätter zusammenheften) oder komplizierter (das Buch binden) bzw. teurer (Einzelblätter in Folien). Man sollte nicht unbedingt ein bestimmtes Verfahren vorgeben, sondern den Schülern die Freiheit der Wahl lassen. Bei einer Gemeinschaftsarbeit muss natürlich vorher Format und Material abgesprochen werden.

Meditative Foto-Text-Bücher

Jahrgangsstufe: ab 8
Zeitaufwand: ca. 3 Stunden
Arbeitsform: Einzel- oder Partnerarbeit
Material: Zeitschriften (oder eigene Fotos bzw. Postkarten), Bücher mit kurzen Texten (z. B. Gedichte), Blätter, Schere, Kleber, Stifte, Material für die Fertigstellung (z. B. Umschlag oder Band zum Zusammenbinden)
Intentionen: zu einem Thema passende Fotos und Texte suchen, verschiedene Aspekte des Themas berücksichtigen und die eigene Sichtweise dokumentieren
Thematische Stichpunkte: viele Themen, besonders aber existenzielle wie Liebe, Tod, Hoffnung, Freude, Schöpfung ...
Tipp: die Textbücher vorher sammeln (evtl. Bücherkiste von der Bibliothek) und auf einen Extratisch zur Auswahl auslegen; ein Kopierer muss zur Verfügung stehen

Als **Vorarbeit** wählen die Schüler das Thema oder den Themenbereich und sammeln kurze Texte und passende Fotos dazu. Außerdem sollten sie möglichst viele Zeitschriften mit Fotos zur nächsten Stunde mitbringen. Der Lehrer besorgt Bücher mit kurzen Texten (z. B. Gedichtbände).

In der ersten Stunde suchen die Schüler aus den mitgebrachten Zeitschriften passende Fotos und schneiden sie aus. Dann haben sie Gelegenheit, in den Büchern, die auf einem Extratisch ausliegen, zu blättern. Jeder wählt sich zunächst ein Buch, sucht passende Texte, notiert die Seite und bringt das Buch wieder zurück. So hat jeder Gelegenheit, in mehreren Büchern zu blättern.

In der zweiten Stunde werden die Texte kopiert oder abgeschrieben und den Fotos zugeordnet. Die Schüler bekommen den Auftrag, zur nächsten Stunde Material für die Herstellung der Bücher mitzubringen. Format, Material und Art der Bindung wird ihnen freigestellt. Bei kleineren Fotos und kurzen Texten ist ein Blatt im DIN-A4-Querformat für eine Doppelseite geeignet, bei größeren Fotos und/oder längeren Texten zwei DIN-A4-Seiten im Längsformat.

In der dritten Stunde werden die Bücher fertig gestellt. Die Anordnung von Fotos und Texten sollte einheitlich sein. Nachdem man die Reihenfolge überlegt hat, werden die einzelnen Doppelseiten gestaltet. Auf die linke Seite wird das Foto geklebt, auf die rechte der dazu passende Text. Anschließend werden die Blätter in der richtigen Reihenfolge zusammengeklebt (bei Doppelseiten im DIN-A4-Querformat) oder geheftet (bei beklebter Vorder- und Rückseite). Die einfachste Art, Leerseiten zu vermeiden, ist es, jeweils zwei einseitig beklebte Einzelseiten in eine Prospekthülle zu stecken. Das erleichtert auch die Heftung.

Zum Abschluss wird der Umschlag gestaltet mit Titel, Titelbild (evtl.) und Name.

✔ TIPP Die Bücher werden zunehmend „professioneller" und vielfältiger, weil viele mit dem Computer arbeiten und mit Hilfe eines Scanners z. B. auch Fotos aus Büchern verarbeiten können.

Schöpfungslob und Schöpfungsklage – ein Bilderbuch zum Sonnengesang von Franz Assisi

Jahrgangsstufe: 5/6
Zeitaufwand: ca. 4 Stunden
Arbeitsform: arbeitsteilige Partnerarbeit
Material: Zeichenblätter DIN A4, Buntstifte, Texte von Franz von Assisi und Dorothee Sölle
Intentionen: die Natur als Mitwelt schätzen lernen, Freude an der Schöpfung durch Malen ausdrücken; sich mit der Bedrohung der Schöpfung befassen und dies durch eigene Texte und Bilder zum Ausdruck bringen
Thematische Stichpunkte: Schöpfung, Franz von Assisi, Mensch und Technik

Nach einer Unterrichtseinheit über Franz von Assisi, z. B. anhand eines Kinderbuches, wird der Text des Sonnengesangs vorgelesen, erklärt und besprochen (s. S. 169). Sehr zu empfehlen ist das Bilderbuch von LENE MAYER-SKUMANZ *Geschichten vom Bruder Franz*, das auch den Text enthält. Als Ergänzung kann auch das bekannte und danach gedichtete Lied „Laudato si ..." gesungen werden, das bei den meisten Schülern ein „Renner" ist.

Sonnengesang

Die acht Strophen werden nach Interessen aufgeteilt, je zwei Schüler bekommen eine Strophe. Eine Titelseite kann zusätzlich gestaltet werden.

Sei gelobt, mein Herr,
mit all deinen Geschöpfen,
vor allem der Schwester Sonne,
die uns den Tag bringt und leuchtet.
Schön ist sie, strahlend in großem Glanz.
Von dir, Herr, ist sie uns Gleichnis.
Sei gelobt, mein Herr,
durch Bruder Mond und die Sterne,
an den Himmel hast du sie gestellt,
klar und kostbar und schön.
Sei gelobt, mein Herr,
durch Bruder Wind und die Lüfte
und Wolken und heiteren Himmel
und jegliches Wetter,
durch welches du deine Geschöpfe erhältst.
Sei gelobt, mein Herr,
durch Schwester Quelle,
sehr nützlich und demütig,
köstlich und keusch.
Sei gelobt, mein Herr,
durch Bruder Feuer,
durch den du die Nacht erleuchtest.
Schön ist er und fröhlich
und kräftig und stark.
Sei gelobt, mein Herr,
durch unsere Schwester Erde,
die uns mütterlich trägt und ernährt
und vielerlei Frucht bringt,
bunte Blumen und Gras.
Sei gelobt, mein Herr, durch alle,
die verzeihen um deiner Liebe willen
und Angst und Trauer ertragen.
Selig, die friedlich bleiben,
sie werden von dir gekrönt.
Sei gelobt, mein Herr,
durch unsern Bruder, den Tod.
Selig, die er findet
ganz einverstanden mit deinem Willen.
Sie dürfen bei dir sein!
Lobt und preist meinen Herrn!
(*aus:* LENE MAYER-SKUMANZ,
Geschichten vom Bruder Franz, Mödling, Wien 1980)

Aufgabe:

Lest den Text eurer Strophe genau durch. Überlegt, wie ihr das, was Franz von Assisi mit Worten ausdrückt, mit einem Bild zum Ausdruck bringen könnt. Nehmt ein Blatt (DIN-A4-Querformat) und malt ein Bild, das das ganze Blatt ausfüllt. Überlegt, an welche Stelle ihr den Text schreiben wollt.

Nach der Fertigstellung werden die Blätter eingesammelt.

Schöpfungsklage

Grundlage für die nächste Einheit ist das Gedicht von DOROTHEE SÖLLE *Heiliger franziskus*. Nach anfänglichen Zweifeln, ob der Text für Kinder zu schwierig ist, habe ich ihn den Schülern zugemutet. Ich bin immer wieder überrascht, wie sehr er sie anspricht. Mit Hilfe der Lehrerin und einigen Erklärungen folgen sie dem Text Zeile für Zeile, stellen Vermutungen an und bringen Beispiele. Anschließend ist den meisten klar, dass zum Sonnengesang eine Ergänzung geschrieben werden soll.

Heiliger franziskus
bitt für uns
jetzt und in der phase der entmutigung
dein bruder wasser ist vergiftet
dein bruder feuer kennen die kinder nicht mehr
es meiden uns die vögel
   Über dich lächeln sie
   päpste und zaren
   und die amerikaner kaufen ganz assisi
   samt dir
   heiliger franziskus
   wozu warst du da
In den steinernen vorstädten
sah ich dich herumlaufen
ein hund der im abfall wühlt
selbst den kindern
ist ein plastikauto lieber
als du
   Heiliger franziskus
   was hast du geändert
   wem hast du genützt
Heiliger franziskus
bitt für uns
jetzt und wenn uns das wasser ausgeht
jetzt und wenn uns die luft ausgeht
(DOROTHEE SÖLLE, *Die revolutionäre Geduld. Berlin 1974*)

Aufgabe:

Überlegt, was zu der Strophe des Sonnengesangs, die ihr ausgewählt habt, in der heutigen Zeit gesagt werden kann. Schreibt einen kurzen Text dazu (ein oder zwei Sätze). Gestaltet zu eurer Strophe ein zweites Bild unter dem Thema „Schöpfungsklage". Kombiniert das Bild mit eurem Text, ähnlich wie ihr es bei eurem ersten Bild gemacht habt.

Sei gelobt, mein Herr,
durch Bruder Feuer,
durch den du die Nacht erleuchtest.
Schön ist er und fröhlich
und kräftig und stark.

Der wirkliche Nutzwert wird durch Elektrizität nicht mehr erkannt,
das wo das Feuer einst gebrannt,
heute die Stromleitung ihre Wege spannt

Die Macht des Feuers wird als Waffe eingesetzt,
bei der Atombombe, die schon viele Menschenleben
einfach weggeätzt.

Wir müssen aufpassen, dass es nicht passiert
dass einmal die ganze Welt explodiert.

Die Schüler, die die Titelseite entworfen haben, können zu dem Aspekt „Schöpfungsklage" eine Rückseite gestalten.

Die fertigen Bilder werden in Prospekthüllen gesteckt, sodass je ein Thema mit Lob und Klage eine Doppelseite ergibt (oben-unten). Die Folien werden mit einem Band zusammengebunden: fertig ist das Gemeinschaftswerk! Man kann das Buch wie einen Kalender in den Klassenraum hängen, sodass jeden Monat eine andere Doppelseite zu sehen ist. Zum Aufhängen werden die Prospekthüllen mit den Blättern an den äußeren Rändern gelocht (oben und unten).

Der selbstsüchtige Riese – ein Mandala-Bilderbuch zu einem Märchen von Oscar Wilde

In der Gestaltung eines Mandalas – von innen heraus – begebe ich mich in eine göttliche Urordnung, die auf mich verwandelnd, heilend wirkt. ... Das Märchen von Oscar Wilde hat mich in seiner tiefen menschlichen Nähe und seiner religiösen Aussage wesentlich berührt. ... Das Geheimnis und das Wunder des ganzen Lebens werden in diesem Märchen berührt.

Diese Sätze, die INGRITT NEUHAUS einleitend in „Der selbstsüchtige Riese" (Verlag am Eschbach) schreibt, und ihre eigenen Mandala-Bilder zu dem Märchen haben mich bewogen, mit älteren Schülern ein Bilderbuch zu einem Märchen zu gestalten, in dem die Bilder nicht Illustrationen zu dem Märchen sind, sondern Ausdruck existenzieller Grundbefindlichkeiten.

Jahrgangsstufe: 9/10
Zeitaufwand: ca. 4 Stunden
Arbeitsform: Einzelarbeit
Material: festes Papier (DIN-A4-Querformat für eine Doppelseite), Farbstifte o. Ä., Zirkel, Kopie des Märchentextes, Schere, Kleber
Intention: existenzielle Deutung des Märchens durch das Malen entsprechender Mandala-Bilder
Thematische Stichpunkte: Mensch sein, Liebe, Ausgrenzung, Sehnsucht, Trauer, Tod, Symbole „Herz", „Mandala" und „Baum")
Tipp: Symbole, S. 55 ff.; vor der Gestaltung des Bilderbuchs das Märchen interpretieren, sodass die existentielle Bedeutung der Symbole deutlich wird

Vorgehensweise

Nach einer Unterrichtsreihe über die Symbole *Herz* und *Mandala* (vgl. S. 55 ff.) wird das Märchen von Oscar Wilde gelesen und gedeutet. Es werden *Überschriften* für die einzelnen Abschnitte gesucht. Anschließend wird überlegt, welche Aussagen in dem Märchen *allgemein gültig* sind, d. h. sich auf jeden Menschen beziehen können, oder welche existenziellen Grundbefindlichkeiten in den einzelnen Abschnitten zum Ausdruck kommen. Die passenden *Symbole* werden aus dem

Märchen herausgesucht (z. B. Garten, Eis, Mauer, Baum, Blüten, Herz). Nun gestaltet jeder für sich ein Buch mit dem Text des Märchens und selbst gemalten Mandala-Bildern.

Aufgabe:

Gestaltet zu den einzelnen Abschnitten des Märchens Mandala-Bilder, die etwas über die Existenz (Gefühle, Erfahrungen) des Menschen aussagen, über Themen, die alle Menschen berühren (z. B. Liebe, Tod). Ihr könnt Symbole aus dem Märchen aufgreifen (z. B. Mauer, Blüten, Herz). Achtet bei der Gestaltung darauf, dass die Bilder nicht nur einen Kreis als Rahmen haben, sondern auch zur Mitte hin zentriert sind. Ihr könnt gegenständlich malen oder eure Vorstellung abstrakt mit Formen und Farben zum Ausdruck bringen. Hilfreich kann es sein, wenn ihr als Ausgangsform ein passendes kreisförmiges Symbol wählt (z. B. Blüte, Eiskristall).

Die Schüler schneiden die Mandalas aus und kleben sie auf die rechte Seite einer Doppelseite, den entsprechenden Abschnitt aus dem Märchen kleben sie auf die linke Seite. Wer will, kann auch eigene Gedanken unter das Mandala-Bild schreiben. Zum Abschluss wird die Titelseite entworfen, die Blätter werden in die richtige Reihenfolge gebracht und geheftet, geklebt oder gebunden. Die Fertigstellung geschieht nach eigenen Vorstellungen.

✔ TIPP Diese Methode kann man auch bei anderen Märchen oder Texten mit existenzbezogenen Inhalten anwenden, z. B. *Der Flötentraum* von HERMANN HESSE oder *Das Märchen von Hyazinth und Rosenblüte* von NOVALIS.

Möglich ist es auch, ein Mandala-Gedicht-Heft zu gestalten: Zu verschiedenen Gedichten werden passende Mandalas gemalt.

Beispiel (Kl. 9)

Der kalte Garten

Die Wandlung

Literatur

„Der selbstsüchtige Riese", ein Märchen von OSCAR WILDE *in der Übersetzung von Hannelore Neves. Eingeleitet, mit Mandala-Bildern geschmückt und kommentiert von Ingritt Neuhaus, Verlag am Eschbach 1990*
Interpretierende Gedanken zu dem Märchen sind enthalten in ALMUT LÖBBECKE, *Mit Herz und Hand – Menschen nach Gottes Bild, AV- Religion, Hasenkampstr. 20, 58 638 Iserlohn*

Schulbuchkapitel

Thema: *Liebe*

Die Schwierigkeit, das Thema „Liebe" angemessen und Gewinn bringend zu bearbeiten, ist wohl allen Unterrichtenden deutlich, die schon mal vor diese Aufgabe gestellt waren. Ein Hindernis ist z. B. der Altersabstand zwischen Lehrern und Schülern, gerade auf diesem Gebiet werden verschiedene Sprachen gesprochen. Andererseits ist es sinnvoll, auch bei diesem Thema die Jugendlichen nicht in ihrer Welt allein zu lassen, sondern sie an Erfahrungen der Erwachsenen teilnehmen zu lassen, um ihnen evtl. Hilfe anzubieten, sich in dem Überangebot der Medien zu diesem Thema zurechtzufinden und ihren Weg zu entdecken. Wie kann man beides – die Welt der Jugendlichen und die Erfahrung der Erwachsenen – berücksichtigen, ohne den Jugendlichen die eigene Meinung überzustülpen? Indem man ihnen Angebote zur Verfügung stellt, die sie individuell wahrnehmen können, aber nicht müssen, und ihnen gleichzeitig die Möglichkeit lässt, eigene Gedanken und Materialien zu bearbeiten. Das geschieht am besten in freier Arbeit. Ich habe die Erfahrung gemacht, dass sich die Schüler mit Interesse mit Texten (z. B. Gedichten oder auch theologischen bzw. philosophischen Abhandlungen) beschäftigen, auf die sie im „normalen" Unterricht eher gelangweilt reagieren.

Jahrgangsstufe: 9/10 (auch möglich in unteren Jahrgängen)
Zeitaufwand: ca. 6 Stunden
Arbeitsform: Gruppenarbeit
Material: Zeitschriften und Bücher zum Thema, Blätter, Kleber, Schere
Intention: intensive und individuelle Themenbearbeitung durch das Entwerfen eines eigenen Schulbuchkapitels
Thematische Stichpunkte: Liebe (aber auch andere Themen), Jg. 6: Freundschaft und Liebe
Tipp: Ein Kopierer wird gebraucht

Die Schüler arbeiten selbstständig. Sie

- sichten Materialien, die der Unterrichtende zur Verfügung stellt (Erfahrungen der Erwachsenen).
- suchen eigene Materialien (altersgemäßer und individueller Zugang).
- gliedern das Thema und setzen eigene Schwerpunkte (verschiedene Doppelseiten).
- berücksichtigen verschiedene Medien (Bilder, Texte, Lieder).
- formulieren Aufgaben für Gleichaltrige.
- setzen sich bei der Gruppenarbeit mit Gleichaltrigen auseinander.
- gestalten ein zusammenhängendes „Werk".

Der Lehrer wird entlastet. Er hat Zeit, sich um Einzelne zu kümmern und kann sich auf die Beratungs- und Helferfunktion konzentrieren.

Meistens kommt der Wunsch, das Thema *Liebe* zu besprechen, von den Jugendlichen selbst. Deshalb ist es sinnvoll, zunächst gemeinsam Stichpunkte zu sammeln. *Was interessiert euch an dem Thema? Mit welchen Aspekten möchtet ihr euch beschäftigen?* Dann sollten vorhandene Schulbücher (möglichst zwei verschiedene, wenn Klassensätze verfügbar sind) im Hinblick auf das Thema geprüft werden: *Welche Gestaltung gefällt euch? Welche Themen oder Medien sprechen euch an?*

Als Vorarbeit suchen die Schüler zu Hause Zeitschriften, Bücher usw. zum Thema und bringen sie mit. Der Lehrer stellt einen Büchertisch mit unterschiedlichen Materialien (Gedichtbände, Schulbücher, Geschichten, Abhandlungen, Bilder, Liederbücher, Bibel usw.) zusammen.

In Gruppenarbeit von 3 bis 5 Schülern wird in den nächsten Stunden selbstständig gearbeitet. Zunächst besprechen die Gruppenmitglieder das Thema und wählen Aspekte aus, die sie interessieren. Sie einigen sich auf fünf Unterthemen und wählen daraus zwei aus, die sie ausführlich darstellen wollen (ausgeführte Doppelseiten). Bei der folgenden Arbeit berät und hilft der Lehrer, z. B. bei der Auswahl der Materialien, beim Kopieren.

Jede Gruppe gestaltet ein eigenes *Schulbuchkapitel für ein Religionsbuch der Jahrgangsstufe 9/10.* Folgende Gestaltungsmerkmale müssen bei dem **Arbeitsauftrag** beachtet werden:

- Es werden *fünf Doppelseiten* (je 2 DIN-A4-Seiten) entworfen. Mindestens *zwei Doppelseiten müssen komplett gestaltet werden.* Für die anderen genügen Vorschläge (schriftlich).

● *Jede Doppelseite hat eine Überschrift*, die den Aspekt des Themas enthält, der dargestellt werden soll.

● Die Doppelseiten sollen *verschiedene Medien* enthalten (Gedichte, Lieder, Bibeltexte, Geschichten, Cartoons, Comics, Karikaturen, Kunst, Symbole usw.).

● Sachtexte können, *Arbeitsaufgaben oder Fragen zum Thema sollten auf jeder Doppelseite gebracht werden.*

● Das Kapitel soll *mit einer Einzelseite eingeleitet* werden (Titel des Kapitels und ein Bild o. Ä.) und *mit einer Schlussseite abgeschlossen* werden (zusammenfassender Text oder Bild).

Wenn die Arbeit beendet ist, stellen alle Gruppen ihre Ergebnisse vor.

Praktisches und Dekoratives

Bemalte Fliesen – fast wie in einer Moschee

Kreative Elemente bieten auf besonders eindrucksvolle Weise Gelegenheit, sich z. B. mit fremden Kulturen oder Religionen, mit Bräuchen, Denkweisen in Vergangenheit und Gegenwart auseinander zu setzen. Das Bemalen fand im Anschluss an eine Unterrichtsreihe über den Islam in einer Klasse 6 statt.

Benötigtes Material: Dias oder Folien, evtl. ein kalligrafisch gestaltetes arabisches Textblatt (Koran); Porzellanmalfarbe, die sich im Backofen oder im Töpferofen einbrennen lässt; weiße oder sehr hellbeigefarbene, am besten quadratische Fliesen (z. B. aus dem Baumarkt; vielleicht ein preiswertes Sonderangebot); feine Pinsel Größe 0,1,2 oder Kalligrafiefedern (nur für geübte Hände!); Töpferofen oder Backofen. Inzwischen gibt es auch Porzellanmalstifte, die sehr einfach zu handhaben sind und die nicht mehr eingebrannt werden müssen. Die Wirkung ist allerdings nicht ganz so überzeugend und der Arbeitsvorgang nicht so authentisch.

Intentionen: Die Beschäftigung mit dekorativen Elementen der islamischen Kultur soll durch die praktische Auseinandersetzung und die eigene Gestaltung weiter gehendes Interesse an dieser Religion fördern. Außerdem bietet sich eine gute Gelegenheit, muslimische Kinder als „Fachleute" und „Mentoren" in den Gruppen einzusetzen.

Thematische Schwerpunkte: islamische Kultur bzw. Religion; Heimatländer der Mitschüler, z. B. Marokko oder die Türkei, kennen lernen; Kirche und Moschee – Gotteshäuser im Vergleich

Besonderheiten: Geeignet auch für eine Projektwoche oder für ein Schulfest, die bemalten Fliesen lassen sich gut verkaufen!

Achtung: Genug Zeit einplanen, damit die Fliesen auch noch gebrannt werden können! Evtl. Termin mit Töpferwerkstatt oder Volkshochschule absprechen, falls kein Brennofen zur Verfügung steht!

Die Idee zu dieser praktischen Arbeit erwuchs aus einer fächerübergreifenden Unterrichtsreihe zum Thema *Marokko – Heimatland unserer Mitschüler.* Beteiligt waren die Fächer Geschichte, Politik, Erdkunde und Religion. Die Unterrichtsreihe sollte mit einem *Tag der offenen Tür* ihren Abschluss in einer von den Schülern gemeinsam eingerichteten marokkanischen Teestube finden. Die Schüler sahen hier eine Möglichkeit, einige gut gelungene Fliesen auszustellen und zu verkaufen.

Die marokkanischen Schüler fungierten schon während der Unterrichtsreihe als Fachleute; jetzt ging es zusätzlich darum, die *arabischen Schriftzeichen* zu vermitteln.

Die schön gestaltete Schrift spielt bei der Ausschmückung der Fliesen, des Korans, der Gebetsteppiche und Tücher und vor allem der Moscheen eine wichtige Rolle. Die *übrigen dekorativen Elemente* sind meist dem Pflanzenreich entlehnt (z. B. stilisierte Blüten- und Weinranken, Medaillons aus Blüten und Blättern). Nach einer ausführlichen **Sichtung** verschiedener Bilder werden die gestalterischen Elemente von Schülern zusammengetragen und auf Folie notiert:

- *Formen:* Blüten, Ranken, Blumenstängel, arabische Schriftzeichen
- *Farben:* Blau, Rot, Schwarz, Grün, Gelb, Gold
- *Darstellungsweise:* mit schwarzen Konturen, flächig, ohne räumliche Tiefe; symmetrische Anordnung der Bildelemente und Ornamente

Die Abbildungen dienen als Vorlage und werden *zunächst auf Papier vorgezeichnet.* Manche Schüler entwickeln bei dieser Vorarbeit eigene Muster und Ornamente und versuchen, diese umzusetzen. Schriftzeichen sollten mit den Fachleuten zusammen eingeübt werden, ansonsten sollte man sie weglassen und sich auf andere Bildelemente beschränken.

Vorbereitung der Fliesenmalerei:

- Arbeitsplatz evtl. mit Zeitungspapier auslegen
- Farben bereitstellen, je nach Fabrikat evtl. anrühren
- Feine Pinsel bereitlegen
- Küchenrolle, Wassertöpfchen bereitstellen
- Fliesen gründlich mit Wasser reinigen, abtrocknen
- das Motiv mit Bleistift auf die Fliesenoberfläche vorzeichnen, danach mit Pinsel und Farbe arbeiten, kleine Fehler mit einem angefeuchteten Wattestäbchen korrigieren
- vor dem Bemalen und Brennen Gebrauchsanweisung der Farben durchlesen; Sicherheitsvorschriften beachten!

✔ TIPP   Verschiedene Anschauungsbeispiele zum Islam zeigt die Mappe *Der Islam – Folien, Farbbilder und Erläuterungen* von BARBARA HUBER, hrsg. vom Religionspädagogischen Seminar der Diözese Regensburg.

Ein marokkanisches Fest

Soll als Abschluss eines solchen Unterrichtsvorhabens ein ähnliches Fest gefeiert werden, wie es bei uns der Fall war, muss rechtzeitig über die Planung und die Beschaffung der notwendigen Gegenstände nachgedacht werden. Die Ausstattung des Raumes, evtl. auch die Kleidung der Gastgeber, die angebotenen Getränke, Snacks, Knabbereien, die umgebenden Düfte sollten eine entsprechende Atmosphäre entstehen lassen. Man muss sich also über die Festkultur kundig machen und überlegen, was davon ohne zu viel Aufwand in der Schule umsetzbar ist.

In unserer marokkanischen Teestube gab es einige Wandbehänge, Fotos aus einem großformatigen Fotokalender, ein paar typische Kopfbedeckungen, kleine Teppiche (alles von Schülern mitgebracht). Es gab den Verkaufsstand mit den bemalten Fliesen, an dem auch richtig gefeilscht wurde – die marokkanischen Schüler erklärten uns, dass das an den Marktständen so üblich sei. Angeboten wurde mit frischer Minze aromatisierter Tee, der wunderbar duftete, und marokkanisches Gebäck. Die schlichten Schulmöbel können durch Sitzpolster oder Kissen ersetzt werden. Mit farbigen Stoffbahnen, Teppichen, Räucherstäbchen oder Aromalampen und passender Musikuntermalung lässt sich ein nüchterner Klassenraum schon ganz erstaunlich verwandeln.

✔ TIPP   Je nach vorangegangenem Thema kann man auch türkische, afrikanische, jüdische, indische, chinesische Feste feiern.

T-Shirts oder Taschen gestalten

Als Abschluss eines Projektes oder einer Unterrichtseinheit ist die Gestaltung eines T-Shirts oder einer Stofftasche eine gute Idee, einerseits, um den Schülern die Gelegenheit zu geben, etwas „Bleibendes" mit auf den Weg zu nehmen, andererseits, um originelle Ideen auch einem außen stehenden „Publikum" zu präsentieren. Es eignen sich **verschiedene Unterrichtsinhalte** für die Gestaltung, z. B.: *Erhaltung der Schöpfung, Tierschutz, Umweltschutz, Umgang mit Mitmenschen, Umgang mit Sucht- und/oder Genussmitteln, Menschenrechte, Ich bin einmalig, Menschen dieser Welt, Frieden.* Die Zusammenarbeit mit den Fächern Kunst und/oder Textilgestaltung wäre ideal.

Jahrgangsstufe: ab 7
Zeitaufwand: 2–4 Stunden
Arbeitsform: Einzelarbeit, Gruppenarbeit
Intention: Abschluss einer Unterrichtsreihe mit thematischem Schwerpunkt, auf den die Schüler über den Unterricht hinaus aufmerksam machen möchten
Tipp: „Symbole", S. 64

Benötigtes **Material**: Zeichenpapier für die Entwürfe, Baumwolltasche oder T-Shirt, Stoffmalstifte, Stoffmalfarbe, evtl. Effektfarben wie Glitter, Plusterfarben, Haar- und Borstenpinsel, Schälchen oder Tellerchen zum Farbenmischen, Becher zum Auswaschen der Pinsel, Bügeleisen zum Fixieren der Farbe.

Für den Moosgummidruck: zusätzlich Moosgummi (Bastelgeschäft), Filzstifte, Holzstückchen zum Aufkleben der Moosgummiteile, Alleskleber

Außerdem: Zeitungspapier zum Auslegen und Abdecken der Möbel und der Arbeitsflächen, Kittel/Schürzen, um die Kleidung zu schützen, Putzmittel und Putztücher zur Reinigung der Hände und der Werkzeuge

Vorarbeiten: T-Shirts und Baumwolltaschen vor der farbigen Gestaltung waschen und bügeln, damit eine evtl. Appretur oder sonstige Behandlung entfernt wird. In diesem Waschgang sollte auch möglichst kein Weichspüler verwendet werden, er könnte die Farbaufnahme des Gewebes negativ beeinflussen!

Zuerst das Motiv auf Zeichenblockpapier vorzeichnen und in den gewünschten Farben mit Buntstift/Filzstift gestalten. Danach wird das Motiv in die gewünschte Größe gebracht (evtl. mit dem Kopierer vergrößern) und durch ein geeignetes Verfahren (s. Beschreibung der einzelnen Techniken) auf den Untergrund übertragen. Dabei muss der Stoff immer gut gespannt sein, sodass sich keine Falten an ungewollten Stellen bilden können.

Achtung: Für alle Techniken gilt: Bevor die Farbe durch Aufbügeln fixiert werden kann, muss sie gut durchtrocknen. Sie darf sich nicht mehr feucht anfühlen, lieber etwas länger warten, damit keine Farbe verschmiert. Auf sauberes Arbeiten achten! Unbeabsichtigter Farbauftrag hinterlässt auf Textilien bleibende Spuren. Der Stoff wird möglichst glatt, aber nicht zu stramm auf einen festen Untergrund (z. B. Zeichenblockrückseite) oder in einen Rahmen (Spannrahmen für Seidenmalerei, Stickrahmen) gespannt.

Übertragung des Motivs: Bei dünnerem Stoff werden die Umrisse der Vorzeichnung mit dickem Filzstift sorgfältig nachgezogen, unter den Stoff gelegt und mit Bleistift nachgezogen. Für das etwas festere Baumwollgewebe der Taschen funktioniert das Nachzeichnen meist nicht so gut. Man kann das Motiv ganz vorsichtig mit Blaupapier und Bleistift auf den Stoff übertragen oder man versucht das Motiv „freihändig" mit Bleistift auf den Stoff zu zeichnen.

Schrift und evtl. gewünschte Umrisslinien werden nun mit Stoffmalstiften aufgetragen, größere Flächen werden mit Farbe und Pinsel gestaltet. Die Farben sind untereinander mischbar, es muss also keine Riesenauswahl an Farben eingekauft werden. Rot, Blau, Grün, Gelb, Braun, in ausreichender Menge Schwarz und Weiß sowie einige Tellerchen oder Schälchen zum Mischen der Farben reichen aus. Sollen Gesichter, Haare, Muster auf bereits aufgetragene Farbflächen aufgesetzt werden, dann muss die zuerst aufgetragene Farbe gut durchtrocknen, bevor weitergemalt werden kann!

Zum Trocknen den Stoff gespannt lassen, nach dem Trocknen die Farben der Gebrauchsanweisung entsprechend fixieren.

Moosgummidruck: Dies ist eine Hochdrucktechnik, bei der die druckenden Teile auf ein Holzstück oder auf feste Pappe aufgeklebt werden. Für die Technik braucht man keine so präzisen Entwürfe, da man mit den einzelnen Moosgummiformen vor dem Aufkleben experimentieren kann, man kann sie nachbessern, auswechseln, ergänzen, weglassen. Moosgummi kann mit Bleistift beschriftet werden und mit jeder normalen Schere ausgeschnitten werden. Die ausgeschnittenen Moosgummiteile werden mit Alleskleber fest auf den Druckstock aufgeklebt. Nach dem Trocknen des Klebers ist der Druckstock mehrfach verwendbar. Die Farbe wird mit Pinseln auf die Mooosgummiteile aufgetragen. Der Druckstock wird fest auf den Stoff gedrückt. Nach dem Trocknen wird die Farbe entsprechend der Gebrauchsanweisung fixiert.

Arbeitsheft

Gerade in so genannten „mündlichen" Fächern ist das Führen eines Arbeitsheftes sinnvoll. Es zeigt den Schülern z. B. die Gliederung eines Themas oder gibt ihnen die Möglichkeit, auf früher Bearbeitetes zurückzugreifen. Vor allem aber regt es ihre Selbsttätigkeit an. Sie können außer der Dokumentation des im Unterricht Erarbeiteten eigene Ideen, Vorstellungen und Meinungen wiedergeben und gestalten. So kann es eine Art Tagebuch für das Fach Ethik oder Religion werden.

Für die Lehrerin oder den Lehrer ist ein Arbeitsheft auch eine gute Grundlage für die Leistungsbewertung. Gerade stillere Schüler können durch ihr Arbeitsheft zeigen, dass sie im Unterricht mitgearbeitet und sich darüber hinaus auch selbstständig mit den Themen auseinander gesetzt haben. Nicht nur für Ethik oder Religion ist es wichtig zu lernen, ein Thema auch formal übersichtlich darzustellen und anschaulich und interessant zu gestalten.

Mir als Lehrerin macht es immer wieder Freude Arbeitshefte von Schülern anzusehen. Ich erfahre manches über meinen Unterricht und viel über die Fähigkeiten von Schülern. So habe ich schon einige Talente entdeckt, die im Unterricht nicht so deutlich werden, z. B. das Talent zu schreiben oder zu malen oder auch eine besondere Fähigkeit, etwas grafisch darzustellen. Oft habe ich bei der Durchsicht der Hefte schon schöne Überraschungen erlebt: Eine Schülerin einer zehnten Klasse hat einmal jede Stunde mitgeschrieben (das war von mir nicht gefordert!) und so meinen gesamten Unterricht dokumentiert. Eine besonders kunstinteressierte Schülerin einer neunten Klasse hat zum Thema Schöpfung mehrere Bilder aus Kunstbüchern oder -katalogen ausgeschnitten, ins Heft geklebt, mit eigenen Kommentaren versehen und Fragen an mich aufgeschrieben. Ich habe darauf geantwortet und so entstand außerhalb des Unterrichts ein Fachgespräch zwischen dieser Schülerin und mir. Ein literarisches Talent habe ich am Ende eines Schuljahres entdeckt, als ich die Arbeitshefte einer neunten Klasse eingesammelt hatte (vgl. die Lebensgeschichte der Maria Magdalena, S. 145 ff.).

Jahrgangsstufe: ab 5
Zeitaufwand: 1 Schuljahr
Arbeitsform: Einzelarbeit
Material: Heft (DIN A4 unliniert oder kariert) bzw. Hefter mit entsprechenden Blättern; Füller; Bleistift, Buntstifte; Lineal; Kleber; Schere; Kopiervorlage
Intentionen: Unterrichtsthemen übersichtlich und eigenständig gestalten
Tipp: Während des Unterrichts genügend Zeit geben, etwas zu notieren oder von der Tafel abzuschreiben. Die Arbeitshefte sollten regelmäßig kontrolliert werden, damit die Schüler merken, dass ihre Arbeit auch gewürdigt wird.

Zum Beginn des Schuljahres wird das *Merkblatt* zum Führen eines Arbeitsheftes ausgeteilt und besprochen:

Merkblatt zur Gestaltung eines Arbeitsheftes

1. Besorge dir ein **Heft** oder Blätter für eine Mappe in **DIN A4,** unliniert (darauf wirkt das Gemalte am schönsten) oder kariert (das ist praktisch für Tabellen oder zum Schreiben).
2. Schreibe mit Füller und benutze zum Zeichnen einen Bleistift und zum Malen **Buntstifte** (keine Filzstifte). Unterstreiche mit Lineal.
3. Lasse die ersten beiden Seiten frei für ein Inhaltsverzeichnis, das du dann nach und nach ausfüllst.
4. Notiere zu jeder Stunde das Datum und das **Thema** oder den Unterrichtsgegenstand (z. B. Buch, Film, Bild ...), mit dem ihr euch beschäftigt.
5. Schreibe **Themen von längeren Unterrichtsreihen** besonders **groß und deutlich** (Druckschrift, unterstreichen, einrahmen oder farbig absetzen). Du kannst sie auch mit Symbolen verzieren, die dazu passen.
6. Schreibe **zu jeder Aufgabe**, die du gestaltest, eine **Überschrift**.
7. Klebe die **Arbeitsblätter** sorgfältig ein und schreibe eine Überschrift dazu, wenn sie nicht auf dem Blatt steht. Wenn mehrere Inhalte auf einem Blatt stehen, schneide sie aus und klebe sie an die entsprechende Stelle. Falls die Rückseite eines Blattes beschrieben ist, befestige das Blatt mit einem Klebestreifen in der Heftmitte.
8. Besonders interessant wird dein Arbeitsheft, wenn du **eigene Gedanken** oder Fragen zu einem Thema aufschreibst oder ein Bild dazu malst oder einen Zeitungsausschnitt einklebst und kommentierst.
9. Wenn du die Seiten deines Heftes nummerierst und das Inhaltsverzeichnis ausfüllst, findest du schnell das Thema, auf das du zurückgreifen möchtest.

Du kannst auch noch eigene Gestaltungsideen verwirklichen. Die Hauptsache ist, dass dein Heft **übersichtlich** und **interessant** ist, dass es Freude macht, darin zu blättern und dass es zum Nachdenken anregt.

Beispiel für Ergänzung zum Thema „Abraham" (Kl. 5)

Jch träume
Das Versprochene
Volk und ein
fruchtbares Land.

Hinter mir
liegt:
Die Zeit in
Babylonien

Vor mir
liegt:
Der lange
Weg mit
Gefahren.

Meine Füße
sagen:
Jch bleibt
hier

Meine Hände
sagen: Jch gehe.

Bitte beachten:

- Während des Schuljahres immer wieder Hinweise zur Gestaltung geben.
- Ankündigen, wenn ein neues Thema beginnt, um *Platz für die Überschrift* zu lassen (wenn der Lehrer das Thema nicht sofort „verraten" will), oder Zeit zur Gestaltung geben.
- Für den *Inhalt der Stunde* genügen Stichworte.
- *Arbeitsaufträge* genau notieren lassen.
- *Tafelbilder* werden in der Regel ins Heft übertragen.
- *Arbeitsblätter* werden ausgeschnitten (bei mehreren Beiträgen auseinander schneiden!), an die entsprechende Stelle ins Heft geklebt und mit einer Überschrift versehen.
- Bei machen Bildern oder Texten ggf. *Platz lassen* für Beiträge der Schüler, z. B. für Sprechblasen (s. o.).

Nach einer Senfkornmeditation haben die Schüler das Senfkorn mit einem durchsichtigen Klebestreifen in die Mitte einer Seite geklebt und anschließend Gedanken dazu aufgeschrieben und Bilder gemalt, z. B. den Traum des Senfkorns oder die Stationen seines Lebens.

Die Schüler sollten immer wieder darauf hingewiesen werden, dass sie zu jedem Thema *eigene Beiträge* bringen können: Gedanken, Fragen, Meinungen aufschreiben, Zeitungsausschnitte o. Ä. einkleben, Lexikonartikel abschreiben, Bilder malen usw. Am Anfang der Klasse 5 müssen den Schülern genaue Angaben beim Führen des Heftes gegeben und viele Beiträge diktiert werden. Je älter die Schüler sind, desto eigenständiger gestalten sie ihr Heft und desto individueller wird das Ergebnis. Vielleicht gehört das Arbeitsheft des Faches Ethik oder Religion bei einigen Schülern zu den Heften, die sie nicht wegwerfen, sondern für später aufbewahren. Das wäre ein schöner Erfolg.

P.S. Ein Wort zum Computer

Immer mehr Schüler wollen ihre Arbeitsmappe mit dem Computer gestalten. Das sollte man begrüßen, allerdings dürfen selbst gemalte Bilder nicht fehlen.

Was man sonst noch machen kann

Es gibt noch viele Möglichkeiten, sich mit Inhalten des Religions- und Ethikunterrichtes auseinander zu setzen und diese in einem Produkt zu verdeutlichen.

Plakate

Um Inhalte anschaulich und übersichtlich darzustellen, kann man *Plakate entwerfen*
- für Einladungen zu Veranstaltungen (Gottesdienst, Theateraufführung, Ausstellung, vgl. S. 35)
- zur Verdeutlichung bestimmter Aussagen (Motto von Kirchentagen, Bibelsprüche, Menschenrechte)
- anlässlich von Gedenktagen (bestimmte Personen, historische Ereignisse, Tag des Baumes, der Familie)
- mit Regeln zum Aufhängen in der Klasse oder in der Pausenhalle

Bild-Text-Kombination als Plakat zum Weihnachtssingen

Eine Möglichkeit, Weihnachtslieder mit bildender Kunst zu verbinden, ist folgende: Der Holzschnitt „Menschwerdung" von Thomas Zacharias wird mit Texten aus verschiedenen Weihnachtsliedern verknüpft. Mit den Liedern kann dem abstrakten Bild ein konkreter Inhalt zugeordnet werden. Nach einem Gespräch über die Bedeutung der Formen und Farben des Bildes und deren Anordnung suchen die Schüler Weihnachtslieder aus, die dazu passen. Es stellt sich heraus, dass fast alle Weihnachtslieder Aussagen enthalten, die dem Bild zugeordnet werden können. Die Schüler suchen sich ein Lied aus und versuchen, allen Formen und Farben des

Bildes Aussagen dieses Liedes zuzuordnen. Sie zeichnen die Struktur des Bildes und füllen sie aus, indem sie Worte oder Sätze mit Buntstiften an die entsprechenden Stellen schreiben. Das ausgefüllte Bild wird auf großes Plakatpapier übertragen, mit entsprechenden Hinweisen für die Veranstaltung versehen oder ohne Hinweise als Schmuck aufgehängt. Durch arbeitsteilige Partnerarbeit ist es möglich, viele verschiedene Lieder darzustellen. So wird die Vielfalt der Aussagen deutlich und durch die gleiche Struktur wird auch die Gemeinsamkeit zum Ausdruck gebracht. Die Weihnachtsbotschaft der bekannten Lieder wird neu gesehen, die der weniger bekannten wird entdeckt.

Zeitung

Eine Möglichkeit, ein Thema umfassend zu behandeln und gleichzeitig zu aktualisieren, ist es, eine Zeitung zu verfassen. Die Schüler können in freier Arbeit Material zusammenstellen, dabei die verschiedenen Textsorten berücksichtigen (Reportage, Interview, Bericht) und Fotos oder Karikaturen zuordnen. Methodisch kann man ähnlich vorgehen wie beim Schulbuchkapitel (S. 174 ff.). Beispiele für die Aktualisierung von Bibeltexten finden sich im Kapitel „Experimente mit Bibeltexten" (S. 106 ff.)

Kalender

Für Themen, die in den Jahresablauf eingeordnet werden, können Schüler selbst Kalender herstellen:
- für die Darstellung der verschiedenen *Jahreszeiten* und deren symbolische oder reale Bedeutung (Werden und Vergehen)
- für die Darstellung der Bedeutung der *christliche Feste* bzw. des Kirchenjahres
- zur Gegenüberstellung der Feste der verschiedenen Religionen (*interreligiöser Kalender,* vgl. S. 33 ff.)
- für die Sammlung und Darstellung verschiedener *Gedenktage* (z. B. Biografien, vgl. S. 83 ff.)
- Bei der Herstellung eines Kalenders mit Bildern und Texten kann man ähnlich vorgehen wie beim Gestalten eines Bilderbuches (vgl. S. 167 ff.). Beispiel für einen *Adventskalender* S. 73 f.

Spiele und Rätsel

Für den spielerischen Umgang mit Themen können Schüler Spiele und Rätsel entwickeln.
- Gesellschaftsspiele selbst gestalten, S. 93 f.
- Piktogramme/Ratespiel, S. 93.
- *Kreuzworträtsel* können die Schüler selbst herstellen, nachdem sie ein Thema behandelt haben. Zur spielerischen Überprüfung des Wissens tauschen sie die Rätsel aus und lösen sie wechselseitig (auch gut für Vertretungsstunden).

Würfelspiel: Meine Geschichte – deine Geschichte

- Gruppen zu ca. 6–10 Schülern werden gebildet.
- Jede Gruppe bekommt folgendes Material: große Plakatpappe für das Spielfeld, Filzstifte, 1 Würfel, Spielklötzchen nach Anzahl der Teilnehmer.
- Jeder malt zwei Symbole (Zeichen, Bilder), die sich auf das eigene Leben beziehen, auf die Pappe: eines, das ausdrückt, was einen einengt (welche negative Erfahrung man macht), und eines, das ausdrückt, welche Ziele oder Träume man hat (oder welche positive Erfahrung man macht).
- Die Symbole werden eingekreist und durch Linien miteinander verbunden. Zwischen die Bilder werden Leerkreise auf die Linien gezeichnet, sodass ein Spielfeld entsteht.
- Einer beginnt zu würfeln und rückt nach Anzahl der Augen vor. Kommt er auf ein Symbol, fragt er den Zeichner nach der Bedeutung und dieser erzählt. Kommt er auf ein Leerfeld, ist der Nächste dran.

Das Spiel wird so lange gespielt, bis alle Symbole erklärt sind.

Theater – Hörspiel – Video

Wenn man sich für ein Thema Zeit lassen will, kann man auch mit Schülern ein Theaterstück, ein Hörspiel oder einen Videofilm produzieren. (vgl. Theateraufführung, S. 227 ff.). Hörspiele eignen sich besonders für Szenen, bei denen Gefühle und Gedanken eine Rolle spielen. Diese können über das Medium Tonband gut zur Sprache gebracht werden.

Beispiel: Hörspiel zum Gleichnis vom verlorenen Schaf (*Lk. 15, 1–7*). *Was überlegt der Hirte? Was fühlt das Schaf? Was reden die anderen Schafe?* Aus diesen Elementen kann ein zusammenhängendes Hörspiel entwickelt werden.

Einen guten und sinnvollen **Videofilm** herzustellen ist nicht so einfach. Eine Hilfe kann das Vorbild einer Fernsehsendung sein. Man könnte z. B. zu einem Lied/Song/Text einen Videoclip gestalten. Aber auch Informationssendungen können Vorlage sein.

Beispiel: In einer Projektwoche zum Thema *Revolution* haben Schüler einen Videofilm produziert mit dem Titel *Ein Herz für Menschen*. Sie hatten sich überlegt, wie es sein würde, wenn die Tiere die Herrschaft übernähmen und uns Menschen so behandelten, wie wir die Tiere behandeln. Vorlage für ihre Produktion waren verschiedene Sendungen über den Umgang der Menschen mit Tieren. Reporter waren mitgebrachte Haustiere (Kaninchen, Hunde). Sie wurden gefilmt und mit menschlichen Stimmen „synchronisiert". Die Menschen wurden von den Schülern gespielt. Für manche Szenen wurden Bilder gefilmt, z. B. Fotos, die sie auf dem Schulhof zum Thema „Ausgesetzte Menschen" geknipst hatten. Eine Schülerin hatte ein Buch mit Karikaturen mitgebracht, bei denen die Rollen von Menschen und Tieren vertauscht waren. Es entstanden beeindruckende Szenen zu den Themen: *Menschen suchen ein Zuhause, Bericht über Menschentransporte, Käfighaltung von Menschen, Menschenversuche.*

Kapitel 3

Ich und die anderen – Wahrnehmungs- und Interaktionsübungen

Hier und Jetzt – Ich und Wir in der Gegenwart

Die folgenden Übungen, Spiele und verschiedenen Partner- und Gruppenaktivitäten sind geeignet, ethisch-religiöse Fragen im Rahmen des Unterrichtes, eines Projekttages, einer Freizeit usw. zu erschließen. Es handelt sich um Sensibilisierungs- und Wahrnehmungsübungen, Interaktionen und meditatives Training zur Erschließung und Bewertung der eigenen Situation und der sozialen Mitwelt.

Der Einsatz dieser Übungen kann hilfreich bei der systematischen Auseinandersetzung mit Deutungs-, Sinn-, Norm- und Wertfragen sein. Für die Frage nach dem Sinn der Existenz und die Vermittlung von Maßstäben für die eigenen Sinn- und Lebensperspektiven sollten Schüler die Möglichkeit haben, eigene Erfahrungen zu machen, dabei sich und andere ganzheitlich wahrzunehmen, sich auszutauschen und dabei ernst genommen zu werden. Darum hat die Förderung der kommunikativen Kompetenz einen besonderen Stellenwert; es sollte schülerzentriert und handlungsorientiert gearbeitet werden. Die Übungen – alle erprobt – können in verschiedene Unterrichtsreihen des Ethik- und des Religionsunterrichts integriert werden. Man muss allerdings die gruppendynamischen Prozesse in einer Lerngruppe ernst nehmen und die eigene Rolle dabei reflektieren, weil jede Lehrkraft Teil der Gruppe ist. Solche Interaktionsspiele das erste Mal durchzuführen ist immer ein kleines Abenteuer. Das heißt auch, dass es sinnvoll ist zu reflektieren, welches Vertrauen die Schüler dem Lehrer entgegenbringen, wie offen und transparent der Umgang miteinander ist. Setzt man die Bausteine gezielt und unter Berücksichtigung der Bedingungen ein, die angesprochen werden, erlebt man viele spannende Momente, ruhige und nachdenkliche Schüler und einen oft lebendigen Austausch.

Vertrauensspiele

Die folgenden drei Vorschläge sollten auf die jeweilige Situation der Klasse abgestimmt werden. Sie eröffnen einige Möglichkeiten, dass Schüler eine Nähe zulassen und erfahren können, die ihnen sonst im üblichen Unterrichtsgeschehen eher fremd ist, vielleicht sogar zu ein wenig mulmigen Gefühlen führt. Vertrauensübungen gehören seit langem zu Schulungen für Teams in Firmen, zum Managementtraining, verschiedenen sozialpädagogischen Konzepten. Sich auf andere verlassen können, das gehört zu den grundlegenden und angenehmen Erfahrungen unseres Lebens. Aus der Sicht der Schüler besteht hier ein existenzieller Bedarf, für die Unterrichtenden bieten die Übungen die Möglichkeit, behutsam und spielerisch das Zusammenwachsen der Lerngruppe zu fördern.

Manche Schüler sind zunächst ängstlich und trauen sich nicht aus der Deckung der Anonymität in der Gruppe. Hier muss besonders gezielt der Bann gebrochen werden. Jedenfalls darf kein Druck in dem Sinne ausgeübt werden, dass nun unbedingt jede und jeder alles erlebt haben muss. Auch das Zusehen, das Erleben des Erlebnisses anderer kann zu Lernerfolgen führen. Dass einzelne Gruppenmitglieder zum Beispiel durch ein Auslachen ausgegrenzt werden können, gehört bekanntlich leider zum Unterrichtsalltag; aber gerade dem kann hier effektvoll entgegengearbeitet werden. Die Förderung des gegenseitigen Vertrauens in der Lerngruppe lohnt sich auf jeden Fall und wird für viele zu einer spannenden Erfahrung, auf die man aufbauen kann.

Sich fallen lassen

Jahrgangsstufe: ab 5
Zeitaufwand: je nach Gruppengröße bis zu 1 Stunde
Arbeitsform: 10 Fänger, 1 Spieler
Material: gegebenenfalls 1 Hocker, Sportmatte
Intentionen: Erfahrung der Angstüberwindung, weil man sich auf die anderen verlassen kann; Aufbau von Vertrauen im Team
Tipp: Konzentration und Ruhe sind notwendig; je nach Altersstufe ist auf die Sicherheit und die Höhe zu achten.

Fünf Schüler stellen sich eng nebeneinander und fassen fünf andere, die ihnen gegenüber stehen, fest um die Handgelenke. Seitlich steht ein Schüler (mit oder ohne verbundenen Augen), die Arme am Körper, und lässt sich kerzengerade in die Arme der Mitschüler fallen. Diese fangen ihn federnd und mühelos auf. Er liegt noch kurz auf den Armen und wird dann behutsam abgesetzt. Bei älteren Schülern kann die Fallhöhe vorsichtig angehoben werden (Sportmatte als Schutz).

Variante: Ein Schüler steht kerzengerade und steif zwischen zwei anderen und lässt sich von diesen langsam hin und her stoßen, um jeweils wieder aufgefangen und zurückgestoßen zu werden usw.

Blind im Labyrinth

Jahrgangsstufe: ab 5
Zeitaufwand: je nach Gruppengröße bis zu 1 Stunde
Arbeitsform: 1 Geführter, 2 Führende
Material: Gegenstände, Tische, Stühle, Taschen usw.; ein weiches Tuch
Intentionen: Erfahrung der Angstüberwindung, weil man sich auf die anderen verlassen kann; Aufbau von Vertrauen im Team; Schutzerfahrung

Im Klassenzimmer wird ein Weg aufgebaut, der voller Tücken und Hindernisse steckt. Dem Spielenden werden die Augen sorgfältig verbunden, die Führenden nehmen jeweils eine Hand, geleiten den „Blinden" durch das Labyrinth, auch über Tische und unter Tischen hindurch, und achten darauf, dass er nirgends anstößt. Man kann mehrere Teams ziemlich schnell hintereinander durch das Labyrinth schicken. Diese Übung eignet sich in allen Jahrgängen auch sehr gut auf dem Schulhof und besonders im Wald oder im freien Gelände (vgl. auch S. 109 f.).

 TIPP   Als Hinführung zum Jugendbuch „Behalt das Leben lieb" geeignet (vgl. S. 124).

Transport auf einer Trage

Jahrgangsstufe: ab 5
Zeitaufwand: je nach Gruppengröße
Arbeitsform: 1 Getragener, 4 oder mehr Tragende
Material: 2 Besenstiele, 1 Decke
Intentionen: Erfahrung von Geborgenheit und Sicherheit; Arbeiten im Team
Tipp: Vorsorglich immer zusätzliche Tragekräfte bereithalten; bei schweren Schülern keine Träger hinzufügen (Gefahr der peinlichen Stigmatisierung)

Die Decke wird mehrfach um die Besenstiele geschlagen; auf diese Trage legt sich ein Schüler und wird nun von anderen um verschiedene Ecken herum, möglichst auch einige Stufen hinauf und hinab transportiert. Alle achten darauf, dass der Getragene nicht hinabstürzt oder die Trage irgendwo anrempelt. Möglichst nach jedem Durchgang das Trageteam wechseln, sonst werden manchen die Arme lang.

 TIPP   Guter Einstieg zu Mk. 2, 1–12 (Heilung des Gelähmten, vgl. S. 110)

Körpererfahrungen

Wir wissen alle, dass die Wahrnehmung unseres Körpers, einzelner Körperteile, unseres Atems usw. nicht zu dem gehört, was gemeinhin in der Schule Bedeutung hat. Doch wer sich z. B. die Zeit nimmt, genauer hinzuhören, an sich selbst also auf einer bewussteren Ebene Erfahrungen zu machen, der öffnet sich schon aus Neugier für andere und lenkt sein Interesse auf die Empfindungen anderer.

Es fällt vielen Schülern erfahrungsgemäß schwer, sich auf die völlig veränderte Situation in einer Klasse einzustellen, wenn auch vielleicht bloß nur die Augen geschlossen werden sollen. Manche nehmen diese Übungen nicht ernst, manche können aber auch einfach nicht 10 Minuten lang ruhig sein. Deshalb ist es manchmal hilfreich, sich die Problemfälle vorher unauffällig an die Seite zu nehmen und darauf hinzuweisen, dass man von ihnen nun besondere Mitwirkung erwarte. Andererseits kann aber auch nicht erwartet werden, dass sich bei allen Schülern gleichermaßen die Fähigkeit einstellt, sich auf eine bestimmte Körperübung einzulassen. Aber diese dürfen dann die anderen nicht stören. Man muss sich klarmachen, dass im Unterricht nicht eine therapieähnliche Situation aufgebaut werden kann (und übrigens auch nicht darf). Vor allem die ohnehin schon sensitiv orientierten Schüler genießen diese Übungen; manchmal ist nachher so etwas wie ein glücklich-zufriedenes Wohlbefinden und auch Staunen zu finden.

Körperreise

Jahrgangsstufe: ab 5
Zeitaufwand: 20 bis 30 Minuten
Arbeitsform: ganze Gruppe möglichst liegend, zur Not auch sitzend
Material: Decken, Matten oder auch Stühle
Intentionen: Wahrnehmung des eigenen Körpers; Förderung der Konzentration
Tipp: kein Körperkontakt mit Mitschülern; unbedingt für Ruhe sorgen

Wenn möglich, legen sich die Schüler auf den Boden, es geht aber auch sitzend. Günstig ist eine Verdunkelung des Raumes. Außengeräusche sollten ebenfalls nur gering einstreuen. Nach zwei Minuten, die nötig sind, um zur Ruhe zu kommen, eine bequeme Position einzunehmen und die Augen zu schließen (absolute Bedingung!), wird gemeinsam auf die ruhige Atmung geachtet. Dann beginnt die Körperreise, indem man mit ruhiger, langsamer Stimme in der Ich-Form vorgibt, wo man sich auf dem Körper befindet. Erfahrungsgemäß ist die Anfangsposition oben auf dem Kopf günstig, weil die Gedanken nicht so weit wandern müssen. Es heißt nun etwa: *Ich stehe oben auf meinem Kopf ... nun gehe ich ganz langsam hinunter zu meinem rechten Ohr ... das ist mein Ohr ... mein Ohrläppchen.* Und so geht es in kleinen Schritten weiter zur Schulter, den Arm hinunter, man besucht die Finger der rechten Hand usw. Erstaunlicherweise ist diese Erfahrung für viele einerseits interessant, andererseits fallen einige auf halbem Wege in einen Dämmerzustand und wachen erst wieder auf, wenn sie bereits zur eigenen Überraschung auf dem Rückweg, nämlich auf der anderen Körperseite sind.

Wieder auf dem Kopf angelangt, braucht man eine längere Phase, um von außen die Gedanken wieder auf anderes zu fokussieren. Dieses muss sehr behutsam geschehen. Ist das erfolgt, lässt man die Augen öffnen. Alle sollen sich räkeln und wieder Kraft in die Muskeln und Gelenke einsaugen. Keinesfalls darf man die Schüler dazu bringen, sich schnell wieder zu erheben, weil sich dann bei einigen Kreislaufprobleme einstellen können. Die meisten wollen danach aber gar nicht aufstehen; vielmehr bleiben sie in einem Ruhezustand und erzählen sich gegenseitig, was sie erlebt haben. Diese Zeit sollte man allen lassen. Anschließend bietet sich ein ruhiges Gespräch zu verschiedenen Themen, die mit dem Ich, dem eigenen Körper zu tun haben, an.

✔ TIPP Geeignet zum Thema „Meditation" (S. 223 f.) und „Wer bin ich?"

Unsere Sinne

Jahrgangsstufe: ab 5
Zeitaufwand: 10 Minuten je Durchgang mit längeren Auf- und Abbauphasen
Arbeitsform: Wahrnehmungsübung in Kleingruppen
Material: je nach Möglichkeit sehr variabel
Intentionen: geführte Wahrnehmungsübung für die Sinne; Förderung der Konzentration
Tipp: in der Natur besonders ergiebig; Planungsaufwand recht groß; schriftliche Nachbereitung; vgl. auch S. 109 f. und 59

Man erstellt einen Parcours, durch den ein Schüler von einem anderen geführt wird. Vorher wird aber dem Geführten mit einem Tuch sorgfältig die Sicht genommen. Er soll sich nun genau merken, was er hört, schmeckt, riecht und (hier kann ein Schwerpunkt liegen) fühlt. Was das ist, richtet sich natürlich nach den örtlichen Möglichkeiten. Mit geringem Aufwand können Schüler diese Übung in einem Klassenraum vorbereiten. Allerdings wird hierfür eine Gruppe benötigt, die die Übung plant und organisiert, die die anderen durchführen. Ein anderes Mal wird gewechselt. Sehr effektiv sind solche Wahrnehmungsübungen in der Natur, aber auch hier muss man einiges vorbereiten. Mit nackten Füßen über den Waldboden geführt zu werden ist eine echte Erfahrung, und an Baumrinde zu riechen oder eine Tannennadel zu schmecken ist für viele ein Erlebnis.

In verkleinerter Form bietet sich auch die Variante *Tastgalerie* an. Hier wird nacheinander in vorbereiteten Kartons, in Beuteln oder unter Decken etwas ertastet und bestimmt. Der Kreativität bei der Organisation dieser Übung ist also kein Riegel vorzuschieben. Darum gehört diese Übung auf vielen Schulfesten zu den Höhepunkten.

Die Anbindung an den Unterricht kann im Themenkreis *Ich-Natur* erfolgen. Eine sorgfältige Nachbereitung hat sich bewährt. Dies kann in Einzelarbeit oder auch in Kleingruppen (Austausch wechselseitiger Erfahrungen möglich) geschehen. Dabei soll aufgezählt werden, was mit den Sinnen in welcher Intensität wahrgenommen werden konnte. Gerade hier bieten sich Gesprächsmöglichkeiten an.

Atem und Atmen

Jahrgangsstufe: ab 5
Zeitaufwand: 5 Minuten
Arbeitsform: ganze Gruppe sitzend oder stehend
Intentionen: Wahrnehmung des Atemzyklus; Feinabstimmung mit der Gruppe
Tipp: kein Körperkontakt mit Mitschülern; keine Gespräche zulassen, da sonst keine Konzentration möglich ist; vgl. Symbol „Herz", S. 64 f.

Alle Schüler stellen sich in einen möglichst engen Kreis, ohne sich jedoch zu berühren. In größeren Gruppen bietet sich ein Innen- und ein Außenkreis an. Nun werden die Augen geschlossen und alle zählen ganz langsam bis zwanzig (vorzählen!). Anschließend achten alle Schüler auf ihre Nase und darauf, wie sie die Luft ein- und ausatmen. Nach einer Minute wandert die Aufmerksamkeit auf den Bauch. Hier konzentrieren sich alle darauf, wie sich die Bauchdecke hebt und senkt. Nach einer weiteren Minute versuchen alle, ganz allmählich ihre Atmung zu verlangsamen. Dabei sollen die Schüler darauf achten, dass sie möglichst im gleichen Takt wie ihre Mitschüler um sie herum atmen. Etwa zwei Minuten wird nun auf diese gleiche Schwingung geachtet. Dann lässt man einige Male tief ein- und ausatmen, die Augen öffnen und feste auspusten. Anschließend können die Schüler einschätzen, wie gut es ihnen gelungen ist, ein gleichförmiges Atmen der ganzen Gruppe zu erreichen.

Raumerfahrung

Natürlich denken wir nicht jederzeit über alles nach, was um uns herum saust und braust. Wir wissen, dass wir nur einiges bewusst wahrnehmen, während alle anderen Stimulationen aus der Umwelt bekanntlich auch wahrgenommen werden und damit Wirkung zeigen. Um dies den Schülern bewusst zu machen, um sie auf die Vielzahl der Phänomene hin zu sensibilisieren, andererseits aber auch um den Auswahlfilter zu schulen, haben sich die folgenden zwei Übungen bewährt. Die Einbindung eines jeden Individuums in die Mitwelt unterliegt vielen Bedingungen, die jeder Schüler kennen muss, um seine Wahrnehmung selbstbewusster steuern zu können. Es soll dabei auch deutlich werden, dass das, was wir zu wissen meinen, stets ausbaufähig und ausbaunotwendig ist.

So lassen sich im Anschluss z. B. Fragen der Medizin oder der Biologie in einen ethischen und auch religiösen Zusammenhang einbinden. Die Grundfrage bei beiden Übungen ist, was eigentlich wie auf uns einwirkt und welche Antworten unser Organismus darauf hat. Die Erfahrung zeigt: Es sind kleine Übungen mit großer Nachwirkung.

Hintergrundgeräusche

Jahrgangsstufe: ab 5
Zeitaufwand: 5 Minuten
Arbeitsform: ganze Gruppe ruhig sitzend
Intentionen: Förderung der Konzentration; Wahrnehmungen des Kontaktes zwischen Eigen- und Außenwelt
Tipp: kein Körperkontakt mit Mitschülern; unbedingt für Ruhe sorgen

Die Schüler sitzen schweigend und mit geschlossenen Augen und hören auf alles, was hörbar ist. Sie erhalten vorab die Anweisung, sich alles zu merken, was sie hören und den Raum und auch die Welt draußen systematisch mit ihrem Gehör abzutasten. Danach wird gesammelt und nach Intensität, nach angenehm oder unangenehm, nach natürlich oder künstlich usw. kategorisiert. Daran schließt sich ein Gespräch über die Wirkung dieser Stimuli auf den einzelnen Organismus an. Es lässt sich auch die Frage aufgreifen, welche Möglichkeiten des Filterns dieser Wahrnehmungen wir haben und offensichtlich auch nutzen. Anschließend kann über die Bedeutung des Hörens allgemein gesprochen werden (vgl. S. 65 und 223).

Die Stimulussituation

Jahrgangsstufe: ab 5
Zeitaufwand: 5 bis 10 Minuten
Arbeitsform: ganze Gruppe sitzend und schweigend
Intentionen: Förderung der Konzentration; Wahrnehmungen des Kontaktes zwischen Eigen- und Außenwelt
Tipp: kein Körperkontakt mit Mitschülern, Sprechverbot

Es handelt sich um eine Ausweitung der vorigen Übung. Jetzt wird konzentriert, systematisch und mit allen Sinnen auf alles geachtet, was um uns herum in irgendeiner Form wirkt und wahrnehmbar ist. Allerdings sollte diese Übung auf den Klassenraum begrenzt werden. Die Auswertung ist oft schwieriger, weil die Schüler auf jedes Atmen oder Hüsteln des Mitschülers achten, jedes Fußscharren bekommt nun eine gewisse Bedeutung, die Farbgestaltung der Decke und der vertrocknete Ast werden in Beziehung zur eigenen Person gewichtet und auch der hygienische Zustand eines Mitschülers wird verstärkt zur Kenntnis genommen. Dieser sich schärfende Blick führt zu ungewohnten Einsichten und lässt in der Gruppenauswertung natürlich alle oben schon angesprochenen Facetten der Wahrnehmungsschulung mit anschließender Vertiefung zu.

Gruppenerfahrungen

Im Folgenden werden drei Übungen vorgestellt, die vertiefende gedankliche Arbeit anregen oder diese weiterführen. Es geht wesentlich um den nonverbal deutlich werdenden Bezug zwischen den Mitgliedern der Lerngruppe. Das System von Nähe und Distanz, in dem wir alle uns mehr oder weniger geschickt nach mehr oder weniger bekannten oder gar durchdachten Regeln bewegen, ist ein wichtiger Aspekt menschlicher Kommunikation und damit auch unseres gegenseitigen Verstehens und der Einordnung jedes Einzelnen in die Gemeinschaft. Das trifft denn auch den Nerv vieler Schüler, die im Rahmen ihrer Identitätsfindung sich mit der Frage, wo sie stehen, welche Nähe sie zulassen wollen bzw. können und welche Distanz zu anderen sie brauchen, täglich beschäftigen. Darum lohnt es sich, mit Vorsicht einige Übungen einzuflechten, die sich mit dem Thema *Ich in der Gruppe* oder *Nähe und Distanz* beschäftigen.

Gruppenskulptur

Jahrgangsstufe: ab 9
Zeitaufwand: 15 Minuten
Arbeitsform: je nach Gruppengröße verteilt im Raum
Intentionen: Ortung der eigenen Position im Rahmen der Lerngruppe; Erkennen der informellen Zusammenhänge
Tipp: klare Regeln vorgeben; Sprechverbot für die Skulpturmitglieder; Skulpturbauer geben Anweisungen; auf Außenseiter achten

Die Schüler bestimmen drei, die die Skulpturkünstler sind. Alle anderen sind das Baumaterial der Skulptur. Nun einigen sich die Künstler auf einen Gestaltungsplan. Allerdings erhalten sie vorab die Instruktion, dass die Menschenskulptur die Situation in der Gruppe deutlich machen soll. Man muss sich also Gedanken darüber machen, wer in wessen Nähe gehört, wer oben oder wer unten positioniert ist. Am Ende ordnen sich die Künstler selbst ein. Nun halten alle für zwei Minuten inne und fragen sich, wie sie sich selbst nun in dieser Positionierung, in dieser ihnen zugewiesenen Haltung fühlen. Vielleicht kann man auch ein Foto machen (Polaroid?). Anschließend wird die Skulptur aufgelöst.

Dann entwickelt sich automatisch ein Gespräch, das häufig zwei Pole aufweist. Die einen sind eher verschreckt und fühlen sich ins Abseits gestellt (Achtung: Gefahr der Stigmatisierung!), die anderen schimpfen lauthals über die Künstler und beklagen deren fehlende Schaffenskraft bzw. eigentlich deren Ahnungslosigkeit, was die Struktur der Klasse angeht. Hier muss das Auswertungsgespräch sorgfältig geführt und auf die Lerngruppe abgestimmt werden. So gibt es z. B. Schüler, die sich in der eher untergeordneten Position durchaus wieder erkennen, jedoch ohnehin darunter leiden und nun noch bestärkt werden. Hier gilt es anzusetzen und auf die Kriterien der Künstler zu lenken. Jetzt sind es die Künstler, die die eigene Wahrnehmung vorstellen und begründen. Trotz des ernsthaften Gesprächs sollte im Vordergrund aber immer der Spaß an dem gemeinsamen Kunstwerk stehen.

Abgrenzung und Nähe

Jahrgangsstufe: ab 5
Zeitaufwand: 5 bis 10 Minuten
Arbeitsform: ganze Klasse oder in Teilgruppen frei im Raum je nach Größe; Vorübung partnerweise
Intentionen: Wahrnehmung der Nähe, die man zulassen kann, und der Distanzen, die man benötigt
Tipp: Sprech- und Anrempelverbot

Die Schüler stellen sich zunächst paarweise gegenüber. Sie gehen gemächlich aufeinander zu, aber sie dürfen nicht aneinander vorbeigehen und sich schon gar nicht umrempeln. Es darf auch nicht gesprochen werden. Also werden die Schüler irgendeine Distanz finden, in der sie verharren. Ist das geübt, kann die Übung in der Teilgruppe oder auch in der ganzen Klasse durchgeführt werden. Nun geht jeder auf jeden zu und achtet automatisch dabei auf die Distanzen, die selbst oder von anderen eingehalten werden.

Diese Übung ist auch mit der Regel durchführbar, dass die Beteiligten sich per Handzeichen signalisieren, wie weit der oder die jeweiligen Partner sich annähern oder eben nicht. Dabei ist die Anrempelgefahr durch Schüler, die diese Übung zum Jux umgestalten möchten, geringer.

Obstkorb

Jahrgangsstufe: ab 5
Zeitaufwand: 5 bis 10 Minuten
Arbeitsform: ganze Gruppe sitzend und schweigend
Intentionen: Selbsteinschätzung der Position in der Lerngruppe; affektive Zuordnung der Eigenperson zur Gruppe
Tipp: Einstimmungsphase vorschalten; Sprechverbot; anschließend nur freiwillige Äußerungen

Diese Übung ist für alle Jahrgänge geeignet, auch wenn in höheren Jahrgängen die Akzeptanz nachlässt, weil den Schülern der gedankliche Zusammenhang unrealistisch erscheint und sie nicht mitspielen wollen. Aber insgesamt gesehen funktioniert die Übung erstaunlich gut.

Alle sitzen schweigend und mit geschlossenen Augen auf ihren Plätzen. In einer Einstimmungsphase muss unbedingt Ruhe in die Gruppe gebracht werden und jeder muss sich auf sich selbst konzentriert haben. Dann werden alle aufgefordert, sich auf einer sonnenüberfluteten Wiese einen riesigen Obstkorb vorzustellen. Dieser ist gefüllt mit den verschiedensten Früchten, und alle Früchte sind Schüler der Klasse. Nun soll sich jeder vorstellen, welche Frucht er ist, wo er sich in diesem Obstkorb befindet und wie er sich dabei fühlt. Dazu gibt man einige Minuten Zeit. Anschließend lässt man einige Male tief durchatmen und die Augen öffnen.

Nun lässt man die Schüler berichten. Es ergeben sich oft interessante Einsichten, auch auf die Frage, wer oder was über oder unter einem lagerte, was drückte und wie die Obststücke sich fühlten. Es kommen recht witzige Aussagen vor wie etwa die des Schülers, der in einer seitlich eingequetschten Banane unzweifelhaft das Gesicht seines Mitschülers X erkannte. Interessant kann auch die Frage werden, wo in diesem Korb eigentlich die Lehrkraft steckte. Der Spaß wird schnell als eigentlich weiterführende Übung zur tieferen Einsicht begriffen. Die Übung eignet sich für eine Besinnung nach einigen Stunden in der neuen Klasse.

Standortbestimmung 1

Jahrgangsstufe: ab 7
Zeitaufwand: 10 Minuten
Arbeitsform: ganze Gruppe im Raum verteilt
Intention: Selbsterfahrung der Position in der Gruppe durch Eigenaktivität
Tipp: Sprechverbot

Der Raum wird freigeräumt; es muss sich eine möglichst große, aber klar abgegrenzte Fläche ergeben. Nun werden die Schüler aufgefordert, mit ruhigen Schritten in diesen Raum zu gehen und sich irgendwo hinzustellen. Dies erfolgt von allen gleichzeitig. Man fordert nun die Schüler auf, sich diese Konstellation sozusagen von oben anzuschauen, sich wie eine Karte einzuprägen und dabei den eigenen Standort klarzumachen. Nach einigen Minuten wird die Gelegenheit gegeben, kurzfristig die Position im Raum einzunehmen, die man doch lieber hätte. Danach prägen sich wieder alle die Konstellation ein. Jetzt lässt sich diese Aktion sehr gut besprechen, indem man einige auffordert, ihre Entscheidungen, sich nun gerade dort zu positionieren, zu begründen.

Standortbestimmung 2

Jahrgangsstufe: ab 6
Zeitaufwand: 20 Minuten
Arbeitsform: ganze Gruppe
Material: Klebeband für den Boden
Intentionen: Einnehmen von Positionen; Erleben von Distanzen sowie Kontrolle und Abstimmung in und mit der Lerngruppe
Tipp: Stars und Mitläufer auseinander halten; auf die Regel achten: Schweigen! Nonverbale Abstimmungen zulassen!

Zunächst wird auch hier der Raum freiräumt. Der Boden wird dann mit Klebeband in drei Sektoren eingeteilt. Ein Sektor heißt *Ich stimme zu!*, der zweite heißt *Das finde ich nicht!* und der dritte heißt *Ich habe keine Meinung dazu!*. Nun konfrontiert man die Schüler mit einer Aussage zu irgendeinem Problem, das gerade zu der aktuellen Unterrichtsreihe passt. Anschließend begeben sich die Schüler in den Sektor, der ihrer Meinung entspricht. Bei ihrer Positionseinnahme dürfen sie nicht sprechen, aber natürlich schauen viele, was die anderen machen, und geben sich Verknüpfungszeichen, um noch einige mitzuziehen. Dies ist erlaubt und kann dann hinterher gut besprochen werden.

Nach jeder Aussage und der erfolgten Zuordnung in die Sektoren werden einige wenige befragt, warum sie sich dort befinden. Dabei muss auf eine gute Verteilung der Befragten geachtet werden. Wichtig ist, dass nicht bewertet wird, sondern die Begründungen im Raum stehen bleiben. Man kann acht bis zehn solcher Durchgänge bewältigen, aber nicht mehr. Es ist zu bedenken, dass es so etwas wie einen Herdentrieb gibt oder sich auch immer wieder deutlich einige Schüler ausgrenzen.

Beide Phänomene müssen natürlich in der Nachbereitung angesprochen und aufgefangen werden. Hier können Aspekte der Entscheidungsfindung diskutiert werden (vgl. S. 199 ff.), aber es kommt vor allem auf die Wahrnehmung und Besprechung des Hin und Her in der Gruppe und der Sogwirkung der Sektoren bzw. der dort sich einfindenden Personen an.

✔ TIPP   Geeignet als Einstieg in ethische Fragen

Realitätsfilter

Das Hier und Jetzt wird entscheidend von dem bestimmt, was wir wahrnehmen. Dem Phänomen der selektiven Wahrnehmung sollte besondere Aufmerksamkeit geschenkt werden. Man nimmt offenbar zunächst einmal das wahr, was man wahrnehmen will. Die folgenden Übungen bewirken bei den Schülern viel Nachdenklichkeit, vor allem Vorsicht im Umgang mit Informationen. Es wird deutlich, wie oft und vorschnell man geneigt ist, zu Schlüssen und Bewertungen zu kommen, die einer genaueren Betrachtung nicht standhalten.

Fantasiereisen

Jahrgangsstufe: ab 5
Zeitaufwand: sehr variabel
Arbeitsform: ganze Gruppe sitzend und schweigend; besser auf Decken liegend
Intentionen: Fantasievorstellungen durch wenige Vorgaben; Sensibilisierung für Kriterien für schöne/unschöne Gefühle; Analyse der Herkunft dieser Kriterien

Es gibt ausgearbeitete Vorschläge für Fantasiereisen, aber mit ein wenig Kreativität ist eine kleine und thematisch passende Geschichte schnell konstruiert. Es bewährt sich, zwar gewisse Klischees wie Sonne, Strand, Wellen und Urlaub einzubinden, aber dies darf keinesfalls so offensichtlich geschehen, dass die meist recht pfiffigen Schüler nach dem zweiten Satz wissen, wohin die Reise geht, und sich gleich auf den Heimweg machen. Eine Anfangssituation wird vorbereitet, sozusagen angedacht. Das kann eine erstaunliche Sciencefiction-Aktion oder eine Gruppenreise in die Alpen oder eine Situation allein in einer fremden Stadt sein, es muss dann verschiedene Möglichkeiten der Weiterfahrt bzw. des Weitererlebens geben. Nun sollte man aufhören und die Schüler weiterreisen lassen. Dies sollte 5 Minuten dauern, nicht viel länger, aber keinesfalls kürzer. Jetzt setzen sich die Schüler in Kleingruppen zusammen und besprechen, welche Weiterreise sie erlebt haben, auf welche Gefühle sie dabei gestoßen sind und was sie empfunden haben, als sie die Aktion abbrachen. Aus der gegenseitigen Erzählung ergeben sich oft ungeahnte Varianten und wilde Gedankenaktionen. Man kann nun die einzelnen Varianten diskutieren, interessant sind vor allem die Überlegungen, warum sich die einzelnen Reisenden nun so oder anders entschieden haben. Je nach vorgelegter Basisgeschichte ergeben sich dann vielfältige Anknüpfungsmöglichkeiten.

Der Wahrheitsbaum

Jahrgangsstufe: 5–8
Zeitaufwand: 15 Minuten
Arbeitsform: Kleingruppen zu 4 Schülern
Material: vorbereitetes Blatt mit dem Baum
Intentionen: Erkennen verschiedener Perspektiven, Aufbau von Vorsicht bei beharrlichem Bemühen um Erkenntnis
Tipp: Auf Wortführer achten und ggf. Zurückhaltendere anschieben

Man zeichnet auf ein Din-A4-Blatt einen Baum mit realistischem Umriss. Allerdings sollte der Baum von links anders aussehen als von rechts. Und von rechts muss er wieder anders aussehen als von vorne. Das können Zweige, bestimmte Astformen, Tiere und Stammverbiegungen usw. sein. Hinter dem Baum ist noch ein Mensch zu sehen, der sich den Baum von dort anschaut.

Nun erhalten die Gruppen, die weit auseinander sitzen, jeweils ein solches Blatt. Die Schüler der einen Gruppe einigen sich auf die Beschreibung des Baumes von links, die anderen auf die von rechts, die dritten auf die von vorne, und die vierte auf die von hinten. Anschließend werden die Gruppen neu gemischt. Die Blätter werden eingesammelt. Es entstehen Gruppen aus Schülern der vier Betrachtungsseiten. Sie beschreiben ihren Baum der Reihe nach. Nun erhält jede Gruppe ein Blatt und alle vergleichen ihre Darstellung mit der der anderen Gruppenmitglieder.

Deutlich wird, dass nur die gesamte Sicht letztlich klärt, wie der Baum in Wahrheit aussieht. Aber auch das gelingt nur unvollkommen, weil die Ansicht von hinten nur zu einer ungefähren Klarheit führt, aber eben nicht zu der ganzen. So banal diese Übung erscheinen mag, so intensiv denken Schüler über diese Betrachtungsweise von Wirklichkeit nach und beziehen das generalisierend auf anderes.

Im Wartezimmer

Jahrgangsstufe: ab 7
Zeitaufwand: 20 Minuten
Arbeitsform: ganze Gruppe sitzt und schweigt; ein Schüler als Schauspieler
Material: ein Stuhl
Intention: Sensibilisierung für den Unterschied zwischen tatsächlich Gesehenem und Interpretation des Gesehenen
Tipp: Beobachtungsphase aushalten

Zunächst wählt der Lehrer einen Schüler aus, dem man eine relativ überzeugende schauspielerische Leistung zutraut. Die Instruktion lautet: *Du kommst als Patient in das Wartezimmer eines Arztes, es ist recht voll, es gibt nichts zu lesen, es wird nicht gesprochen und du setzt dich hin und wartest. Das wird etwa 5 Minuten, vielleicht länger dauern.* Die Lerngruppe sitzt schweigend im Raum und erhält den Auftrag, sich das Geschehen **anzuschauen**. Der Schauspieler führt nun die Aktion gemäß Anweisung durch.

Nach einer entsprechenden Zeit wird die Aktion mit der Aufforderung an die Gruppe abgebrochen zu **beschreiben**, was man **gesehen** hat (wieder ist diese Formulierung sehr wichtig). Die Tafel wird in zwei Felder bzw. Spalten unterteilt. Nun sollen die Schüler beschreiben, was sie gesehen haben. Jede einzelne Aussage wird vom Lehrer daraufhin eingeschätzt, ob es sich um eine Faktenbeschreibung (rotes Hemd, tiefes Einatmen, Herumrutschen auf dem Stuhl usw.) handelt oder ob die Aussage nicht eigentlich eine Interpretation ist (z. B. schaut gelangweilt umher, fühlt sich schlecht, hat Schmerzen usw.). Für jede Faktenbeschreibung gibt es einen Strich in der linken, für jede Interpretation einen Strich in der rechten Spalte, ohne aber den Schülern mitzuteilen, was man da an der Tafel veranstaltet. Erfahrungsgemäß ergibt sich ein sehr geteiltes Bild und im Laufe der Erinnerungen nimmt die Zahl der interpretativen Nennungen zu.

Wenn nichts mehr aus der Lerngruppe kommt, nennt der Schauspieler seine Instruktionen. Dann wird an der Tafel aufgelöst, was die Striche zu bedeuten haben. Dies führt in ein Gespräch darüber, was nun überhaupt Tatsache ist, wenn man Mitmenschen wahrnimmt, und was eben nicht und welche Kriterien wohl solche Zuordnungen gestalten. Für viele Schüler ist die analytische Differenzierung in Fakten und Interpretation oder auch Bewertung der Fakten interessant, weil sie dies schnell auf Interaktionen in der Klasse und also auf selbst Erlebtes beziehen können.

Personenbeschreibung

Jahrgangsstufe: ab 7
Zeitaufwand: 15 Minuten
Arbeitsform: Aufteilung in Gruppen à 6 Personen
Material: pro Gruppe ein Foto (Jugendlicher)
Intention: Sensibilisierung für den Unterschied zwischen tatsächlich Gesehenem und Interpretation des Gesehenen
Tipp: pro Gruppe vorab einen Protokollanten bestimmen

Nach der Einteilung in Gruppen und der Festlegung eines Protokollanten je Gruppe wird jeweils ein Foto vorgelegt, das einen Jugendlichen in Großaufnahme zeigt, wie dieser z. B. irgendwo herumsteht. Dieses Foto kann in jeder Gruppe identisch sein, muss aber nicht. Der Auftrag an die Gruppe lautet exakt: *Einigt euch auf eine Beschreibung dieser Person.* Diese Einigung soll in ca. 15 Minuten verschriftlicht und den anderen Gruppen später vorgetragen werden. Bei der anschließenden Darstellung der Ergebnisse fällt in der Regel auf, dass nur ganz wenige Fakten vorgestellt werden. Vielmehr wird sehr schnell die ganze Person in eine Schublade gesteckt, irgendeiner Jugendszene zugeordnet, der Gesichtsausdruck wird nicht beschrieben, sondern affektiv interpretiert usw. Hier kann im Unterrichtsgespräch angesetzt werden, um dieses Einsortieren einer Person auf Grund diverser Einzelwahrnehmungen zu verdeutlichen, um dies dann auf Eigenerlebnisse zu beziehen, Bewertungen zu hinterfragen und vieles mehr. Auch der

Gruppenprozess selbst sollte thematisiert werden. Welche Regeln hat sich die Gruppe bei der Einigung auf eine Beschreibung gegeben, wer hat dominiert und warum, wer hat eher Fakten aufgelistet (sich aber vielleicht nicht durchgesetzt), wer hat wen wie überzeugen wollen.

Entscheidungen – Sortieren von Argumenten und Handlungsalternativen

Wir müssen in unserem Leben personal und sozial gebundene Entscheidungen fällen, die sich an grundlegenden Wertungen wie Gerechtigkeit und Gleichheit orientieren. Jeder Mensch hat prinzipiell die Chance, zu einem demokratischen Verständnis zu gelangen. Mit unserem Unterricht fördern wir die entsprechenden Bemühungen der Schüler entscheidend.

Einfluss nehmen

Es gehört durchaus zu den spannendsten Erlebnissen, andere mit eigenen Vorstellungen und Ideen zu konfrontieren und auch möglicherweise überzeugen zu wollen. Diese Einflussnahme auf die Sicht der Mitmenschen, auf deren Kenntnis- und Wertungshorizont bestimmt schließlich unseren beruflichen Alltag. Es ist sinnvoll, den Schülern die Notwendigkeit des Perspektivenwechsels, der Empathie, des Argumentationsaustausches und sonstiger Kompetenzen zu zeigen. Übungen zum Thema ‚Einfluss nehmen' haben etwas mit dem Weg zur autonomen Identität einer Person zu tun, die aber immer auch sozial eingebunden und damit verantwortlich fühlt, denkt und handelt.

Die ausgewählten Übungen können helfen, die Entscheidungsfähigkeit der Schüler voranzutreiben. Das ist allerdings nicht immer bequem. Für die Schüler nicht, die ja im Zentrum stehen und gefordert sind, aber auch nicht für den Lehrer, der in seiner Funktion und der Qualität seiner Argumentation bei all den vielen Entscheidungen im Laufe des Unterrichtes zur Debatte steht. Das Prinzip der Selbstregulation der Schüler dürfen wir nicht aus den Augen verlieren. Denn diese sind höchst sensibel, wenn sich in ihnen Ahnungen aufbauen, dass sie auf vom Lehrer inhaltlich festgelegte Weise zu werten und zu argumentieren haben. Die Schüler sollen angeleitet und kontrolliert, aber dennoch möglichst eigenständig, das Zustandekommen von Bewertungen, von Argumentationen, von Entscheidungen erleben und begreifen.

Das Farbkartenspiel

Jahrgangsstufe: ab 6
Zeitaufwand: variabel; auch als Zwischensequenz möglich
Material: je Schüler 2 Farbkarten (grün und rot)
Intentionen: Erfahren der Einbindung in die Gruppe; Einüben von spontanen Bewertungen; Einüben von Abstimmungsverhalten; Förderung des Austausches von Begründungen

Es handelt sich nicht eigentlich um ein Spiel im herkömmlichen Sinne, aber es wird vor allem anfangs von den Schülern so empfunden. Jeder Schüler erhält 2 Farbkarten (grün und rot) aus Karton oder Plastikfolie. Sinnvoll ist, dass alle Schüler diese Karten im Arbeitsheft – z. B. in einem eingeklebten Briefumschlag – ständig griffbereit halten. So ist es möglich, wenn im Laufe des Unterrichtes (egal zu welchem Thema) irgendein Problem aufkommt, bei dem es unterschiedliche Standpunkte gibt, schnell eine Abstimmung vornehmen zu lassen. Man formuliert knapp die beiden möglichen Sichtweisen. Bei der folgenden Abstimmung heißt grün Zustimmung, rot Ablehnung, beide Karten gemeinsam hochgehalten signalisieren Neutralität. Wichtig ist, dass prinzipiell jeder das Recht hat, die Karte seiner Wahl zu zeigen. Die Schüler sind in aller Regel außerordentlich neugierig, wie die Verteilung in der Klasse ist. Es gibt überraschende Varianten, die verschiedenartig aufgegriffen werden können. Zunächst einmal aber ist wichtig, dass sich jeder Schüler bei diesem nonverbalen Statement ernst genommen fühlt, und zwar von allen. Das ist unbedingt zu thematisieren. Die Begriffe *Mehrheitsdominanz* und *Minderheitenschutz* stehen immer im Raum, vor allem dann, wenn die Abstimmung zu konkreten Handlungen, z. B. zu Regeln der Zusammenarbeit, zu internen Absprachen in der Gruppe usw., führt.

Notwendig ist auch der sich anschließende Austausch von Begründungen. Dieses sollte exemplarisch erfolgen. Eingebunden werden kann dieser letzte Ansatz in die folgende Übung, weil nun das Zuhören, das genaue Aufgreifen des Argumentationsganges der Mitschüler im Zentrum steht.

Der kontrollierte Dialog

Jahrgangsstufe: ab 8
Zeitaufwand: 10 Minuten
Arbeitsform: Partnerarbeit, auch zu dritt möglich
Intentionen: Förderung des genauen Hinhörens; Durchdenken und Aufgreifen eines Argumentationsganges; Erlebnis des gleichwertigen Austausches

Der kontrollierte Dialog muss sorgfältig eingeübt werden. Hilfreich ist hierbei die ritualisierte Form des Aufgreifens eines Gedankens, den der jeweilige Partner zuvor äußerte. Und das läuft so: Das im Raum stehende Problem wird in einer kurzen Anfangsphase bedacht, dann beginnt ein Schüler mit der Formulierung *Ich meine dazu...* Diese Meinung wird vom Partner aufgegriffen und zurückgespiegelt. Der Partner formuliert: *Du meinst also, dass ...* oder *Du siehst dies also folgendermaßen...* oder in ähnlicher Form. Dabei werden die argumentativen Inhalte des Vorredners wiedergegeben.

Anschließend folgt nun die eigene Auffassung, die dann wieder in der oben angegebenen Form aufgegriffen, zurückgespiegelt und mit eigenen Bausteinen weitergeführt wird. Wie lange dieses weiterläuft, hängt von vielen Variablen ab, die sich aus dem Unterricht, aus der konkreten Problemstellung und letztlich aus den beteiligten Schülern selbst ergeben.

Man ist oft überrascht, wie konzentriert auch ansonsten recht abwesend erscheinende Schüler diese Interaktionsform mitspielen. Letztlich gelingt dadurch auch, dass stille Schüler ihre Ideen ohne sonderlichen Druck verbalisieren.

„Du darfst!"-Übung

Jahrgangsstufe: ab 7
Zeitaufwand: 5 Minuten
Arbeitsform: ganze Gruppe sitzend und schweigend; ein Schüler als Handelnder
Intention: Erleben des Zwiespaltes zwischen Bindung (Gruppennormen, Konventionen usw.) und Freigelassensein
Tipp: Vorabsprachen treffen, bei Bedarf einschreiten

Hierbei muss man seine Klasse sehr genau kennen. Ein Schüler erhält die Chance, nunmehr Anarchie im Kopf zu haben und dies in Handlung umsetzen zu dürfen. Das zeigt, in Maßen erlebt, bisweilen verblüffende Resultate. Die Aufforderung *Los, mache jetzt, was Du willst, na los!* überfordert die Schüler in der Regel, denn dies ist ja gerade nicht die Erfahrung, die sie im Unterricht erleben. Sie stehen oft unschlüssig im Raum und überlegen. Sie selbst und natürlich auch alle Zuschauer spüren, wie die bloße Anwesenheit anderer und der Umstand, sich in der Institution Schule zu befinden, Einfluss auf das Verhalten nehmen. Es gibt Schüler, die ihren Schokoriegel verzehren, andere gehen zu einem Mitschüler und streicheln ihn, wieder andere werfen das Federmäppchen ihres Intimfeindes durch den Raum. Immer aber geht es um Grenzüberschreitungen, die dann besprochen werden können.

Deutlich wird in der Nachbesprechung sehr schnell, dass unser Verhalten aus Handlungen besteht, die wir konkret ausführen, und außerdem aus solchen, die wir offenbar aus guten Gründen nicht ausführen. Die Beantwortung der Frage, was also letztlich unsere Entscheidungen beeinflusst, schärft das Verständnis für Regeln und Abhängigkeiten, aber auch für Alternativen.

Kommunikationsquadrat

Jahrgangsstufe: ab 9
Zeitaufwand: 15 Minuten
Arbeitsform: Kleingruppen à 4 Personen
Material: Stuhlkreise à vier Stühle je Gruppe
Intention: sich auf andere einstellen

In Anlehnung an das kommunikationspsychologische Modell des Autors FRIEDE-MANN SCHULZ VON THUN in seinem Buch *Miteinander Reden* bietet sich eine Übung an, die von Schülern sehr gerne und spielerisch durchgeführt wird. Vielen bereitet es großen Spaß, die vier verschiedenen Seiten von Nachrichten durchzuspielen und gegenseitig zu kontrollieren, ob die anderen auch ja nicht die vorgegebene Ebene verlassen. Das Modell selbst wird hier nur kurz angedeutet. Eine genauere Beschäftigung mit dem ganzen Ansatz ist eine lohnende Sache. Nach SCHULZ VON THUN hat jede Nachricht bzw. Botschaft folgende vier Seiten: Den *Sachinhalt* (worüber informiert wird), den *Beziehungsaspekt* (was ich von dem Empfänger meiner Botschaft halte), die *Selbstoffenbarung* (was ich von mir selbst kundgebe) und schließlich den *Appell* (wozu man den Empfänger der Botschaft veranlassen möchte).

Nun wird eine Situation in den Raum gestellt, in der ein Sender eine Botschaft an den Empfänger leitet. Inhaltlich sollte diese Botschaft natürlich auf das gerade im Zentrum stehende Unterrichtsthema abgestimmt werden. Die Gruppen spielen nun gegenseitig diese Botschaft so durch, als würden sie jeweils nur eine der vier Ebenen berücksichtigen. Dies schärft die Wahrnehmung der Nuancen einer Botschaft, hilft, auf die Details im Sender-Empfänger-Modell zu achten und führt letztlich zu der Erkenntnis, dass wir alle durch die Auswahl der Ebene beeinflusst sind.

Überredungskunst

Jahrgangsstufe: ab 8
Zeitaufwand: 3 Minuten
Arbeitsform: Partner
Material: 2 Stühle (nicht Bedingung)
Intentionen: Erlebnis der Einflussnahme durch eine andere Person; Aushalten des Erwartungsdruckes, die gedankliche Position aufzugeben

Diese kleine Übung wird paarweise durchgeführt. Dazu sitzen oder stehen sich beide gegenüber. Es geht darum, die jeweils andere Person ohne physischen Zwang zu irgendetwas zu überreden. Der Sachinhalt ist dabei relativ beliebig, muss nur aktuell realisierbar sein: z. B. dass A der Person B den Stuhl oder das Pausengetränk überlässt, dass A von der Person B die Schultern massiert haben möchte. Wichtig ist, dass alle Einwirkungen auf die andere Person höchst fantasievoll ausfallen sollen. Durchaus realistische Argumente, Drohungen, Angebote usw. können untermauert werden mit Magie, mit Zaubersprüchen und -kräften, die auch non-verbal abgeschickt werden sollten. Dem Einfallsreichtum ist hier höchstens dadurch eine Grenze gesetzt, dass manche Schüler sich nicht trauen, auch andere als bloß sachlich-verbalisierte Formen anzuwenden.

Argumentation

Die Formulierung unserer Beweggründe für die eine oder andere Handlung macht in der Regel auch Erwachsenen nicht selten größere Probleme. Vor allem in einer Situation, in der andere unsere Argumente zur Kenntnis nehmen und sie auf deren Gehalt abklopfen, kann es bekanntlich schon einmal unangenehm werden. Im Unterricht wird traditionell das kognitiv bestimmte Argument in den Vordergrund geschoben, gefragt sind die Logik, der Verstand, das Wissen usw. In Wahrheit entscheidet der Bauch oder meldet sich zumindest massiv zu Wort. Wir müssen also im Unterricht verdeutlichen, dass unsere Entscheidungen angemessen untermauert sind, wenn sie zu situationsangemessenem Handeln führen, das außerdem bestimmten Wertentscheidungen unterliegt. Vor allem das Spannungsfeld zwischen trockenen Sachgründen einerseits und den gefühlsdominierten Motiven andererseits muss stets mitbedacht werden und kann hin und wieder zu fruchtbaren Erkenntnissen und zu einer eher ganzheitlichen Sicht verhelfen.

Das Lügen-Spiel

Jahrgangsstufe: ab 7
Zeitaufwand: je nach Größe der Lerngruppe flexibel
Arbeitsform: Kleingruppen à 7, aber auch größere Gruppen bis hin zur Klasse sind möglich
Material: je Schüler ein Zettel mit Schreibzeug
Intentionen: Wahrnehmung diverser Merkmale anderer Personen als Beurteilungsgrundlage; Begründung für die Zuordnung von Merkmalen

Lügen hat einen besonderen Reiz. Wenn dies spielerisch geschieht, kann dies für den Unterricht nutzbar gemacht werden. Jeder Schüler schreibt auf ein Blatt drei Eigenschaften, Hobbys oder andere mehr oder weniger nachweisbare Aspekte des privaten Bereiches. Allerdings muss ein Aspekt gelogen sein, den die Gruppe erraten soll. Man wägt ab, was für oder gegen die jeweiligen Aspekte spricht und begründet diese oder jene Sicht. Am Ende kommt es zu einer Abstimmung, die in der Praxis oft recht spannend ist. Dann folgt die nicht selten überraschende Auflösung. Interessant ist, dass spielerisch über die Mitschüler nachgedacht wird, dass man sich über jeden seine Gedanken macht und (was für den Unterricht besonders wichtig ist) übt abzuwägen, Argumente aufzunehmen und zu einem Entschluss zu kommen, der dann in der Gruppe oft relativiert wird.

Das Warum-Spiel

Jahrgangsstufe: ab 8
Zeitaufwand: 10 Minuten
Arbeitsform: paarweise oder zu dritt
Intentionen: Erfahren der affektiven Ladung einer bohrenden Nachfrage; Einübung systematischer Argumentation

Schüler A und B sitzen sich gegenüber und einer beginnt, indem er ein Statement zu irgendeinem Thema abgibt. Dieses Thema kann vom Lehrer passend zum jeweiligen Unterricht eingespielt werden. Damit ist diese Übung flexibel und auch mehrfach einsetzbar; sie behält ihren Reiz jedoch vor allem dann, wenn die Gesprächspartner wechseln. Der zweite Schüler reagiert auf das Statement mit der schlichten Frage *Warum?*. Somit ist der erste Schüler gezwungen, erneut nachzudenken und seine Argumentation zu untermauern, oft auch in Details und Differenzierungen zu gehen, ohne aber den Kern der ersten Aussage aus dem Auge zu verlieren. Und das wiederholt sich, bis nach ca. 5 Minuten abgebrochen wird.

Dann wechseln die Rollen und das Spiel beginnt von vorne. Manche Schüler sind schnell durch das Nachhaken mit *Warum?* genervt und bemühen sich, den Durchgang rasch zu beenden, manchmal auch mittels abstruser Pseudogründe, die dem Fragenden die Lust nehmen sollen. Es lohnt sich, gerade diese affektive Haltung aufzugreifen und gemeinsam zu reflektieren.

In der Unterrichtsvorbereitung sollte man zu diesem Spiel passende Themen sammeln und stets dabei haben. Denn oft ergibt sich im Unterrichtsverlauf überraschend eine Möglichkeit für den Einsatz dieser kleinen, aber effektiven Übung.

Die Anwälte

Jahrgangsstufe: ab 9
Zeitaufwand: variabel je nach Gruppengröße und Problemstellung
Arbeitsform: Gruppen von etwa 10, für eine ganze Klasse meist ungeeignet
Intentionen: Training der Rollenübernahme; Förderung der Aufmerksamkeit; Agumentationsübung

Alle Mitspieler sitzen im Kreis, einer kommt in die Mitte und ist der Fragesteller bzw. der Kläger. Er möchte vom Angeklagten, das ist immer der Schüler, auf den der Fragesteller gerade blickt, Informationen zum Tathergang erhalten. Allerdings spricht niemals der Angeklagte selbst, sondern immer dessen Anwalt – der Mitschüler links neben ihm. Aber der Fragesteller kann blitzschnell seine Blickrichtung auf andere hin wechseln. So schaut er plötzlich nicht mehr den bisherigen Angeklagten, sondern nun dessen Anwalt an. Damit wird dieser zum Angeklagten. Jetzt hat natürlich dessen Anwalt zu antworten.

Es ergibt sich eine unerhörte Aufmerksamkeit in der Runde, denn jeder steht unter Spannung. Wer einen Fehler macht, wird zum Kläger und kommt in die Mitte.

Dem Erfindungsreichtum bei den Begründungen für Tatmotiv und Tathergang ist keine Grenze gesetzt. Man sollte jedoch vorab absprechen, dass jeder sich um einigermaßen realistische Zusammenhänge bemühen sollte. Neben der Konzentration und neben dem Training, aufmerksam zuzuhören, ist ja auch die möglichst stimmige Argumentation wichtig.

Pro und Kontra

Jahrgangsstufe: ab 8
Zeitaufwand: 35 Minuten
Arbeitsform: mit der ganzen Klasse möglich
Material: Rollenkarten, Abstimmungskarten
Intentionen: Einübung einer kontrovers geführten Entscheidungsfindung
Tipp: die Sachverständigen müssen informiert und mit Material versorgt sein

Eine zur Entscheidung anstehende Frage soll diskutiert werden, diese Frage ist möglichst neutral zu formulieren. Das ist Sache der Unterrichtsvorbereitung.

In der Klasse werden Rollenkarten verteilt. Es gibt den Pro- und den Kontra-Anwalt, Sachverständige, einen Moderator. Alle anderen sind die Zuschauer, die am Ende abstimmen.

Zu Beginn gibt es eine *Einführungsphase*, in der sich alle mit der Problematik vertraut machen und Notizen anfertigen (ca. 10 Minuten). Hier ist es hilfreich, ein wenig Material bereitzustellen.

In der *zweiten Phase* (ca. 15 Minuten) befragen die Anwälte die Sachverständigen, machen dabei die eigene Auffassung deutlich und können durchaus auch miteinander streiten.

In der *dritten Phase* befragt der Moderator das Publikum, und es kommt zu einer Abstimmung.

In der folgenden *Besprechung* wird geklärt, inwiefern das Auftreten der Rollenspieler die Entscheidung beeinflusst hat oder ob die Mitschüler sich tatsächlich an den Argumenten orientiert haben. Diese Einschätzung bietet Stoff für die Frage, wie es eigentlich zu der Wirkung kommt, die wir als *überzeugt sein* kennen. Problematisch kann bei dieser Übung sein, dass die Sachverständigen (und die Anwälte ohnehin) oft über zu wenig wirkliche Sachkenntnis verfügen.

Koffer packen

Jahrgangsstufe: ab 5
Zeitaufwand: ca. 1 Stunde, in der Auswertung oft länger
Arbeitsform: von der Einzelarbeit über Viergruppen ins Plenum
Material: Schreibzeug, Notizblätter
Intentionen: Übung zur Entscheidungs- und Konsensfindung; Erkennen der Abhängigkeit von Entscheidungen im sozialen Kontext
Tipp: Auf Dominanzverhalten achten!

Die Klasse wird in *Vierergruppen* eingeteilt. Dann wird sie mit folgender Lage konfrontiert: Alle werden auf eine kleine, einsame Insel verbannt. Jeder darf persönliche Bekleidung mitnehmen. Die gesamte Gruppe darf aber darüber hinaus lediglich 10 weitere Gegenstände zusammenstellen und auf die Insel mitbringen. Jeder erstellt zunächst seine Liste der 10 Gegenstände, die er für unbedingt nötig und sinnvoll hält. Anschließend kommen die Gruppen zusammen. Sie vergleichen ihre Listen und einigen sich auf eine gemeinsame. Die Abstimmung über diese Gruppenliste muss einstimmig sein. Die Gruppe bestimmt nun einen Vertreter.

Alle Vertreter zusammen erstellen die endgültige Liste. Währenddessen sind die restlichen Schüler Beobachter des Entscheidungsprozesses.

Ist die Liste fertig gestellt (auch hier gilt wieder die Einstimmigkeit), kommt es zur *Auswertung* des erlebten Prozesses. Es bieten sich je nach Gruppenzusammensetzung, nach Verlauf der Diskussionen und nach Ideenreichtum verschiedene Gesprächsansätze an. Dabei geht es zwar vorrangig um die sachlichen Argumente für bestimmte Gegenstände, aber wichtig ist auch die affektive Dimension. Kam bei einigen Mitgliedern Stress auf? Wer hat wie seine Dominanz durchgesetzt? Kamen die Gruppenvertreter den Interessen der eigenen Gruppe nach? Warum wurden bestimmte Wünsche in die Tat umgesetzt, andere aber nicht?

Zugabteil

Jahrgangsstufe: ab 8
Zeitaufwand: 30 Minuten
Arbeitsform: Halbierung der Klasse
Material: 6 Stühle; 6 Karten
Intentionen: Einübung von Konfliktlösungsstrategien; Erleben der affektiven Ladung einer Entscheidungssituation; Erkennen von Handlungsmaßstäben
Tipp: Keine physischen Aktionen zulassen!

Diese Übung fordert von den Mitspielenden einiges an Gespür für die Interessen anderer, aber auch der Sinn für Gerechtigkeit und das Interesse an Regeln im sozialen Miteinander wird angesprochen.

Einige Reisende beabsichtigen, von A nach B zu fahren. Zunächst steigen 6 Reisende in ein Zugabteil ein. Dazu stehen in der Mitte des Raumes entsprechend sechs Stühle, jeweils drei gegenübergestellt. Fünf der Reisenden haben Platzkarten, der sechste Reisende jedoch nicht. Dennoch nimmt er im Abteil Platz.

Nun kommt der siebte Reisende hinzu, hat auch seine Platzkarte, findet jedoch seinen Platz besetzt vor und versucht diesen zu bekommen. Es wird dabei (abgesehen von dem Verbot, es zu handfesten Attacken kommen zu lassen) nicht festgelegt, welche Strategie nun gewählt wird. Auch die Mitreisenden können in das Geschehen eingreifen. Alle anderen sind Beobachter und werden später in der Auswertungsphase wichtig. Die Übung wird abgebrochen, wenn die Spielenden eine Lösung gefunden haben oder aber eine Fortsetzung nicht mehr möglich scheint.

In der *Nachbesprechung* beschreiben die Beobachter ihre Sicht der gewählten Strategien. Sie bewerten auch einzelne Argumente und überlegen, warum die Übung gerade so endet. Man muss darauf achten, dass nicht vor allem solche Mitschüler, die sich als Spielende zurückgezogen hatten, vor der Klasse hart angegangen und sozusagen auf ihre Persönlichkeit hin abgeklopft werden.

Im Anschluss ergibt sich die Frage, inwiefern sich das Beobachtete bzw. das Besprochene in die Praxis übertragen und dort umsetzen lässt. Dabei sollte auch gefragt werden, was man können muss, um in einer solchen oder in einer ähnlichen Situation seine Interessen vertreten und auch durchsetzen zu können.

Dilemma-Situationen

Jahrgangsstufe: ab 5
Zeitaufwand: 10 Minuten
Arbeitsform: Kleingruppen à 4 Personen
Material: Stuhlkreise à vier Stühle je Gruppe; Blatt mit ausformulierter Dilemma-Situation
Intentionen: Einübung von Argumentation; Reflektieren der verschiedenen Handlungsalternativen; Erkennen der Beziehung zwischen Handeln und Werten

Bei diesen Übungen soll man sich in eine Entscheidungssituation hineinversetzen, die auf jeden Fall gelöst werden muss. Allerdings sind alle Lösungsmöglichkeiten so konstruiert, dass jede Entscheidung gleichzeitig auch zu einem mehr oder weniger starken Normenbruch bzw. zu einem offensichtlichen Verstoß gegen üblicherweise akzeptierte Werte führen muss. Daher der Begriff *Dilemma*. Es kommt nun auf die Begründung dieser Entscheidung an.

In der Unterrichtsvorbereitung muss, passend zur aktuellen Unterrichtsreihe, eine solche Entscheidungssituation sorgfältig formuliert werden. Oft lassen sich auch solche Dilemma-Situationen aus der Literatur nehmen oder aktuelle politische oder soziale Konfliktbereiche bieten sich an, z. B.: *Waffeneinsatz bei Friedensmissionen, Gewalt gegen Gewalttäter, Qualitätskontrolle des Lebens – der geklonte Mensch, Sühne und Wiedergutmachung – der Täter/Opfer-Ausgleich, Meine Rechte/Meine Musik – Rücksichtslosigkeit in der Öffentlichkeit.* Für die Jahrgangsstufen 5 bis 8 kommt es besonders darauf an, praxisnahe Situationen zu konstruieren.

Die Gruppe macht sich zunächst beide Handlungsalternativen klar.

Dann nehmen sich zwei Schüler je eine Entscheidung und überlegen Argumente für diese Entscheidung.

Haben beide Zweierteams dies bewältigt, versuchen beide Teams das andere Paar für ihre Entscheidung einzunehmen. Dies wird oft nicht gelingen, aber das ist auch nicht unbedingt das Ziel.

Es kommt hier auf das konzentrierte und gemeinsame Durchdenken der Situation und der zu Grunde liegenden Bedingungsvariablen an. Wenn der Lehrer diesen Austausch zu früh abzubrechen gedenkt, erntet er häufig heftige Proteste. Was will man mehr?

Alternativen

Aus der Sicht der meisten Schüler zwischen dem 5. und dem 10. Jahrgang verläuft das Leben ziemlich geradlinig. Fast alles ist relativ abgesichert, institutionalisiert und damit überschaubar und verlässlich.

Viele Probleme tauchen nur kurz auf und werden schnell von anderen Ereignissen überlagert.

Die Medien werden in ihrer verwirrenden Vielfalt nur selektiv wahrgenommen. Der Filter im Jugendlichen hemmt oft den Zugriff auf die Problemfälle, die um uns herum meist als Medienereignis aufflackern, um sogleich anderem Getümmel Platz zu machen.

Vorbereitungen auf eigenständiges Entscheiden, auf selbstbewusstes Handeln, auf soziale Verantwortung sind immer auch Bewusstmachungs- und Bewusstwerdungsprozesse, die dem Einzelnen seine Handlungsalternativen unter bestimmten Bedingungen verdeutlichen und Orientierungspunkte setzen. Dazu sollen die folgenden Übungen beitragen – auch wenn hier nur einige Möglichkeiten vorgestellt werden können.

Was wäre, wenn ...

Jahrgangsstufe: ab 8
Zeitaufwand: variabel
Arbeitsform: Kleingruppen bis zu 7 Schüler
Material: Fragekärtchen in entsprechender Anzahl
Intentionen: kurz und begründet artikulieren, Problemfelder erfassen und reflektieren; seine Meinung als wichtig und bedenkenswert vorstellen; Abgleichung von personaler und sozialer Ebene
Tipp: Fragen auf die Gruppe abstimmen; Sexualität nicht einbinden, weil die personale Ebene unsicher wird

Zunächst braucht man eine Sammlung von *Was wäre, wenn*-Fragen. Diese Fragen sollten auf die jeweilige Lerngruppe, auf den Entwicklungsstand, auf das Vorwissen usw. hin ausgerichtet und entsprechend formuliert sein. Von daher bietet sich eine Einbindung in das gerade laufende Unterrichtsthema oder eine sich daraus ergebende Weiterführung an. Allerdings sollte die Mischung der Fragen so gestaltet sein, dass einerseits allgemeine Stellungnahmen auf der sozialen Ebene, andererseits auch recht persönliche Fragen auf der personalen Ebene möglich sind.

Einige der folgenden Beispiele orientieren sich an dem Konzept der lesenswerten Sammlung 'Spiele, Impulse und Übungen zur Thematisierung von Gewalt und Rassismus in der Jugendarbeit, Schule und Bildungsarbeit', die die Arbeitsgruppe SOS-Rassismus NRW 1996 vorgelegt hat (Aktion Courage – SOS Rassismus, Postfach 26 44, 53016 Bonn).

Wichtig ist, die Fragen nicht suggestiv-moralisierend zu formulieren. Das merken Schüler sofort und richten sich auf die erwartete Antwort ein.

Beispiele für Fragen:

- *Was wäre, wenn jeder ein Jahr Dienstpflicht für den Staat zu absolvieren hätte?*
- *Was wäre, wenn auch Frauen normale Soldaten sein könnten?*
- *Was wäre, wenn sich deutsche und ausländische Jugendliche regelmäßig treffen würden?*
- *Was wäre, wenn wir alle den gleichen Lebensstandard hätten?*
- *Was wäre, wenn einige behaupten würden, sie hätten von Geburt an mehr Rechte als andere?*
- *Was wäre, wenn du deinen Mitschülern einmal pro Woche die Hausaufgaben machen müsstest?*
- *Was wäre, wenn Jugendliche wegen Ladendiebstahls oder wegen Sachbeschädigung für eine gewisse Zeit in ein Arbeitslager müssten, um den Schaden wieder gutzumachen?*
- *Was wäre, wenn du zur Auswahl hättest, entweder hier oder in der Dritten Welt zu leben: Was würdest du wählen und warum?*
- *Was wäre, wenn du einen Menschen nennen müsstest, der für dich ein Vorbild ist: Wen würdest du nennen und warum?*
- *Was wäre, wenn du jeden Sonntag in die Kirche gehen müsstest?*
- *Was wäre, wenn du einen Wunsch für dich persönlich und einen anderen für deine Klasse frei hättest?*

So kann ein Pool von Karten angefertigt und je nach Anzahl der Gruppen vervielfältigt werden.

Die Übung selbst funktioniert folgendermaßen: Die Schüler sitzen in ihrer Gruppe zusammen, einer zieht eine Karte aus dem Pool, liest die Frage und gibt dann die Karte an das Gruppenmitglied weiter, von dem er diese Frage gerne beantwortet haben möchte. Dieser Schüler antwortet kurz und immer begründend (darauf muss die Gruppe vorab unbedingt festgelegt werden) und zieht dann eine neue Karte, liest diese und so weiter. Die bereits gezogenen Karten werden wieder in den Pool eingemischt und können erneut gezogen werden.

Man kann alternativ auch vorher festlegen, dass nicht nur ein Gruppenmitglied die Frage beantwortet, sondern zwei oder drei (hierbei bieten sich die Sitznachbarn des Befragten an), um den Austausch der Argumente zu fördern.

Erfahrungsgemäß macht den meisten Schülern diese Form der gegenseitigen Befragung viel Spaß. Es kommt vor, dass einige aus der Gruppe ständig mit Fragen konfrontiert werden, andere überhaupt nicht. Hier muss also in der Vorbesprechung auf ein ausgeglichenes Verteilen der Karten bzw. Fragen sozusagen als innere Verpflichtung hingewirkt werden.

Manchmal bahnt sich innerhalb einer Gruppe ein Disput über eine gegebene Antwort an. Dafür legt man fest, dass eventuelle Reaktionen auf die Antworten möglichst kurz angesprochen werden können, aber ansonsten aufkeimende Diskussionswünsche notiert werden sollten, um das Problem später aufzugreifen und gegebenenfalls zu vertiefen. Dazu legt die Gruppe zu Beginn ein Mitglied fest, dass diese Regel beachtet.

Gerade Fragen, deren Schwerpunkt auf der personalen Ebene liegt, müssen natürlich den Schutz der Intimsphäre der Schüler berücksichtigen. Vor allem Fragen zum Bereich der Sexualität sollten in diesem Rahmen nicht gestellt werden, weil höchst unsicher ist, ob die beteiligten Schüler nicht überfordert sind.

Jetzt komme ich!!!

Jahrgangsstufe: ab 7
Zeitaufwand: 20 Minuten
Arbeitsform: zunächst in Kleingruppen à 5; dann Plenum
Material: Schreibzeug und 1 Blatt je Gruppe
Intentionen: Reflexion egozentrischen Verhaltens; Verständnis für die Sozialverträglichkeit von Verhaltensmustern; Werturteilsbildung

Wer hat nicht schon den eigenen Interessen nach gehandelt, ohne die eventuellen Konsequenzen für andere zu bedenken? Im Rahmen ihrer Identitätssuche sind Schüler oft mit Alternativen konfrontiert, bei deren Beurteilung sie in unsere Gesellschaft schauen. Oft nehmen sie zur Kenntnis, dass öffentlich vertretene Handlungsmaximen einerseits und alltägliche kleine Handlungen der Erwachsenen, die z. B. von Rücksichtslosigkeit gekennzeichnet sind, andererseits auseinander klaffen.

Die Schüler spielen einmal ganz bewusst das *Ende aller Solidarität* durch. Sie sind sozusagen gedanklich losgelassen. Zunächst werden Gruppen à fünf Schüler nach dem Zufallsprinzip zusammengestellt. Jede Gruppe erhält ein Blatt, auf dem das zum Unterrichtsverlauf passende Thema verzeichnet ist. Es muss sich um eindeutig definierbar *egozentrisches, konsumorientiertes* oder auch *ausbeuterisches Verhalten* handeln. Dies kann das achtlose Wegwerfen von Zigarettenkippen, die Entsorgung (= ich habe damit keine Sorgen mehr!) von Getränkedosen durch Stehenlassen im Schulgelände, das Wegdrängen kleinerer Schüler beim Besteigen des Schulbusses usw. sein.

Die Schüler erhalten nun den Auftrag, diese vorgegebenen Verhaltensmuster zu durchdenken, die beteiligten Interessen zu besprechen und dann, und das ist der eigentliche Ansatz, Argumente *für* dieses Verhalten zu sammeln. Dabei soll es darum gehen, unbedingt einen Konsens innerhalb der Gruppe zu erreichen, sozusagen den kleinsten gemeinsamen Nenner.

Die Ergebnisse werden auf dem Blatt notiert und nach etwa 10 Minuten mit denen der anderen Gruppen verglichen. Dieser Prozess kann zu erstaunlichen Diskussionen innerhalb der Gruppen und dann in der Klasse führen.

Normalerweise bedenken die Schüler den Übergang zu dem Wert der Sozialverträglichkeit schon mit. Daran kann im Unterricht angeknüpft werden. Egozentrisches Verhalten als Handlungsalternative wird somit aus dem Tabubereich der Heimlichkeit spielerisch herausgeholt und kann auf diese Weise ohne moralisierenden Eingriff reflektiert werden.

Das Anti-Modell unserer öffentlich erwarteten Verhaltensmuster lässt sich gut als Plakat visualisieren und bietet dann quasi ein Horrorbild des Zusammenlebens von Menschen. Nun kann die Gegenalternative diskutiert werden.

Unsere Rekorde

Jahrgangsstufe: 5–8
Zeitaufwand: variabel, mindestens 10 Minuten
Arbeitsform: große Klassen halbieren, aber Schüleraktivitäten immer unter Aufsicht
Material: je nach Schüleraktivität von diesen mitzubringen
Intentionen: Reflektieren des Wachstumsparadigmas; Abwägen eigener Bemühungen um das Besondere; Erleben der Einzigartigkeit
Tipp: unbedingt jedem Schüler besondere Profilierung ermöglichen; auf die Ergebnissicherung achten

Jeder kann irgendetwas, was kein anderer kann. Das können Grimassen, Kunststücke, Zaubertricks, Zeichensprache, musikalische Aktionen und vieles mehr sein. Allerdings erleben sich die meisten Schüler in der Klasse defizitär, weil ihnen gesagt wird, dass sie dieses und jenes eben noch nicht können. Dieses Denken im Rahmen des Wachstumsparadigmas unserer Gesellschaft durchzieht so ziemlich alles und auch die meisten Lebensäußerungen. Nicht umsonst hat das *Buch der Rekorde* Rekordauflagen. Schneller – höher – weiter – schöner: In spielerischer Form soll diese Orientierung reflektiert werden.

Die Übung startet man so, dass man einige Rekorde, von denen gerade in der Zeitung zu lesen war, anspricht und damit deutlich macht, dass durch diese Sonderleistungen die Individuen offensichtlich vor sich selbst und vor der Öffentlichkeit ein besonderes Profil gewinnen. Nun will man dies in der Klasse auch erreichen.

Die Schüler sollen bis zur nächsten Stunde irgendetwas vorbereiten, von dem sie gewiss sind, dass sie die Aktivität gut beherrschen. Wichtig ist: Sie sollen nicht dazu aufgefordert werden, etwas besser als andere zu machen. Es muss klar angesprochen werden, dass beabsichtigt ist, die Summe aller Aktivitäten zu sehen, damit die Klasse dadurch einen eigenen Rekord, ein spezielles Klassenprofil aufstellt. Trotz der individuellen Leistungen soll also für alle ersichtlich das Gemeinsame im Vordergrund stehen.

Die Schüler stellen am Rekordtag (Fähnchen, Dekoration, Fotos, Video usw.) ihre Aktivität vor. Sie mühen sich, sie leisten etwas und jede Aktivität wird auf einem Plakat festgehalten (mit Fotos, Zeichnungen). Das fertige Plakat ist dann ein Baustein des Profils, der Identität der Klasse.

Jetzt kann in der Nachbearbeitung gefragt werden, warum wir uns eigentlich so bemühen, etwas Besonderes durchzuführen oder darzustellen. Die Übung bereitet als Sensibilisierung auf die ansonsten sehr komplexe Problematik vor, denn es wird nicht etwas von außen eingebracht, sondern von den Schülern erlebt.

Meine Regel

Jahrgangsstufe: ab 8
Zeitaufwand: etwa 20 Minuten
Arbeitsform: Gruppen zu vier oder mehr Schülern
Material: *Mensch ärgere dich nicht*-Spiele entsprechend der Gruppenzahl
Intentionen: Erleben des Stressfaktors bei Beliebigkeit von Regelsystemen; Förderung der Konsensbereitschaft; Reflektieren der Sozialverträglichkeit von Macht in einer Spielsituation
Tipp: unbedingt die Grundidee des Spieles sorgfältig erklären

Das *Mensch ärgere Dich nicht*-Spiel wird umfunktioniert. Es geht darum, dass die Spieler zwar ihre Würfel und die Spielfiguren haben, aber nun auf der Basis der genau zu erläuternden Spielidee eigene Regeln aufstellen. Dies erfolgt aber gerade nicht vor Beginn des Spieles für alle verbindlich.

Den ersten Spielzug machen die Schüler nach dem üblichen Verfahren – würfeln, ziehen. Jeder Spieler, der einen Spielzug hinter sich hat (zu Beginn also der erste Spieler der zweiten Würfelrunde), gibt nun seinem Nachfolger eine Regel vor, die bestimmt, was mit der Würfelpunktzahl und damit mit der Spielfigur zu geschehen hat. Diese Regel gilt dann prinzipiell für das gesamte weitere Spiel, kann aber bereits vom nachfolgenden Spieler außer Kraft gesetzt oder umformuliert werden. Jeder erkennt blitzschnell, dass alle üblen Missetaten, die man an seinen Mitspielern auslassen kann, in das Blickfeld geraten.

Der dynamische Prozess dieses Spieles führt aber nach der ersten Zeit des gegenseitigen Entsetzens und Schädigens meist zu ganz anderen Aktivitäten. Die Spielenden erkennen recht schnell, dass es nichts bringt, den Mitspielenden alle Heimsuchungen, die einem in den Sinn kommen, aufzuerlegen, denn diese fallen ganz schnell auf einen selbst zurück. Das Chaos ist rasch perfekt.

Jetzt organisiert sich normalerweise ganz von selbst das Zusammenspiel der Schüler neu. Sie einigen sich auf eine Art der Regelaufstellung, die ein erträgliches Spielen ermöglicht. Dieser Prozess verläuft spannend und bringt fruchtbare Erkenntnisse, die in der Auswertungsphase noch einmal deutlich herausgearbeitet und gebündelt werden sollten.

Diese Übung lässt sich erfahrungsgemäß nicht wiederholen, deshalb sollte ihr Einsatz gut geplant werden.

✔ TIPP Es wirkt für die Sensibilisierung besonders gut, wenn die Spielfigur nicht das übliche Format hat, sondern individualisiert wird. Beispielsweise bastelt man aus Fimo kleine Puppen und steckt oben ein Foto des jeweiligen Spielenden hinein. Damit bekommt das Spiel einen zusätzlichen persönlichen Charakter. Jetzt tut man nämlich nicht irgendeinem Plastikelement etwas an, jetzt ist es sozusagen magisch die mitspielende Person selbst.

Lebensplan

Jahrgangsstufe: ab 8
Zeitaufwand: mindestens 30 Minuten
Arbeitsform: Kleingruppen à 4 Personen
Material: Stuhlkreise (4 Stühle je Gruppe); Blatt mit Leitfrage und Stichwörtern
Intentionen: Einübung von Argumentation; Reflektieren eigener Wünsche und Perspektiven; Einübung der Konsensfindung in der Gruppe; Nachdenken über eigene Wertentscheidungen und eigene Handlungskompetenzen

Was ist ein Lebensplan? Dieser Begriff ist der Individualpsychologie ALFRED ADLERs entlehnt. Man geht davon aus, dass sich im Laufe der Entwicklung im Individuum relativ feste Vorstellungen darüber entwickeln, unter welchen Bedingungen des Alltagslebens man selbst später einmal wahrscheinlich ein zufriedenes Leben führen wird.

Diese Vorstellungen führen bereits im Jugendalter unreflektiert oder auch unbewusst zu einer Auswahl der Lernobjekte und der dafür verwendeten Energie. Diese Motivation kann in Ansätzen ab Klasse 8 in kognitive Fähigkeiten eingebunden und der Lebensplan behutsam zum Thema gemacht werden.

Die Gruppen werden mit folgender Frage konfrontiert: *Stelle dir vor, du bist erwachsen. Welche Bedingungen müssen deiner Meinung nach gegeben sein, damit du dich dann zufrieden fühlst?* Der Begriff *erwachsen* soll bewusst offen bleiben und durch den Lehrer nicht näher eingegrenzt werden.

Zunächst bekommt jeder Schüler etwa 5 Minuten Zeit, stichwortartig seine Imaginationen aufzuschreiben. Anschließend stellen sich die Schüler in den Gruppen gegenseitig diese Überlegungen vor. Hier kann man ruhig zulassen, dass es dabei schon einmal gegenseitiges Staunen oder auch Äußerungen des Unverständnisses und so weiter gibt, denn bei der gegenseitigen Vorstellung des Lebensplanes soll auch die Begründung jeweils kurz präsentiert und eingeübt werden.

Die Reflexionen in den Gruppen führen in einem nächsten Schritt dazu, dass sich *alle auf ein Konzept einigen* sollen. Diese Konsensfindung wird von den Schülern oft als Verrat an ihrem eigenen Plan empfunden, aber die Einigung erfolgt dennoch recht schnell, weil es meistens gut gelingt, akzeptable Lebensbedingungen zu skizzieren und sich darauf zu verständigen.

Interessant wird dann im nächsten Schritt der *Vergleich der Ergebnisse* der verschiedenen Gruppen. Erfahrungsgemäß ergibt sich nämlich ein außerordentlich gleichförmiges Bild. Hier kann man dann im Unterricht anknüpfen und auf drei Aspekte eingehen: *Wo bleibt das Individuelle in den Plänen? Warum sind die Pläne wohl so ähnlich? Was muss man eigentlich tun, um diese Lebensumstände (bezogen auf den Gruppenplan und/oder bezogen auf die individuelle Ebene) auch wirklich zu erreichen?* Hieraus ergeben sich fruchtbare Arbeitsmöglichkeiten. Es muss allerdings sichergestellt sein, dass jeder Schüler weiß, dass er nicht verändert, sozusagen umgedreht werden soll, sondern dass jeder das selbstverständliche Recht hat, seinen Ideen gemäß in die Zukunft zu blicken.

Kapitel 4

Den Rahmen sprengen – Öffnung von Schule

Exkursionen und Begegnungen

Exkursionen

Lernen, das außerhalb der Schule, vielleicht sogar an Originalschauplätzen statt-findet, wirkt sich anregend auf den nachfolgenden Unterricht aus und ist für Informationsbeschaffung und Veranschaulichung unersetzbar, im Idealfall werden Unterrichtsinhalte zur eigenen Erfahrung.

Vorüberlegungen

Der Zeitpunkt der Exkursion innerhalb der Unterrichtsreihe muss vorab festgelegt werden: Soll die Exkursion als Einstieg in ein neues Thema eher motivierende Wirkung auf die weitere Beschäftigung haben oder soll sie zu einem späteren Zeitpunkt stattfinden, wenn schon erste Kenntnisse vorhanden sind? Diese Fest-legung ist auch für Absprache mit dem Personal des Besuchsortes notwendig.

Organisatorisches

Wichtig ist, dass der Unterrichtende sich vor dem Besuch mit der Einrichtung vertraut macht, die besucht bzw. besichtigt werden soll, sich mit möglichen Gesprächspartnern für seine Schüler in Verbindung setzt und vorab einen Besuch unternimmt. Viele Einrichtungen bieten ausführliches Informationsmaterial an, ein vorbereitender Besuch ist aber zu empfehlen.

Bei längeren Unternehmungen muss z. B. auch geklärt werden, wo und wie eine Mittagspause eingelegt werden kann oder ob öffentliche Verkehrsmittel benutzt werden können. Bei der Terminabsprache sollte man geeignete Ersatztermine überlegen und planen. In der Sekundarstufe I müssen die Eltern rechtzeitig über Termin, Ziel, Dauer und evtl. auf sie zukommende Kosten informiert werden.

Weitere Überlegungen: Soll ein Fragebogen erstellt werden? Wenn ja, kann er gemeinsam mit den Schülern erarbeitet werden? Gibt es einen Raum, in dem ein vorbereitendes oder abschließendes Gespräch stattfinden kann? Soll eine Führung organisiert werden? Wie werden Vertreter der Einrichtung eingebunden?

Exkursionsziele und mögliche Themen

Evangelische und katholische Kirche: *Mögliche Themen:* Unterschiede und Gemeinsamkeiten der Konfessionen; das Kirchenjahr; die Reformation; Geschichte der Kirche – Geschichte der Architektur. Vgl. auch S. 26 ff.

Friedhof: *Mögliche Themen:* Was bleibt?; Traditionen; Was Grabsteine mitteilen können – Grabinschriften und Symbole. Vgl. auch S. 137

Kloster: *Mögliche Themen:* Leben in der Gemeinschaft; Alternative Lebensformen; Menschen, die besondere Erfahrungen gemacht haben; Menschen, die anderen helfen wollen. Vgl. auch S. 16

Moschee/Synagoge: *Mögliche Themen:* Islam und Judentum; Kennenlernen anderer Religionen, Feste und Bräuche; Begegnung mit Menschen anderer Religionen; Gestaltung sakraler Räume in verschiedenen Religionen Vgl. auch S. 26 ff.

Gemeindemuseum, Heimatmuseum: *Mögliche Themen* (evtl. in Verbindung mit Geschichte, Erdkunde, Kunst): Kirchengeschichte in unserer Stadt (in unserer Region); Leben und Arbeiten in unserer Stadt – früher und heute

Aidshilfe/Diakonische Einrichtungen: *Mögliche Themen:* Menschen, die besondere Erfahrungen gemacht haben; Menschen, die anderen helfen wollen; Menschen, die Hilfe brauchen; Hilfe annehmen können; Verzweiflung und Mut zum Neuanfang; Leben mit Krankheit/Behinderung; einander brauchen mit Herz und Hand. Zu Themen im Zusammenhang mit Gesundheit, Sucht, Krankheit gibt es auch andere regionale Einrichtungen, wie z. B. Geschäftsstellen der Krankenkassen, Suchtberatungsstellen, Beratungsstellen für Kinder und Jugendliche usw. Vgl. auch S. 54 f.

Umweltschutzorganisationen, wie z. B. „Greenpeace", „BUND": *Mögliche Themen:* Tierschutz, z. B. Walfang; Erhaltung natürlicher Lebensräume (Regenwald, Meere); Wasser bedeutet Leben; Schöpfung – Beschützen und Bewahren
  Auch regionale Einrichtungen wie Forstämter, Tierschutzvereine bieten sich an.

Biblisches Freilichtmuseum „Heiliglandstiftung"

Der folgende Vorschlag lässt sich auch auf andere Museen übertragen. Die Vorbereitungen sind ähnlich; der Fragebogen muss entsprechend geändert werden. Einen besonders intensiven Eindruck hinterlässt ein Besuch des Biblischen Freilichtmuseums „Heiliglandstichting" bei Nijmegen in den Niederlanden. Für Schulen aus dem Rheinland und aus dem Ruhrgebiet ist die Tour ein lohnender Tagesausflug. Für andere kann es Ziel einer Tagestour während einer Klassenfahrt sein.

Beschreibung des Museumsgeländes

Das ehemals als Pilgerstätte geplante Gelände wurde in den 60er-Jahren zu einem Museum umgebaut, das Stätten und Landschaften der Bibel, aber auch das Leben der Menschen im Nahen Osten vor ca. 2 000 Jahren vorstellt. In der ehemaligen Basilika, dem *Hauptgebäude*, befindet sich eine Dauerausstellung zu den gemeinsamen Wurzeln von Judentum, Christentum und Islam. Anschaulich und für Kinder und Erwachsene gleichermaßen interessant aufbereitet, wandelt der Besucher hier auf den Spuren der Erzväter, sieht verschiedene Modelle zum Turm zu Babel, zum Tempelbau unter Salomon, zur Stadt Jerusalem, sieht in Vitrinen Hausgötter und Werkzeuge des täglichen Lebens, Schriftrollen, Schreibwerkzeuge und vieles mehr. Außerdem gibt es im Hauptgebäude Wechselausstellungen zu verschiedenen Themenbereichen aus der Welt der Bibel damals und heute.

Das *Freilichtgelände* des Museums zeigt in verschiedenen Anlagen und Gebäudekomplexen das tägliche Leben und Arbeiten der Menschen vor 2 000 Jahren. Es gibt ein Fischerdorf an einem See mit den Werkstätten und Geschäften, die in einem solchen Dorf üblich waren, ein anderes Dorf zeigt verschiedene Formen von Wohnhäusern – vollständig eingerichtet und begehbar – und Berufe sowie die dazugehörigen Handwerkszeuge und Werkstätten. Auch eine Synagoge ist hier zu sehen und von innen mit genauer Beschreibung zu besichtigen. In einzelnen Häusern gibt es Ausstellungen zu verschiedenen Bräuchen und zu Kleidung und Mode. Auf dem Weg in die Hauptstadt Jerusalem findet sich eine Karawanserei mit einer Ausstellung über das Leben der Beduinen damals und heute. Durch ein Stadttor gelangt man in die Stadt. Der Einfluss verschiedener Kulturen (römisch, griechisch, ägyptisch) wird hier in Modellen und Wohnbeispielen gezeigt, ebenso die verschiedenen religiösen Einflüsse. Nachdem man die Stadt wieder verlassen hat, führt der Weg an einem Denkmal der einstigen Pilgerstätte – dem Garten Gethsemane – vorbei zu einem Beduinenlager, das in den Sommermonaten bewohnt ist. Hier können Besucher an bestimmten Wochentagen Tee trinken und frisches Fladenbrot essen und mit den Zeltbewohnern vor dem offenen Feuer ein Schwätzchen halten. Wer nicht gut zu Fuß ist, kann sich auch mit einer kleinen Bahn von Ort zu Ort bringen lassen – es gibt insgesamt 7 Bahnstationen. Der Fußweg ist aber ohne Schwierigkeiten zu schaffen.

Es empfiehlt sich, den Museumsbesuch im Religions- oder Ethikunterricht, evtl. auch im Geschichtsunterricht, vorzubereiten und die Klasse in Kleingruppen mit Fragebogen ausgestattet auf Entdeckungsreise gehen zu lassen. Man kann im Museum fertig ausgearbeitetes Material für eine Rallye oder themengebundene bzw. altersgruppengebundene Suchspiele ebenso Prospekte und Informationsmaterial anfordern. Wir haben mit unseren Klassen gute Erfahrungen mit selbst erstellten Fragen gemacht, die auf unseren vorbereitenden Unterricht abgestimmt waren. Dafür ist es allerdings sinnvoll, das Museum vorher ohne Schüler zu besuchen und sich dort über die Gegebenheiten zu informieren.

Jahrgangsstufe: 5/6
Zeitaufwand: im Unterricht: ca. 4–6 Stunden Vorbereitungszeit und mindestens 1 Stunde Auswertung; *im Museum:* Rundgang mit Fragebogen und Picknick ca. 3 Stunden
Arbeitsform: Rundgang in Kleingruppen
Material: Infomaterial des Museums, Arbeitsblätter, Schreibzeug
Intention: Einblick in das Leben der Menschen in Palästina vor 2 000 Jahren mit seinen verschiedenen kulturellen und religiösen Einflüssen

Thematische Stichpunkte: Bibel, Umwelt Jesu, Abraham, Judentum, gemeinsame Wurzel von Judentum, Christentum und Islam
Tipp: vorher genaue Absprachen treffen, z. B. Treffpunkt und Uhrzeit

Wir planen den Ausflug ins Biblische Freilichtmuseum jeweils gegen Ende der 5. Klasse als gemeinsame Unternehmung der evangelischen und katholischen Religionsgruppen. Wegen des großen organisatorischen Aufwandes fahren wir meist mit der gesamten Jahrgangsstufe.

✔ TIPP Als vorbereitende Lektüre eignet sich das Buch *„Benjamin und Julius"* von HORST KLAUS BERG und ULRIKE WEBER, Calwer Verlag, Bd. 55. Dazu gibt es umfangreiches Begleitmaterial.

Checkliste

Vor der ersten Fahrt:
- Besuch im Museum und Sichtung von Infomaterial
- Überlegung, in welchem Unterrichtszusammenhang der Besuch stattfinden soll und evtl. Absprache mit den Kollegen

Vor jeder Fahrt:
- Eltern über Vorhaben informieren
- Terminfestlegung, Information der Schulleitung
- Anmeldung im Museum mindestens 3 Wochen vorher
- Fahrtmöglichkeiten abklären, wenn nötig Bus bestellen
- Elternbrief mit Termin, Abfahrtszeit, Kosten und Einverständniserklärung
- Im Unterricht den Museumsbesuch vorbereiten
- Anhand von Infomaterial und Unterrichtsstoff Museumsrundgang planen und Fragebogen für die Schüler erstellen

Ca. 1 Woche vorher:
- Geld einsammeln
- Klassen- bzw. Kurslisten auf neuesten Stand bringen
- Fragebogen und Plan des Museums für alle Gruppen kopieren und für die Bearbeitung vorbereiten (evtl. die Blätter für jede Gruppe auf stabile Pappe heften, dient gleichzeitig als stabile Schreibunterlage).
- Mit den Schülern letzte Absprachen über Rundgang, Zeiteinteilung, Gruppeneinteilung, Treffpunkte, evtl. Picknick usw. treffen und schriftlich fixieren. Diese Absprachen sind für alle Mitglieder der Gruppe verbindlich.
- Schüler daran erinnern, für Regenwetter geeignete Kleidung und genug Verpflegung für unterwegs einzustecken!

Am Ausflugstag:
- Schüler zählen und gleiche Anzahl wieder mit zurückbringen!
- An allen Treffpunkten nach Möglichkeit etwas eher als die Schüler da sein.
- Am Ende des Rundgangs alle Arbeitsblätter einsammeln.

Beispiel für einen Fragebogen

Erste Station: ein galiläisches Dorf
1. Schaut euch die Häuser im Dorf an. Sucht euch eins aus und beschreibt es! Was scheint euch an diesem Haus besonders interessant zu sein?
2. Wodurch unterscheiden sich die Häuser dieses Dorfes von unseren Wohnhäusern?
3. In einem der Häuser findet ihr eine Beschreibung, wie die Menschen mit ihren Tieren damals in ihren Häusern lebten. Notiert, was euch wichtig erscheint.
4. Notiert, was ihr in den Häusern an Haushaltsgegenständen entdecken könnt.
5. Am Dorfplatz findet ihr die Synagoge. Lest aufmerksam die Informationen an den Wänden. Wie würdet ihr das Wort „Synagoge" erklären?
6. In der Mitte des Innenraumes steht die Kanzel. Wie wird sie genannt?
7. In einer Mauernische steht eine Truhe, in der die Thora aufbewahrt wird. Wie wird diese Truhe genannt?
8. Wenn ihr durchs Dorf geht, seht ihr einige Werkstätten, in denen Menschen damals arbeiteten. Welche Berufe werden hier vorgestellt?

Zweite Station: Hirtenleben
1. Welche Tiere wurden von den Hirten damals behütet?
2. Wie sah der Arbeitstag für einen Hirten aus?
3. Wo verbrachten die Tiere und die Hirten die Nächte?

Dritte Station: Haus des Zöllners
1. Beschreibt die Inneneinrichtung des Zollhauses! Was fällt euch im Vergleich zu den Häusern im galiläischen Dorf auf?
2. Beschreibe die Arbeit der Zöllner!
3. Versucht zu erklären, warum Zöllner beim übrigen Volk so unbeliebt waren!

Vierte Station: Eine Herberge (Karawanserei)
1. Mit welchen Tieren reiste man damals?
2. Wozu diente dem Reisenden die Herberge?

Fünfte Station: Fischerdorf am See Genezareth
1. Nennt einige der Berufe, die die Menschen im Fischerdorf ausübten!
2. Welche Hilfsmittel benutzten die Fischer zum Fischfang?

Sechste Station: Die Stadt Jerusalem
1. Am Eingang der Stadt steht ein großer Palast. Von wem wurde er bewohnt? Welche Aufgabe hatte dieser Mann?
2. Geht durch die enge Gasse und schreibt auf, was euch auffällt!

3. Wenn ihr weitergeht, kommt ihr auf die breite Hauptstraße. Sucht das römische Haus und nennt Dinge, die sich dort befinden!
4. Besucht das griechische Haus und zählt einige Gegenstände auf. Wodurch unterscheidet sich das griechische vom römischen Haus?
5. Geht in das ägyptische Haus und beschreibt in Stichworten, was ihr dort seht.
6. In einem Haus am Ende der Stadt findet ihr eine Gruppe von Männern, die sich zu einer Versammlung treffen. Diese Versammlung hat einen Namen: . . . .

Siebte Station: Das Beduinenlager
1. Beduinen leben in Zelten. Aus welchem Material wurden Zelte zur Zeit Jesu hergestellt?
2. Die Beduinen haben ihre Tiere immer bei sich. Welche Tiere sind das?
3. Beduinen ziehen mit allen Tieren, mit ihrer Familie und mit ihrem ganzen Besitz von Ort zu Ort. Wisst ihr, warum?

Adresse: Biblisches Freilichtmuseum, Profetenlaan 2, NL 6564 BL Heilig Landstichting, Die Niederlande, Tel.: 0031-24-3823110/Fax: -3823111

Begegnungen

Fachleute in den Unterricht einzuladen, ist meist weniger Organisationsaufwand und in den meisten Fällen ist auch der Zeitaufwand nicht so hoch wie bei einer Exkursion. Eine Unterrichtsstunde, zu der ein Gast eingeladen wird, kann auch von den Schülern mitvorbereitet und gestaltet werden.

Jahrgangsstufe: ab 5
Zeitaufwand: ca. 1–2 Stunden, evtl. mehr, wenn praktische Übungen vorgesehen sind
Arbeitsform: Vortrag, Klassengespräch
Intention: mit Fachleuten ein Gespräch zu führen und dabei bereits erlernte Kenntnisse (z. B. den Gebrauch von Fachtermini) anwenden
Tipp: Möglichst schon bei der Planung der Unterrichtsreihe an den Zeitpunkt der Einladung denken

Organisatorisches

Die Einladung von Fachleuten in den Unterricht ist besonders dann zu empfehlen, wenn es sich um Unterrichtsinhalte handelt, bei denen die Erfahrungen anderer Menschen wichtig sind.
Mit dem Gast müssen folgende *Absprachen* getroffen werden:
- Termin
- Klasse/Alter der Schüler
- Thema der Unterrichtsreihe

● Thema der Stunde(n) möglichst genau umreißen und eigene sowie Erwartungen der Schüler formulieren
● Wegbeschreibung

Damit der Besuch ein Erfolg wird, ist es wichtig, dass sich der Unterrichtende so weit wie möglich zurücknimmt; bei einigen Themen (wenn es für die Schüler sehr persönlich werden könnte!) vielleicht sogar *nicht* anwesend ist.

Ansprechpartner und Themenbereiche

Formen von Sucht / Missbrauch von Medikamenten: *Mögliche Ansprechpartner:* Drogenberatung der Stadt oder der Gemeinde; Beratungsstellen der Kirchengemeinden; Beratungsstellen der ortsansässigen Krankenkassen; Anonyme Alkoholiker; Arzt einer Klinik für Suchtkranke; Der Kreuzbund

Gewalt unter Jugendlichen: *Mögliche Ansprechpartner:* Jugendberatungsstellen oder Erziehungsberatungsstellen der Wohlfahrtsverbände, der Kommunen oder der Kirchengemeinden; Polizisten; Kriminalpolizei; Mitarbeiter von Jugendfreizeiteinrichtungen

Alternative Lebensformen / Menschen, die sich einsetzen / Beruf oder Berufung? *Mögliche Ansprechpartner:* Ordensschwester; Mönch; katholischer oder evangelischer Pfarrer; Mitarbeiter in einem Kinderdorf; Entwicklungshelfer; Krankenschwester

Sekten: *Mögliche Ansprechpartner:* Sektenbeauftragte der jeweiligen Landeskirche bzw. des Bistums; Jugendberatungsstellen der Kirchengemeinden, der Verbände oder der Kommunen

Menschen, die besondere Erfahrungen gemacht haben: *Mögliche Ansprechpartner:* Entwicklungshelfer; Krankenschwester/Pfleger; Mitarbeiter der Aidshilfe; „Trockener" Suchtkranker (Kontakt evtl. über die Anonymen Alkoholiker); Mitarbeiter einer Werkstatt für behinderte Menschen

Pflege und Versorgung unheilbar Kranker / Was bleibt? – Gedanken über das Ende des Lebens: *Mögliche Ansprechpartner:* Katholischer bzw. evangelischer Pfarrer; Mitarbeiter einer Sterbeklinik; Krankenschwester/Pfleger; Mitarbeiter der Aidshilfe.

Zeit haben – Projekte und Aktionen

Orientierungstage und Projekttage – auf der Suche nach dem Sinn des Lebens

Orientierungstage sollten zum regelmäßigen Programm der Schule gehören. Die hier vorgestellten Hinweise sind für die 10. Jahrgangsstufe gedacht und über viele Jahre erprobt. Selbstverständlich ergeben sich je nach Jahrgang oder Ort der Veranstaltungen Varianten.

Eine weitere Möglichkeit, die *Suche nach dem Sinn des Lebens* im schulischen Umfeld anzugehen, können **Projekttage** sein. Es ist eher ungewöhnlich, bei einer solchen schulischen Veranstaltung das Thema *Meditation* anzubieten. Es macht aber Sinn, wenn die gesamte Projektarbeit unter einem Oberbegriff steht, der z. B. die Rolle des Schülers thematisiert. Die Erfahrung hat gezeigt, dass Schüler der Jahrgangsstufen 7–10 und der Sekundarstufe II sinnvoll und gut miteinander arbeiten können.

Um das Thema *Meditation* im Rahmen der Projekttage zu realisieren, bedarf es einer wichtigen Voraussetzung. Es muss – ähnlich wie bei den Orientierungstagen – ein entsprechender äußerer Rahmen hergestellt werden, damit die Gruppe die allgemeine Betriebsamkeit in der Schule während der Projekttage nicht so direkt mitbekommt. Außerdem sollten die räumlichen Bedingungen verschiedene Formen meditativen Tuns ermöglichen (vor allem viel Platz). Als besonders günstig hat sich ein *Ortswechsel* herausgestellt, z. B. ein Pfarr- oder Kirchenzentrum. Nach Absprache mit dem zuständigen Pfarrer eröffnen sich hier gute Möglichkeiten, zumal dann auch die *Infrastruktur* des Hauses einbegzogen werden kann (Benutzung der Küche, Nähe zur Kirche u. a.).

Vorbereitung

Bei den Orientierungstagen gibt es zunächst *nach Ankunft im Tagungshaus* eine Einführung, wobei die Regularien (Zeitplan, Hausordnung usw.) besprochen werden. Musik kann eine wichtige Rolle spielen, wenn z. B. die Schüler gern singen oder mehrere Teilnehmer ein Instrument spielen. Jede Arbeitseinheit könnte dann mit einer Liederrunde beginnen. Entsprechende Liederhefte sollten mitgebracht werden.

Bei den *Projekttagen* kann ähnlich vorgegangen werden. Gut ist es, wenn auch hierbei mit einem gemeinsamen Frühstück begonnen wird, das natürlich entsprechend vorbereitet werden muss (Tische decken, Getränke, Brötchen, Aufschnitt usw.).

Je nach Meditationsübung und Arbeitseinheit wird jetzt die *Raumordnung verändert*: Gruppen-, Einzeltische, freie Bodenfläche. Der Leiter hat für die verschiedenen Aktionen und Übungen Vorbereitungen getroffen: Papier, Pappe, Stifte, Kleber usw. Jeder Teilnehmer hat eine Wolldecke als Unterlage mitgebracht.

Im weiteren Verlauf sind die Übungen, Meditationen und Arbeitseinheiten für beide Veranstaltungsformen anwendbar und damit auch oft austauschbar. Die Wahl für die eine oder andere Aktivität wird durch die Zusammensetzung der Gruppe mitbestimmt, ob es sich z. B. um die Gruppe aus dem Religionsunterricht bei Besinnungstagen handelt oder um eine gemischte Gruppe bei den Projekttagen.

Der Weg zu sich selbst

Wenn jetzt die praktische Arbeit beginnt, werden die Teilnehmer sich näher kennen lernen wollen. Dazu sind **Kennenlernspiele** geeignet. Mit einem Wollknäuel kann ein *Netz* gesponnen werden und jeder berichtet kurz über sich, bevor er den *Ball* weiterwirft. Beim Aufrollen muss am Schluss dann jeder die Informationen des *Vorgängers* wiederholen.

In einer nächsten Runde zeichnen die Teilnehmer ihre **Körperumrisse** auf große Tapetenbögen (Gruppenarbeit). Anschließend werden Sprichwörter und Redensarten eingesetzt. Die Auswertung der Ergebnisse führt in der Regel zu einem Gespräch über die *Rolle* der Körperteile und wie wir bei anderen und auch bei uns selber sprachlich damit umgehen.

Ein weiteres Öffnen zur eigenen Person hin kann durch **das Haus selbst** erfolgen, sofern es dazu die Möglichkeit bietet. Es geht darum, das Haus mit seiner *Zeichenhaftigkeit* zu erfahren. Hierzu dienen: *Treppen, Mauern, Säulen, Steine, Stufen, Fenster, Türen, Wände, Zimmer, Flur, Turm, Kapelle, Kerze, Licht, Dunkelheit, Wasser, Kreis, Knospen, Blüten, Bilder usw.*

Die Teilnehmer *entdecken* beim Erkunden des Hauses eine Vielzahl von Dingen. Sie nehmen sie auf und schreiben einen *Text* oder fertigen eine *Zeichnung* an. Die Ergebnisse werden zusammengetragen, vorgestellt, gegebenenfalls erklärt und anschließend im Tagungsraum an Pinnwänden dokumentiert.

✔ **TIPP** Auf diese Weise kann auch das Schulhaus ganz neu erfahren werden. Denn auch hier gibt es Treppen, Mauern, Säulen, Steine u. a., die sich in ihrer *Hintergründigkeit* erleben lassen.

Varianten

● Anstelle des Hauses kann das **Umfeld** erkundet werden. Es lässt sich eine Menge an Zeichenhaftigkeit finden: *Bäume, Sträucher, Blumen, Holz, Steine, Wasser, Tiere, Zäune, Mauern, Häuser, Denkmäler, zufällige Fundstücke*
Beim Erkunden der Umgebung *entdecken* die Teilnehmer vieles, was durch einen Text, eine Zeichnung eine Interpretation und damit eine andere/neue Sicht erfährt. Die Ergebnisse werden auch jetzt zusammengetragen, vorgestellt und dokumentiert.
Ein auf der Wanderung gefundenes **Blatt** kann in einem nächsten Schritt nachgezeichnet werden, um so seine Vielschichtigkeit zu erkunden und festzuhalten. Ein Text hierzu führt den Gedanken noch weiter.

● Man kann die Reise zu sich selbst über das **Bild des Kreises** realisieren. Kreis begegnen uns oftmals im Alltag. Die Teilnehmer können aus einer Vielzahl eigener Erfahrungen auswählen oder sich nach einer Vorlage richten, um sie durch Farben zu ergänzen (Mandala, Rosette eines Kirchenfensters). Das Malen in diesen Formen hat keinen Selbstwert, sondern ist eine Möglichkeit, sich selbst auf die Mitte auszurichten und den eigenen Weg zur Mitte zu finden (vgl. S. 60 ff.).

Mein Blatt ist ein Zeichen,
aber für was?
- ein Zeichen des Lebens?
- " " der Vergänglichkeit?

Es erinnert mich an einen Sonnenuntergang und an einen Tag der zuende geht!
Das Rot breitet sich mehr und mehr im Blatt aus,
es verändert sich!

Mein Blatt ist wirklich ein Zeichen,
ein Zeichen dafür, daß die Zeit

niemals stillesteht!

Damit ist auch schon der Hinweis auf mehrere **Meditationsvorschläge** gegeben (bei den Besinnungstagen sollte die Meditation am Abend angeboten werden) – nämlich *über einen Stein, ein Stück Holz, einen Baum, ein Blatt oder über ein zufälliges Fundstück* nachzudenken. Die Texte aus der Erkundungsphase können mit einfließen. Der Meditationsleiter sollte aber zusätzlich eine Meditation vorbereitet haben. Jeder Teilnehmer bekommt dann zum Beispiel einen Stein, ein Stück Holz, das Blatt eines Baumes, ein Stück Eisen in die Hand gelegt. Jetzt wird die Wirkung des Gegenstandes angesprochen. Jeder hat die Möglichkeit, selbst zu fühlen und zu tasten, aber auch mit entsprechenden Impulsen die weiter gehende, vertiefte Bedeutung zu erforschen (vgl. S. 69 ff.).

An Stelle des konkreten Gegenstandes kann auch ein **Bild** zum Beispiel von einem Baum (der Baum im Wechsel der Jahreszeiten oder der gefällte Baum u. a.) gezeigt werden, um so mit Hilfe von Impulsen einen neuen Zugang zu finden (vgl. S. 56 ff.).

Die **Meditation über den Kreis** bietet sich jetzt ebenfalls an. Ein entsprechendes Bild liegt den Teilnehmern vor.

Von der Erfahrung der ersten Arbeitseinheit her bietet sich die **Meditation** mit dem Bild *Der Hörende* von Toni Renz an, weil Hören eine spezifische Form von Auseinandersetzung mit sich selbst und mit seiner Umwelt bedeutet (vgl. S. 191 f.). Das Bild zeigt den Menschen, der Bereitschaft zeigt, sich anderen gegenüber zu öffnen. Übergroße Hände haben sich hinter die Ohren gelegt und bilden so ein verstärkendes *Hörrohr*. (Die Bildkarte ist durch die *Pax-Christi-Kirche* in 45136 Essen, An St.Albertus Magnus zu beziehen.)

● Eine **Körpermeditation** ist ebenfalls bei dieser Thematik angemessen und bedeutet für die Teilnehmer ein tiefes Erlebnis, das oftmals größer ist, als durch ein fremdes Medium zu sich zu finden (vgl. S. 189). Vor Beginn der Meditation sollte jeder eine möglichst bequeme Haltung einnehmen. Die liegende Haltung bedeutet für viele die beste Entspannung, aber auch das Sitzen (Bildmeditation) auf Stühlen, auf dem Boden bzw. auf Meditationshockern ist möglich.

Der Weg nach draußen

Die nächste Arbeitsrunde kann mit dem Film *Fotos von Gott* (12 Minuten) beginnen (über Landesbildstellen und kirchliche Bildstellen evtl. auch Videotheken zu beziehen). Ein Fotograf versucht Fotos von Gott zu machen. Er beginnt mit der Darstellung abstrakter Gegenstände, bis er schließlich Gott im Antlitz von Menschen findet.

Der Auftrag an die Gruppe lautet jetzt, sich selbst **ein Bild von Gott** zu machen. Das kann jeder Einzelne für sich lösen oder es kann in Arbeitsgruppen geschehen. Als Material werden Zeitungen, Illustrierte oder Fotosammlungen angeboten, die zur Auseinandersetzung mit der Aufgabe *reizen*. Das mögliche Ergebnis ist eine *Collage* (Text- oder Bildcollage). Auch hier ist das abschließende Gespräch über die Arbeiten wichtig und notwendig. Die Akzeptanz des anderen *und* seiner Lösung stehen im Vordergrund. Es geht nicht darum, welche Lösung die *bessere* ist.

Varianten

● Es ist auch denkbar, dass eine Gruppe einen **Text** erarbeitet, in dem das *Bild von Gott* seinen Ausdruck findet (Beispielgeschichte, Reportage, Kurzgeschichte, Gedicht sind u. a. möglich).

● Der Holzschnitt von Michael Irmer *Maria mit Kind – gesichtslos* ist ein weiteres Medium. Denn diese **künstlerische Darstellung** ist ein ungewöhnlicher Versuch, sich der Gottesvorstellung bzw. sich der eigenen Rolle im *Zusammenspiel* der Menschen zu nähern. Die Aufgabe würde hier lauten: *An welche Stelle würdest du dein eigenes Foto setzen?* (Den Teilnehmern ist vorher aufgetragen worden, ein Passbild mitzubringen.) Es folgt das Vorstellen, die Erklärung und Dokumenta-

tion (Ergebnisse an der Pinnwand oder in der Mitte des Raumes auf dem Boden präsentieren). Das sich anschließende Gespräch zeigt noch einmal die unterschiedlichen Antworten der Teilnehmer und ermöglicht somit eine Auseinandersetzung mit der eigenen Position.

● Als weitere Arbeitsgrundlage bietet sich der **Kurzfilm** *Ein Leben in der Schachtel* an (über Landesbildstellen, kirchliche Bildstellen und auch Videotheken zu beziehen). Der Film ist eine satirische Betrachtung der menschlichen Existenz, die alles Natürliche verloren hat und die sich nahezu ausschließlich in künstlichen Räumen, wie in Schachteln, vollzieht. Das Gespräch über den Film leitet in die *Kreativitätsphase* über. Die Teilnehmer müssen jetzt das eigene praktische Tun festlegen. Das Material wird entsprechend ausgegeben.

Die Ergebnisse der Kreativitätsphase sind in der Regel: *Gedicht, Erzählung, Comic, Lied* (als Eigenkomposition und/oder mit Vertextung), *Dia-Meditation, Rollenspiel, Plakat usw.* (Beispiele S. 142 ff., 164 ff.)

Wichtig ist, dass bei den Besinnungstagen am Ende des Nachmittags die Gruppe zusammentrifft, um den Abend zu planen. Denn dieser Abend stellt einen **Höhepunkt** dar, ein *Fest*, das aus verschiedenen Elementen besteht. Der Boden des Raumes ist mit Decken ausgelegt. An den Wänden werden die Ergebnisse der bisherigen Arbeitseinheiten vorgestellt. Kerzen geben dem Ganzen einen festlichen Rahmen.

Zunächst wird ein **Feierabendmahl** (eine Agape) gehalten. Die Teilnehmer haben sich auf dem Boden niedergelassen. Einer der Leiter erzählt mit eigenen Worten von dem Abendmahl Jesu mit seinen Jüngern am Gründonnerstag, an dem zum ersten Mal das Brot gebrochen und der Wein aus dem Kelch verteilt wurde. Das Brot wird jetzt auch hier gebrochen und an alle verteilt, statt Wein wird Saft ausgeschenkt.

Im Anschluss an die Agape stellen nun die Schüler die **Ergebnisse aus den Gruppenarbeiten** vor. Dieser Teil des Abends kann mit Lied und Musik beendet werden.

Spät am Abend besteht dann noch das Angebot zu einer **Meditation um Mitternacht**. Zum Beispiel lassen sich Begriffe wie Mauer, Turm, Durchgang, Brücke, Graben meditativ umsetzen, Bilder, die direkt aus der uns umgebenden Welt genommen werden und damit zu unserer Erfahrung gehören.

Ein wichtiges Element bei den Projekttagen und bei den Orientierungstagen kann der **Film** über Martin Luther King *Dann war mein Leben nicht umsonst* sein (vgl. S. 84). Der Film zeigt die verschiedenen Stationen seines Lebens und beeindruckt dadurch, dass es kein Film *über* ihn ist, sondern ein Film *mit* ihm, der dokumentarisch die Zeit und den Menschen mit seinem Anliegen vorstellt. Wegen der Überlänge sollte der Film in zwei Phasen gezeigt werden. Auch ist es sinnvoll, in seine Thematik einzuführen, um für den heutigen Zuschauer die damalige Gesellschaft in den USA zu verdeutlichen. Das Gespräch über den Film kann in die Kreativphase mit einmünden, weil hier an einem Beispiel biografisch ein konsequentes Leben vorgestellt wird.

Der Weg nach oben

Bei den Besinnungstagen ist der **Gang in eine nächtliche Kirche** *ein spannendes Unternehmen*, sofern sich dazu Gelegenheit ergibt. Nur wenig Licht von außen fällt in den Raum. Einzige *Positionsleuchte* ist eine Kerze. Der Kirchenraum kann nun auf verschiedene Art wirken, indem z. B. zu einer Meditation eingeladen wird. Falls ein Organist zur Verfügung steht, kann die Orgel gespielt und vorgestellt werden. Die eigenen Instrumente (soweit vorhanden) können hinzukommen. Es ist immer wieder ein tiefes Erlebnis, einen solchen Raum zu einer ungewöhnlichen Zeit zu besuchen oder die Instrumente um Mitternacht in einem fast dunklen Raum erklingen zu lassen.

Variante

● Der **Kirchenraum** lässt sich natürlich auch zu einer anderen Tageszeit und bei anderer Gelegenheit erkunden. Der Auftrag an die Teilnehmer hieße dann: *Zeichne ein Detail, einen Gegenstand aus dem Kirchenraum, der dir besonders auffällt.* Auch jetzt werden die Ergebnisse zusammengetragen. Die Zeichnungen werden erklärt und mit einem entsprechenden Text versehen. So ergibt sich u. U. eine ganz individuelle Raumbetrachtung. Das Ergebnis ist auch eine *Kirchenführung* anderer Art. Die Frage *Warum haben Menschen überhaupt Kirchen gebaut?* bekommt möglicherweise eine ungewöhnliche Form von Antwort, weil sich jeder selbst die Frage bei der Auswahl des Objekts gestellt hat. Vielleicht bleibt sie aber auch als Frage im Raum stehen.

Der Weg nach draußen und nach oben

Die Fragen *Warum es überhaupt Leid in der Welt gibt, warum es Böses gibt* sind so grundsätzlich, dass sich keiner ihnen entziehen kann. Die Erfahrung der Schüler macht vor dem Negativen nicht Halt. Krankheit, Tod, Krieg gehören dazu, ebenso ungesetzliches Verhalten von Menschen zum Schaden an sich selbst und zum Schaden anderer.

Ein Beispiel, wie man sich mit dieser Frage auseinander setzen kann, ist, einen **Leidens-Weg**, einen **Kreuz-Weg** vor Augen zu führen. Das kann man ganz real darstellen, indem man stellvertretend für das Böse in der Welt den Kreuzweg nachgeht, den Jesus vor seinem Tod gegangen ist und der in seinem Tod endet. Dazu legt man Tücher als Wegmarken in den Raum. Die einzelnen Utensilien – *Richterstuhl, Wasserschüssel des Pilatus, Dornenkrone, roter Mantel, Balken des Kreuzes, Tuch der Veronika, Rucksack des Simon von Cyrene, Hammer, Nägel, Stolpersteine* werden mit einem entsprechenden Meditationstext auf den Weg gelegt. Am Ende steht die *Kerze* als Zeichen dafür, dass der Tod, dass das Leid nicht das Ende ist. Ein gelbes Tuch um das Kreuz gelegt signalisiert diesen Gedanken auf andere Weise.

Der Weg zurück in den Alltag

Das *Projekt Meditation* kann am Ende der schulischen Projektwoche bei der **Präsentation** mit eingebracht werden, indem z. B. für diesen Tag des Schulfestes ein Meditationsraum eingerichtet wird. Ein Klassenraum wird leer geräumt, nur einige Stühle stehen an einer Wand oder im Kreis in der Mitte, damit sich der Besucher eine Zeit lang hier aufhalten kann. Musik wird leise eingespielt. Das Tageslicht wird durch Vorhänge gedämpft. Die Mitte ist *ausgefüllt* z. B. mit den eigenen Mandalas. Die Ergebnisse aus den Meditationsübungen können angeschaut werden: Steine, Blätter, Holz, Muscheln, Bilder, eine brennende Kerze, eine Blume u. a. Kurze knappe Erklärungen zeigen ihre *Funktion* an. Der Besucher kann sich so auf den Raum mit seinen Informationen einlassen. Einige werden die Gelegenheit nutzen, in der Betriebsamkeit der Schule ein wenig Ruhe zu finden. Mehrmals im Laufe des Schulfestes werden kurze Meditationszeiten angeboten, die sich auf die Erfahrungen der vorausgegangenen Tage beziehen. *Meditationsleiter* können/sollten jetzt Schüler sein.

Die **Erfahrungen aus den Besinnungstagen** lassen sich auch in einen *Schulgottesdienst* einbinden. Denn die Teilnehmer haben viele neue Erfahrungen und viel Material von ihrer Tagung mitgebracht.

✔ TIPP Hier ist bewusst auf die Einteilung in Tage verzichtet worden. *Meditation* in der Projektwoche dürfte in der Regel vier oder fünf Tage umfassen, die Besinnungstage dauern in der Regel drei Tage. So kann aus dem vorgestellten Material eine Auswahl getroffen werden, die den *konkreten Bedürfnissen* entspricht.

Theateraufführung – das Lied der bunten Vögel

Theateraufführungen sind fast immer intensive Erlebnisse während der Schulzeit, die meist lange in Erinnerung bleiben. Bei diesem Vorschlag handelt es sich um ein fächerübergreifendes Projekt für die Fächer Ethik/Religion, Musik und Kunst.

Jahrgangsstufe: 5/6
Zeitaufwand: ca. 20 Stunden (z. B. Projektwoche)
Arbeitsform: arbeitsteilige Gruppen-, Partner- und Einzelarbeit
Material: s. u.
Intention: Lernen durch praktische Erfahrung
Thematische Stichpunkte: Dritte Welt/Eine Welt, Solidarität, Umgang mit der Schöpfung, fremde Kulturen
Tipp: Das Vorhaben sollte so angelegt werden, dass es auch wirklich zur Aufführung kommt (z. B. Elternabend, Abschluss Projektwoche, Begrüßung der neuen Fünftklässler); viele inhaltliche Aspekte klären sich bei der praktischen Arbeit und des „Drehbuchs" bei der Erarbeitung.

Zum Text

Das Lied der bunten Vögel ist eine afrikanische Erzählung. Autor ist der aus Ghana stammende KOBNA ANAN, der mit dieser Erzählung mehr wollte, als eine schön illustrierte Geschichte zu erzählen: Die Erzählung, die eng an afrikanische Traditionen und Erzählformen anschließt, ist gleichzeitig ein Teil afrikanischer Dichtung und gegenwärtiger Aktualität.

Die Erzählung handelt von fünf bunten Vögeln – jeder hat eine andere Farbe –, die im Urwald zusammen leben. Jeden Tag singen sie für einen Bauern, der auch dort lebt, ein gemeinsames Lied und tanzen dazu. Darüber freut sich der Bauer und gibt ihnen Futter. Eines Tages kommen die bunten Vögel auf den Gedanken, einzeln für den Bauern zu singen und auf diese Weise das Futter jeweils für sich ganz allein zu bekommen. Für die Vögel geschieht etwas, womit sie nicht gerechnet haben – der Bauer verscheucht die einzelnen Vögel, empfindet ihren Gesang als ruhestörenden Lärm, ist erbost und enttäuscht über das Fernbleiben der ganzen Gruppe. Den Vögeln wird jedoch schnell deutlich, warum sie an diesem Tage alle hungrig einschlafen müssen und sie beschließen, von nun an wieder gemeinsam zu dem Bauern zu gehen, dort ihr gemeinsames Lied zu singen und zu tanzen.

Das Bilderbuch enthält auf den letzten Seiten Vorschläge des Autors zur Umsetzung mit Schülern verschiedener Altersgruppen.

Material

- *Für die Vögel und die anderen Tiere:* Papier und Pappe, Farben, Stoffreste, Klebstoff , Rundhölzer, Nylonfäden
- *Für die Bühnendekoration:* Tapetenrollen oder Packpapierrollen, Abtönfarben, Pinsel in verschiedener Stärke, Quadratstäbe, gut klebendes Klebeband
- *Für die Trommeln:* Verschieden große Blumentöpfe aus Ton, „Elefantenhaut" (das ist pergamentpapierähnliches Bastelpapier aus Bastel- oder Schreibwarenläden), Kleister, Paketschnur, bunte Perlen, Bindfaden, Holzkleber, Schwamm, Schere, Bleistift
- *Für die Regenrohre:* Versandröhren aus Pappe in verschiedenen Größen, Nägel, Hammer, Erbsen, Reis, kleine Nudeln, getrocknete Bohnen zum Füllen
- *Außerdem:* Holzperlen, Federn, Glasperlen, kurz: Alles, was man gebrauchen kann, um die Figuren, das Bühnenbild und die Instrumente möglichst nach afrikanischem Vorbild zu dekorieren.

✔ TIPP Im Klassenraum die Tische entlang der Wände aufreihen und dort in übersichtlicher Weise Werkzeuge, Gebrauchs- und Anschauungsmaterial auslegen; die Schüler dazu verpflichten, jedes entnommene Teil nach Gebrauch wieder an seinen Platz zu legen. Diese Ordnung hat sich als sehr praktisch erwiesen.

Beschreibung

Uns kam es bei der Realisierung des Projektes vor allem auf die *gestalterische und musikalische Umsetzung* an. Vieles ergab sich durch die Arbeit in der Gruppe, wurde geplant, wieder verändert, ausprobiert. Wir hielten uns beim Text genau an die Erzählvorlage des Autors, d*as Drehbuch* enthielt also den Originaltext mit von der Gruppe erdachten Handlungsanweisungen für die Akteure auf und hinter der Bühne. Zunächst hatten wir Lehrer an eine eher tänzerische Umsetzung mit Personen und Kostümen gedacht. Dieser Plan wurde jedoch von den Schülerinnen schnell verworfen, sie schlugen vor, das **Spiel mit Stabpuppen** zu probieren. Nach diesem Plan mussten nun hergestellt werden: *das Bühnenbild, die Stabpuppen, die Musikinstrumente (Trommeln und Regenrohre)*

Gebraucht wurden für die Vorbereitung einschließlich Aufführung: *Maler (Bühnenbild), Bastler (Figuren), Bastler (Instrumente), Erzähler, Akteure auf und hinter der Bühne, Musiker, Kamerafrau oder -mann für die Videoaufnahme während der Generalprobe*

Was hier an Material- und Personalaufwand erforderlich zu sein scheint, liest sich wie die Vorbereitung zu einer arbeitsteiligen Projektarbeit für eine ganze Klasse. Tatsächlich waren wir inklusive Lehrer neun Leute, die sich die Aufgaben geteilt bzw. sich dabei gegenseitig unterstützt haben. Damit will ich *Mut machen*, das Projekt auch in kleinen Gruppen – z. B. Religions- oder Ethikgruppen – durchzuführen, zumal sich viele inhaltliche Botschaften aus der praktischen Arbeit mit Text, Material, Plan und Gruppe ergeben.

Bühnenbild

Bei der Planung orientierten sich die Schüler an den Motiven und der flächigen, fröhlich-bunten Malweise des Bilderbuches, es wurde aber keine Kopie, sondern eine sehr individuelle Umsetzung, bei der natürlich gegen einige Tücken der Technik zu kämpfen war. Da war zunächst die Frage, wie das gemalte Bühnenbild befestigt werden kann. Wir befestigten einen Bildhintergrund aus Tapetenbahnen mit riesengroßen Regenwaldbäumen an einer Stirnwand des Raumes. Davor wurden zwei Schülertische neben- und zwei übereinander gestellt, sodass die

Schüler sich dahinter aufrecht bewegen konnten. An diesen Tischen wurde nun zum Publikum hin der Vordergrund des Bühnenbildes befestigt, er reichte bis zum Boden. Die Agierenden waren auf diese Weise vollständig verdeckt. Der vordere Teil des Bühnenbildes zeigte das Haus des Bauern an der linken Seite, den Bauern selbst in der Tür seines Hauses und auf der rechten Seite den Baum, in dem die bunten Vögel wohnen. Der besondere Gag war hierbei, dass dem Bauern ein beweglicher Arm konstruiert wurde, mit dem er die Vögel sehr wirkungsvoll verscheuchen konnte. Die Tapetenbahnen mussten zunächst – am Boden liegend – mit Klebestreifen (Paketklebeband) aneinander geklebt werden und dann bemalt werden. Wegen der Größe der Teile mussten die beiden Bühnenbildteile, also Vordergrund und Hintergrund, nacheinander bemalt werden und trocknen.

Wir arbeiteten mit Abtönfarben, die z. T. erst auf dem Papier gemischt wurden. Dadurch entstanden sehr schöne Farbverläufe. Die Teile mussten vor dem Aufhängen vollständig trocken sein, um ein Einreißen des Papiers zu verhindern.

✔ TIPP Wer das Stück mehrmals aufführen möchte, sollte statt der aneinander geklebten Papierbahnen lieber aneinander genähte große Tücher, z. B. Bettlaken, verwenden.

Herstellung

Herstellung der Vögel

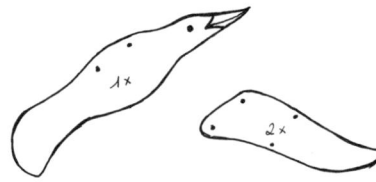

Die Hauptpersonen der Geschichte sind fünf bunte Vögel, jeder hat eine andere Farbe: Rot, Blau, Grün, Gelb, Weiß. Wir benutzten für alle den gleichen Zuschnitt und als Material jeweils farbig beklebte starke Pappe (Zeichenblockrückseite eignet sich dazu gut! Sie kann nach Belieben mit Tonpapier, Pailletten, Federn, Glanzpapier, Perlen usw. beklebt werden und ist fest genug, um sich nicht durchzubiegen). Wichtig ist, die Flügelspannweite der Figuren nicht zu groß anzulegen, damit sie während der Aufführung als Marionette benutzt werden können. Nach der Aufführung sind sie ein attraktiver Schmuck fürs Klassenzimmer.

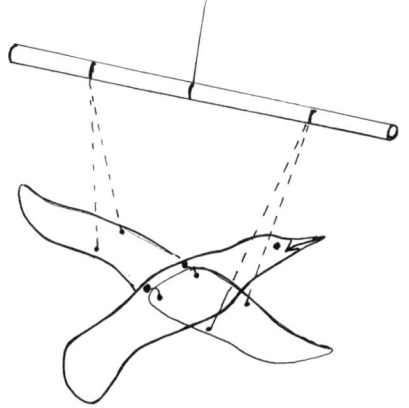

Herstellung der übrigen Tiere, Sonne und Mond

Krokodil, Elefant, Affen, Löwe sowie Sonne und Mond wurden nach eigenen Entwürfen aus großen stabilen Papptafeln ausgeschnitten, angemalt und an ca.1 m langen Rundhölzern befestigt. So konnten sie leicht in dem Gang zwischen den beiden Bühnenbildern geführt und z. T. bewegt werden. Bewegliche Teile einzubauen, so z. B. das Maul des Krokodils oder der Rüssel des Elefanten, machte besonderen Spaß.

Muster-
klammern

Herstellung der Musikinstrumente

Für die **Trommeln** nutzten wir verschieden große Blumentöpfe aus Ton mit mindestens 20 cm Durchmesser. Wir stellten die Töpfe mit der Öffnung nach unten auf „Elefantenhaut", zeichneten einen Kreis um den Blumentopf und dann noch einmal einen ca. 12 cm breiten Rand drum herum. Entlang der äußeren Linie wurde der Kreis ausgeschnitten. Mit einem dicken Pinsel wurde das ausgeschnittene Papier mit einer Mischung aus Holzkleber und Wasser eingepinselt, sodass es geschmeidig wurde. Zu zweit musste das Papier nach etwas Einwirkzeit sehr glatt und gut sitzend auf Spannung über den Topf gezogen und durch mehrmaliges Umwickeln und Abbinden mit Paketschnur am Topf befestigt werden. Nach dem vollständigen Austrocknen des Papiers konnten die fertigen Trommeln mit Perlen dekoriert und bemalt und ausprobiert werden. Die verschieden großen Töpfe bewirken einen unterschiedlichen Klang.

Die **Regenrohre** werden aus Versandröhren hergestellt. In die Pappe hämmerten wir in regelmäßigem Abstand spiralförmig ca. 2–2,5 cm lange Nägel, und zwar über die ganze Länge der Röhre. Nachdem eine Seite mit einer Papp- oder Plastikscheibe verschlossen war, füllten wir die Röhre mit kleinen Nudeln, getrockneten Erbsen oder getrocknetem Mais (Bohnen, Reis usw. gehen auch) und verschlossen auch die andere Seite. Die Röhre konnte jetzt von außen noch farbig gestaltet werden. Der Klang und die Dauer des erzeugten Geräusches sind abhängig von der Größe der Röhre, vom Abstand der Nägel und vom Füllmaterial. Je nach gewünschtem Effekt muss man ein wenig ausprobieren und ggf. korrigieren.

Aufführung

Zwischendurch, wenn gerade etwas trocknen musste, wurden die Trommelrhythmen entsprechend dem Gesang der einzelnen Vögel eingeübt. Vorgegeben wurde der Klang der einzelnen Vögel durch ein Holzxylophon. Es musste sowohl jeweils das Solo des einzelnen Vogels perfekt getrommelt werden können als auch der gemeinsame „Gesang", unter Anleitung des Musiklehrers unterstützt durch das Xylophon. Der weiße Vogel begann mit seinem Gesang, ca. dreimal wurde sein Rhythmus wiederholt, bevor der blaue Vogel sich anschloss – bis alle gemeinsam musizierten. In der endgültigen Bühnenfassung gab es ein Vorspiel vom Xylophon und von den Regenrohren, die Lieder der Vögel erklangen, sobald sie im Text erschienen, aber in längeren Fassungen, also drei- bis fünfmaligen Wiederholungen, immer untermalt von Xylophon und Regenrohren. Diese kamen auch noch an anderen Stellen zum Einsatz, z. B. beim Erscheinen verschiedener Tiere. Zum Abschluss trommelten noch einmal alle gemeinsam und das Trommeln ging über in ein abschließendes Xylophonsolo.

Der Text wurde vorgelesen und an den entsprechenden Stellen für die einstudierten Bewegungen und Aktionen der Vögel, der übrigen Tiere und für die Musik jeweils unterbrochen. Es entstand also eine durch Musik und „lebendige Bilder" illustrierte Erzählung.

Literatur

KOBNA ANAN/OMARI AMONDE, Das Lied der bunten Vögel. Münsingen-Bern 1995[4] Schulstelle Dritte Welt, Monbijoustraße 31, CH-3001 Bern, WWF Lehrerservice, Postfach, Ch-8005 Zürich, Kinder in Not, Forchstr. 182, CH-8032 Zürich (Hrsg.): Spiel- und Arbeitsmappe für die Primarstufe, Spielideen und Arbeitsvorschläge zu einer afrikanischen Erzählung von Kobna Anan aus Ghana „Das Lied der bunten Vögel". Mülheim an der Ruhr 1993
REINHARD VEIT und ALFRED LÄPPLE, Afrika und wir – Dritte Welt oder Eine Welt. Calig AV Medien, Hildesheim 1993
INGE MORAS, Neue Schwingtiere & Co. Christophorus-Verlag, Freiburg 1996

Schüler planen und betreuen eine Ausstellung

Ausstellungen, die den Rahmen der Schule sprengen, sind immer dann sinnvoll, wenn Schüler sich mit Themen beschäftigen, die für die Öffentlichkeit von Bedeutung sind. Die Öffentlichkeit erfährt auf diese Weise von der Arbeit in der Schule; die Schüler sehen, dass ihre Arbeit ernst genommen wird und Relevanz für die Gesellschaft hat. Wenn eine Aktion nicht nur im Schulgebäude bleiben soll, muss man rechtzeitig mit Kollegen anderer Schulen Kontakt aufnehmen. Stadtbüchereien, Banken, Verwaltungsflure, Theaterfoyers, evtl. auch Arztpraxen – alle können wunderbare Ausstellungsräume werden, man muss jedoch die zuständigen Leute kennen lernen bzw. durch Kontaktaufnahme für seine Idee gewinnen.

Schritte zur Planung und Durchführung

Checkliste

- *Am Anfang steht die Idee*, entweder aus bereits vorhandenem Material zu einem Thema eine Ausstellung zu konzipieren oder – zusammen mit interessierten Kollegen – ein Projekt zu planen, dass eine Ausstellung der zum Thema angefertigten Schülerarbeiten zum Ziel hat.
- *Die Idee wird im Kollegium vorgestellt* mit der Bitte an Schulleitung und Kollegium um Unterstützung, vielleicht sogar Mitarbeit. Die Unterstützung der Schulleitung ist für die weitere Planung wichtig.
- Kann die Ausstellung in den Räumen der eigenen Schule stattfinden? Wenn nicht: *Kontakt zu evtl. interessierten Firmen, Einrichtungen, anderen Schulen aufnehmen* (evtl. Sponsor suchen, mögliche Ausstellungsorte abchecken und Termine vereinbaren).
- *Eltern informieren* und evtl. um Unterstützung bitten.
- *Termin für Ausstellung ins Auge fassen*, mit der Schulleitung und den beteiligten Kollegen abstimmen und mit dem Hausmeister bzw. den zuständigen Leuten am gewählten Veranstaltungsort fest vereinbaren.
- *Plakatentwurf gestalten* (evtl. Schülerarbeit?)
- Evtl. *Rahmenprogramm für Eröffnung planen*, z. B. Musikbeiträge, Textbeiträge, Filme zum Thema o. Ä.
- *Plakate und Einladungen evtl. drucken lassen.*
- Inzwischen angefertigte *Schülerarbeiten für die Ausstellung vorbereiten*: sichten, auswählen, einrahmen oder aufkleben, sauber abschreiben, mit Namen und evtl. Titel versehen (Titel und Namensschilder nach Möglichkeit einheitlich gestalten). Evtl. Arbeiten nach inhaltlichen oder formalen Kriterien ordnen. Gibt es Videobeiträge? Gibt es Musikbeiträge? Wie sollen sie dem Publikum präsentiert werden?
- *Einladungen verschicken.*
- Wer hält die *Begrüßungsrede?*
- Für den Aufbau nötiges *Werkzeug und Material* wie Nägel, Schrauben, Klebeband, Schere, Schraubenzieher, Hammer usw. bereitstellen.
- Wenn die Ausstellung nicht im eigenen Schulgebäude stattfindet: Für genügend *Transportmöglichkeiten* sorgen (Eltern, Kollegen, Oberstufenschüler ansprechen).
- *Getränke für die Helfer* bereithalten.
- *Eröffnung vorbereiten* (evtl. Getränke usw. bereitstellen).
- Zuverlässige Schüler um *Mithilfe beim Aufbau* bitten. Wenn die Ausstellung mehrmals auf- und abgebaut werden soll, um an verschiedenen Orten gezeigt zu werden, empfiehlt es sich, nach Möglichkeit immer das gleiche Schülerteam zu bitten. Man erspart sich dadurch viel zeit- und nervenraubende Organisationsarbeit.
- Je nach Umfang der Ausstellung: Für das „Aufbauteam" *unterrichtsfrei beantragen* – auch für ein routiniertes Team verschlingt der Aufbau viel Zeit.

„Schüler mischen sich ein"

*Unsere Ausstellung gegen Fremdenfeindlichkeit und Gewalt –
für Solidarität und Verständnis*

Im Titel der Ausstellung wurde deutlich, dass es Schülern und Lehrern nicht um
eine weitere Dokumentation der Gewalt und der Grausamkeit ging, wie es uns die
ständig erreichbaren Medien täglich präsentieren, sondern dass die Ausstellung als
Anstoß zur Auseinandersetzung, als Forum des Gesprächs, als Anregung zur
Umsetzung eigener Ideen verstanden werden wollte.

Beschreibung des Prozesses dieser Ausstellung

Die *fremdenfeindlichen Übergriffe* in Mölln, Solingen, Rostock oder anderswo
waren Anlass und Auslöser, Fremdenfeindlichkeit und Gewalt in verschiedenen
Fächern und Jahrgangsstufen zum Unterrichtsinhalt zu machen. Versteckte Belei-
digungen, Diskriminierungen in der Öffentlichkeit, Übergriffe auf offener Straße,
in öffentlichen Verkehrsmitteln, in Schulen und brennende Wohnhäuser konnten
nicht einfach tatenlos zur Kenntnis genommen werden.

Es begann damit, dass wir im Religionsunterricht einen *Gottesdienst* vorbereiteten. Die von Schülern erstellten Texte und Zeichnungen wurden später in der
Ausstellung präsentiert.

Zum Zeitpunkt der Gottesdienstvorbereitungen war die Idee der Ausstellung
noch gar nicht geboren, sie entwickelte und konkretisierte sich erst mit einer
zweiten Aktion, nämlich einem *Malwettbewerb* zum Thema *Freundschaft spricht
viele Sprachen*, an dem verschiedene Unterstufenklassen im Kunstunterricht teil-
nahmen. Auch diese Arbeiten wurden später Teil unserer Ausstellung.

Nun hatte unsere Idee schon zwei Standbeine und konkretisierte sich durch eine
intensive Auseinandersetzung mit der Thematik in der Oberstufe.

Nachdem die Idee dem Kollegium in einer Konferenz vorgetragen worden war,
beteiligten sich nach und nach verschiedene Fachkollegen an der Realisation.
Deutsch, Religion, Französisch, Musik, Kunst, Politik und Geschichte waren die
Fächer, die schließlich am Zustandekommen der Ausstellung beteiligt waren,
entsprechend bunt und vielfältig waren die Beiträge. Es gab Plakate, Zeichnungen,
Plastiken, Geschichten, Gedichte, Textinterpretationen, Fotodokumentationen,
Comics, Collagen, einen von Schülern gedrehten Videofilm und Musikgruppen, die
ihre Kompositionen und Texte zur Ausstellung beitrugen.

Parallel zur Arbeit im Unterricht mussten *Kontakte* geknüpft werden (mögliche
Ausstellungsorte, interessierte Mitveranstalter). Wir fanden sogar einen Sponsor
und bekamen für unsere Ausstellung finanzielle und praktische Unterstützung beim
Druck der Plakate und durch mobile Stellwände, die uns leihweise zur Verfügung
gestellt wurden.

Die erste Ausstellung fand in den *Verwaltungsfluren der Bezirksregierung* statt.
Weitere Stationen waren dann zunächst eine *Berufsschule in einer Nachbarstadt*
und die stadtteilansässige *Filiale der Stadtbücherei*. Hier wurde das Programm

schon etwas erweitert, im Filmraum der Bücherei bestand die Möglichkeit, Eltern und Schülern nach der offiziellen Eröffnung Filme zu zeigen und zu einer Diskussionsrunde einzuladen. Durch die räumliche Nähe zur Schule ergab sich hier die Möglichkeit, mit unseren Schülern die Ausstellung zu besuchen und sie in den Unterricht einzubinden. Zu diesem Zweck hatten wir einen *Fragebogen* zur Ausstellung entwickelt, der die Exponate für weiterführenden Unterricht nutzbar machen sollte, in erster Linie für Klassen, die an der Entstehung der Ausstellung nicht beteiligt waren.

Professionelle Unterstützung bekamen wir außerdem von verschiedenen öffentlichen Institutionen, die wir ansprachen. So entwickelte sich aus unserer Ausstellungsidee ein Konzept, an dem sich im Laufe eines Jahres außer unserer Schule die Landes-/Stadtbildstelle, die Mahn- und Gedenkstätte für Opfer des Nationalsozialismus und das Filminstitut der Landeshauptstadt beteiligten. Dadurch kamen einerseits neue Ausstellungsmöglichkeiten – z. B. in der Mahn- und Gedenkstätte – zu Stande, andererseits entwickelten die genannten Institute in Absprache mit uns eigene Beiträge zum Thema, sodass alle Beteiligten als vorläufigen Höhepunkt einen *gemeinsamen Aktionstag* planten. Die Präsentation einiger ausgewählter Exponate, ein für diesen Tag einstudiertes Programm unseres Schulchors, eine Schülerband mit *Rock gegen Rechts*, eine Filmvorführung (*Kahlschlag* von Hanno Brühl), Gedichtbeiträge aus einem Deutschkurs und eine abschließende Podiumsdiskussion mit Vertretern verschiedener pädagogischer Einrichtungen, einem Psychologen, Vertretern aus der Landes- und Kommunalpolitik bildeten das Programm für diesen Tag, zu dem Schüler und Lehrer aller Schulen der Sek. I und Sek. II eingeladen waren.

Es führt zu weit, das Pro und Kontra solcher Großveranstaltungen im Zusammenhang mit solchen brisanten Themen wie dem der Gewalt unter Jugendlichen zu diskutieren. Die Zahl der Besucher zeigte, dass die Thematik und die Einladung viele Interessenten ansprach, sie übertraf unsere Erwartungen. Ein voller Saal schafft jedoch nicht schon deshalb Platz für Toleranz und Verständnis, weil es auf den Einladungsplakaten zu lesen ist.

Thematisches und methodisches Stichwortverzeichnis

Thematische Stichpunkte

Methodische Stichpunkte

(Die häufig vorkommenden Arbeitsformen
Einzel-, Partner- und Gruppenarbeit sind
im Stichwortverzeichnis nicht aufgeführt.)